As regras monásticas

Dados Internacionais de Catalogação na Publicação (CIP)
(Câmara Brasileira do Livro, SP, Brasil)

Basílio, Santo, Bispo de Cesareia, ca. 329-379
As regras monásticas / São Basílio Magno ; tradução de Ir. Hildegardis Pasch, Ir. Helena Nagem Assad. – 2. ed. – Petrópolis, RJ : Vozes, 2025. – (Série Clássicos da Espiritualidade)

Título original: Regulae sancti brasilii episcobi
ISBN 978-85-326-7308-4

1. Ordens monásticas e religiosas ortodoxas orientais – Regras
I. Título. II. Série.

25-287882 CDD-255

Índices para catálogo sistemático:

1. Ordens monásticas e religiosas ortodoxas orientais : História : Cristianismo 255

Cibele Maria Dias – Bibliotecária – CRB-8/9427

As regras monásticas

São Basílio Magno

Tradução de
Ir. Hildegardis Pasch e Ir. Helena Nagem Assad

EDITORA
VOZES

Petrópolis

Tradução do original em latim intitulado *Regulae sancti brasilii episcobi*

Rua Frei Luís, 100
25689-900 – Petrópolis, RJ
www.vozes.com.br
Brasil

Editoração: Natalia Machado
Diagramação: Editora Vozes
Revisão gráfica: Alexandre Kappaun
Capa: Editora Vozes
Ilustração de capa: Lúcio Américo

ISBN 978-85-326-7308-4

Este livro foi composto e impresso pela Editora Vozes Ltda.

Sumário

Vida e obra de São Basílio

I – O homem

Cerca do ano 330, em Cesareia, na Capadócia, nasceu Basílio. Sua família era nobre e rica, mas sobretudo brilhava pela reputação cristã de virtude e zelo. Seu pai, Basílio, exerceu com grande competência a profissão de retor e advogado em Neocesareia. Sua mãe, Emília, uma capadócia, era filha de um mártir e irmã de um bispo. Basílio foi um dos dez filhos nascidos deste consórcio; Gregório de Nissa e Pedro de Sebaste, seus irmãos, se tornaram bispos; Macrina, sua irmã, cognominada a Jovem (por oposição à avó, Macrina a Antiga), retirou-se com a mãe para a solidão e aí vivendo a vida monacal procuravam a Deus, após a morte do pai.

Decorria logicamente de tal ambiente de família a sua formação cristã e bíblica[1]. Basílio veio a conhecer quase de cor a Bíblia, que amava profundamente; era-lhe o livro por excelência.

Iniciado em Neocesareia, por seu pai, nos rudimentos da ciência humana, chegou à idade de frequentar as escolas; primeiramente em Cesareia, onde conheceu seu compatriota e futuro amigo Gregório, mais tarde bispo de Nazianzo; em seguida, em Constantinopla ouviu os

---

1. *De judicio Dei* – PG 31, 653 A: – "Desde meu nascimento, educado por pais cristãos, aprendi, bem criança ainda, as sagradas letras, que me conduziram ao conhecimento da verdade".

sofistas e os filósofos (Libânio, por exemplo); depois, já com mais de 20 anos, acompanhou os brilhantes cursos da tradição helenística, em Atenas, que, apesar de decadente política e economicamente, continuava a capital da eloquência e atração para todos os jovens desejosos de se celebrizarem. Aí estreitou sua amizade com Gregório, animados ambos pelo mesmo zelo no estudo e na fidelidade a Cristo e à Igreja. São Gregório Nazianzeno nos descreve São Basílio estudante, contando com que esforço, interesse e entusiasmo aplicava seus dotes de inteligência e memória não só à gramática, à história, à métrica e à poesia, mas também à retórica e a todos os ramos da filosofia, à astronomia, à geometria, à aritmética. Sempre com o equilíbrio que o caracterizará. Aprendeu também da medicina tudo o que possui um cunho doutrinal e filosófico. Enfim, sua competência em psicologia e moral o torna superior a Minos e Radamanto[2]. Basílio e Gregório puseram tudo em comum e se entretiveram frequentemente sobre a "filosofia cristã", como então se chamava a vida de renúncia e ascese.

Quando São Basílio julgou já ter atingido uma suficiente formação científica, voltou à sua terra natal, onde ensinou publicamente e com brilho a retórica[3]. Sob a influência de sua irmã Macrina, sobretudo mediante cartas, e através dela, ao que parece, sob a influência de Eustácio, foi conquistado pelo ideal ascético monástico[4]. Basílio, então, recebe o Batismo (357). É bem possível

2.2. Gregório de Nazianzo, "*In laudem Basilii Magni*", Oratio 43, n. 23 – PG 36, 528 A-C.

3. Rufino, *Historia Ecclesiastica*, L. II, c. 9 – PL 21, 518.

4. Gregório de Nissa, *Vita Macrinae*, PG 46, 965 C: "Achou-o orgulhoso e cioso de sua eloquência, mas tratou de atraí-lo também à vida ascética"; com essas palavras o nisseno sintetizava uma influência de Macrina que vinha de anos.

que a primeira carta que se tem dele tenha sido dirigida a Eustácio (PG 32, 219-222), falando de sua "conversão".

Antes, porém, de abraçar a vida monástica, São Basílio decidiu conhecer a vida monacal visitando os célebres mosteiros do Egito, da Palestina, da Síria e da Mesopotâmia, entretendo-se com os mais reputados eremitas da época.

Essa viagem encheu-o de santo entusiasmo: "Admirei, escreverá mais tarde, a vida desses homens que demonstravam carregar realmente a morte de Jesus Cristo em seu corpo, e aspirei a imitá-los tanto quanto possível"[5]. Voltando de sua viagem monástica, entregou-se à vida ascética; tornou-se sempre mais amigo de Eustácio, embora não tenha chegado a ser dirigido propriamente por ele, como se tem insistido em dizer[6]. Renunciou às riquezas, honras, à sua posição social eminente, à sua reputação já notória de eloquência e cultura. Vendeu seus bens, deu o dinheiro apurado aos pobres, e retirou-se para a solidão com seus companheiros, perto de Anesói, no Vale do Íris, na margem oposta àquela em que sua mãe e sua irmã viviam. Oração, reflexão e estudo alternando-se com o trabalho no campo, eis a vida nova de Basílio. Gregório, o seu grande amigo, o futuro bispo de Nazianzo, veio também viver aí, mas não pôde ficar, em parte por causa de seu pai envelhecido, em parte talvez por desejo de maior atividade apostólica, como se pode deduzir de suas cartas a Basílio. Compuseram-se "regras" e "cânones" tirados da Sagrada Escritura para a vida do grupo; nada ainda das depois chamadas Regras Mais

5. Basílio de Cesareia – *Cartas*, 223, n. 2 (pelo fim) – PG 32, 824 C.

6. Lèbe, Léon, D., OSB – I*ntroduction à la traduction française des Règles*, Maredsous, 1969, p. 14.

Extensas e Menos Extensas, pois além dos mandamentos imutáveis de Deus, concernentes à vida cristã e contidos na Bíblia, a vida de comunidade organizava-se empiricamente – a vontade do superior era legislar à medida das circunstâncias, pelo menos durante alguns anos. E assim foi.

Mas Basílio, embora no ermo, não esquecia os problemas da Igreja; seu temperamento ativo e seu senso das solicitudes levaram-no a deixar em 360 a solidão para acompanhar Eustácio de Sebaste a Constantinopla, onde assiste como mero espectador aos debates entre Eunômio e Eustácio sobre a natureza de Cristo. Em 362 sai novamente do Ponto, desta vez é para assistir aos últimos momentos do velho Diânios, seu bispo, que lhe confessa então que sempre aderiu do fundo do coração ao *homoousios*, apesar de ter assinado um dia a fé de Rímini-Constantinopla, o que havia desgostado profundamente a Basílio.

No entanto, sua influência sempre crescente, ciência e eloquência não permitiriam que Basílio ficasse por muito tempo em sua comunidade monástica. Foi o que aconteceu: Eusébio, eleito bispo ainda catecúmeno, embora piedoso e rico, não tinha experiência teológica; julgando-se pouco capaz para o governo de uma diocese, teve a sábia ideia de chamar Basílio para junto de si, conferindo-lhe a ordenação sacerdotal e fazendo-o seu conselheiro. Todavia, surgiu um desentendimento entre o bispo e seu conselheiro (seria por causa do movimento monástico de Basílio, e do espírito monástico que sempre conservava?), o qual, para não resistir a seu bispo nem provocar uma cisão, se retira novamente para o Ponto. Conforme nos conta São Gregório, "retoma aí o governo dos seus mosteiros e estabelece para eles uma constituição memorável"[7], a qual parece ser uma primeira redação das suas famosas Regras. Entretanto, essa sua volta ao ermo durou pouco; o tempo suficiente, parece, para a redação aludida; pois a intervenção tenaz de Gregório de Nazianzo, junto ao Bispo Eusébio, fez com que São Basílio fosse novamente chamado.

Tendo voltado a Cesareia, São Basílio passa a dirigir em nome do velho Eusébio a vasta metrópole eclesiástica; toma parte ativa nas negociações de Eustácio com o Papa Libério, com vistas à reconciliação do Oriente com a Sé Apostólica; protege e ajuda os pobres, vela sobre as virgens consagradas, regula e propaga o monaquismo, regulamenta a liturgia, acode às vítimas de uma fome que devastou a capital e a Capadócia por volta de 368.

Com a morte de Eusébio em 370, Basílio foi eleito para sucedê-lo, não sem oposição da parte de alguns prelados. Tudo o habilitava para assumir o pesado cargo de bispo de Cesareia e metropolita da província da Capadócia.

Não abandonou, entretanto, as comunidades monásticas do Ponto. Fez vir monges a Cesareia e colocou-os a serviço da Igreja, estabelecendo, à entrada da cidade, um grande hospital para pobres administrado por eles. Frequentemente lhes fazia conferências e ia procurar para si mesmo aí a calma e a paz de que também necessitava. O ensinamento que lhes dava procurava afastá-los da influência do arianismo e especialmente do anomeísmo a grassar então. A moral que pregava aos monges era essencialmente a mesma que pregava aos leigos, apenas mais precisa, dada a vida consagrada que levavam[8].

---

7. *In laudem Basilii*, cit. 536 B.

8. PG 31, 1080 B.

A situação religiosa do Oriente era difícil, com partidos numerosos e apaixonados, sendo o mais poderoso o dos homeanos, sustentado pelo Imperador Valente. Basílio, pela força das circunstâncias, tornou-se o chefe natural de todos os bispos que não se queriam dobrar às imposições homeanas de Valente, mas aderiam firmemente ao *homoousios*. Nem mesmo pessoalmente o imperador conseguiu dobrar Basílio à assinatura da fórmula de Rímini; chegou mesmo a lhe mostrar a ordem de exílio, já pronta; mas em vão. Nota-se aí sua personalidade, a convicção e o respeito que infundia; o imperador é que acabou assistindo às cerimônias religiosas celebradas pelo grande bispo, desistindo de lhe impingir a dita fórmula e a comunhão com bispos suspeitos.

Aborrecimentos advieram a Basílio devido à divisão que o imperador fez da Capadócia, a primeira com capital em Cesareia, a segunda com capital em Tiana, ou ainda com seu amigo Gregório, que Basílio quis colocar em Sásima como bispo. Almejando bispos fiéis à ortodoxia da fé nicena, Basílio sagrou Gregório, após evidentemente o seu consentimento. Este, todavia, jamais apareceu em Sásima. Além disso, as divisões internas entre as Igrejas do Oriente o preocupavam sumamente. Os problemas de fé eram aumentados por questões pessoais e incertezas terminológicas. Desde o início de seu episcopado viu claramente que não havia senão um meio de socorrer as Igrejas orientais: obter um acordo sobre a fé e as pessoas com os bispos do Ocidente, em particular com o Papa Dâmaso. Encorajado por Santo Atanásio de Alexandria, dirigiu-se diretamente a Dâmaso por carta, a qual não chegou às mãos deste. Por intermédio do diácono Sabino fez chegar novas cartas ao Ocidente. Em 373, o sacerdote Evágrio apareceu em Cesareia, portador de uma fórmula romana muito exigente e imperiosa, cujo efeito foi a interrupção das negociações com o Ocidente.

Instado por Anfilóquio, bispo de Icônio, na Licaônia, e por muitos outros discípulos e admiradores, desejosos de terem por escrito o que Basílio expunha tão admiravelmente em suas homilias, preces e conferências, decidiu ele escrever o *Tratado sobre o Espírito Santo*; era o dia 7 de setembro de 374[9], Festa do Santo Mártir Êupsico. Em fins de 375 estava pronto e publicado. Por outro lado, o sofrimento moral e a angústia que experimentava diante das infindáveis divisões provocadas pela heresia e suas consequências o levam a retomar por escrito a defesa do dogma da Santíssima Trindade e a da moral e da ascese cristãs[10].

Mas São Basílio não era pessoa para desanimar. Não cessa de presidir às assembleias litúrgicas e de exortar seu povo em homilias bem práticas e de soberba eloquência. Solicita em favor dos pobres a caridade dos ricos e a indulgência dos funcionários do fisco. Providencia para que seus corepíscopos façam construir hospícios regionais. Em Cesareia edifica num terreno, que deve à generosidade de Valente, um grande hospital, que logo toma as proporções de uma cidade, chamada por seu nome, Basilíada, a qual compreende, além do hospital, uma escola de artes e ofícios, um orfanato, uma hospedaria e um leprosário.

Já se tentou demonstrar que Basílio exerceu sua grande influência no plano social, não tanto como bispo, mas como membro da aristocracia dirigente, da classe

9. Cf. *Cartas* 100 e 176, resp. PG 32, 504 e 653.

10. Lèbe, cit. p. 18.

senatorial. Teria sido seu papel social o que lhe valeu o título de "Defensor civitatis". Aspecto importante para o problema das relações entre a Igreja e o Estado no Baixo Império[11]. Todavia, S. Giet, depois de ter estudado a fundo a questão, prova que nada há que permita atribuir a São Basílio o título de senador: "Tudo o que salientamos nos testemunhos de seus contemporâneos, como em sua própria maneira de solicitar os poderosos em favor dos fracos, tende a afastar esta hipótese, que parece devida a uma confusão entre a situação do Ocidente no V século e a do Oriente no IV"[12].

Na primavera de 377, dirige uma nova carta aos ocidentais, sendo dela portadores Doroteu e um outro sacerdote, na qual exige respeitosamente um anátema contra os lobos que se transformam em pastores, Eustácio de Sebaste, Apolinário de Laodiceia e Paulino (comissionado junto ao papa para os assuntos relativos à união). Doroteu volta de Roma no decurso de 378, trazendo uma carta condenatória dos erros, mas silenciando as pessoas.

O ano de 378 foi o último da vida de Basílio. Não tinha ainda 50 anos e já era um velho. Arruinara sua saúde por suas excessivas mortificações. As lutas incessantes azedaram seu caráter. Uma doença do fígado o fazia sofrer muitíssimo e o obrigava a acamar-se frequentemente. Alguns meses após o desastre de Andrinopla, que aniquilou na Trácia o exército romano sob os golpes dos godos, no qual pereceu também o próprio imperador (agosto de 378), faleceu Basílio (1º de janeiro de 379), cognominado já pelos contemporâneos: O Grande. Morria no

---

11. Daniélou, J., em *Recherches de Science Religieuse*, 51 (1963) 147/152, citado no artigo da nota seguinte.

12. Giet, S., em *Revue d'Histoire Ecclésiastique*, 60 (1965) 428/444.

momento em que a tempestade amainava, em que soava a hora do triunfo para a sua política eclesiástica. Não pôde ver a vitória de uma causa que lhe tinha custado tantos trabalhos e sofrimentos.

II – A personalidade de São Basílio e a sua irradiação

Bispo e monge, eis como situamos São Basílio Magno. Bispo realmente imbuído do espírito da Igreja de Cristo, e monge verdadeiramente apaixonado pela imitação de Cristo. Daí ser São Basílio um homem de tal fé e obediência que pôde ser comparado a Abraão; decorrência lógica dessa fé e dessa obediência foi a sua indefectível esperança, quando tudo parecia perdido, e sua imensa caridade para com Deus e com o próximo, quando se sentia fraco e notava a incompreensão e até mesmo a intriga em torno de si. Amar a Deus, para Basílio, é amar sua vontade, desejar a Deus é desejar sua Lei; a obediência aos mandamentos de Deus está essencialmente ligada ao amor; e porque por sua vez o primeiro mandamento é o do amor, é por uma espiral ascendente que Basílio sobe para Deus[13].

Foi sem dúvida uma das figuras mais brilhantes da Igreja de todos os tempos. Foi um teólogo, como defensor da fé (de Niceia), um asceta profundo, um dinâmico homem de ação, um grande orador, um pastor zelosíssimo das almas, um ardoroso liturgo e místico, um bispo de grande cidade.

Já se exaltou a pureza ática de sua linguagem, a perfeição do seu estilo, a sua eloquência simples e atraente. No dizer de Erasmo, reúne a ciência sagrada de São

13. Cf. Lèbe, supracit., p. 19.

Jerônimo e a facúndia e elegância de Lactâncio, e tem um valor que o isenta de toda crítica em literatura, único assim entre os Padres gregos[14]. Por isso, lemos com razão: "Basílio, como escreveu M. de Broglie, foi o primeiro orador que a Igreja possuiu. Antes dele, Atanásio tinha falado aos soldados da fé, como um general que sobe à brecha, Orígenes havia dogmatizado diante dos discípulos, mas Basílio é o primeiro que fala a toda hora, diante de toda espécie de homens, uma linguagem ao mesmo tempo natural e sábia, cuja elegância não diminui nunca nem a simplicidade nem a força. Nenhuma facúndia mais ornada, mais nutrida de lembranças clássicas que a sua; nenhuma, entretanto, mais à mão, correndo mais naturalmente da fonte, mais acessível a todas as inteligências. O estudo preparou-lhe um tesouro sempre aberto, onde a inspiração haure sem conta o necessário de cada dia. Nem mesmo seu condiscípulo Gregório pode ser-lhe comparado quanto ao mérito dessa facilidade ao mesmo tempo brilhante e usual. A imaginação é, talvez, mais viva em Gregório, mas se compraz em si mesma, e aquele que fala é arrastado pela expressão encontrada ou pela ideia contemplada a ponto de esquecer às vezes e deixar em caminho aquele que escuta. A palavra é ainda um ornamento para Gregório; mas para Basílio não é senão uma arma, cujo gume, por mais bem afiado que esteja, não serve senão para afundar mais a ponta. Em Gregório há frequentemente o retórico, mas sempre o poeta. Em Basílio é só o orador que transpira"[15].

14. *Enc. Espasa-Calpe*, "Basílio", 1063.

15. *Dict. de Théolog. Catholique*, art. de P. Allard sobre São Basílio, Col. 444 e 445.

Como teólogo, teve uma grande influência, em função das circunstâncias. Com efeito, São Basílio é sobretudo um homem de governo e de ação, mostrando-se teólogo quando as circunstâncias o levam a defender o dogma católico contra os adversários ou a integridade da fé contra os caluniadores; o pendor natural de seu espírito parece levá-lo primeiramente para o ensino da moral cristã, para aquilo que se traduz principalmente em aplicação prática e em atos. A influência doutrinal de São Basílio, no campo da teologia, afirmou-se sobretudo no exame dos problemas relativos à Santíssima Trindade; comenta a fórmula corrente então no Oriente, uma só *ousia* e três *hipóstases*, definindo a *ousia* ou essência como aquilo que é comum nos indivíduos da mesma espécie, o que possuem todos igualmente e o que faz com que sejam designados todos sob um mesmo vocábulo, sem ser assinalado nenhum em particular. Para existir realmente a *ousia* deve ser completada por caracteres próprios, que a determinam; a *hipóstase* é o ser concreto, determinado e diferenciado; por outro lado, a palavra *prósopon* designa para São Basílio não a pessoa, mas a personagem de teatro, o papel desempenhado por um indivíduo determinado; por conseguinte, não poderia ser aplicado sem perigo às pessoas divinas, que são realidades subsistentes. É o temor do sabelianismo que dita a São Basílio o uso de tal vocabulário.

Outro setor da teologia influenciado por ele é o das controvérsias sobre a divindade do Espírito Santo, particularmente vivas na Ásia Menor no fim do século IV (entre 360 e 380). Se de fato ele evita dar ao Espírito Santo o título de Deus, por condescendência para com homens de boa-fé, mostra, entretanto, que Ele é conjuntamente nomeado com o Pai e o Filho, que é propriamente Espírito do Pai e do Filho, que recebe as mesmas honras que o Pai e o Filho, que age como Pai e o Filho e com eles, que suas obras são obras divinas. É o conteúdo do *Tratado sobre o Espírito Santo*[16].

Basílio insistiu ainda na consubstancialidade do Verbo de Deus, isto é, da Segunda Pessoa da Santíssima Trindade, afirmando-a categoricamente[17].

No plano moral e ascético, a sua doutrina deve ser encarada em função de sua espiritualidade. A ascese propriamente monástica de Basílio não existe em si mesma e por si mesma, não é outra coisa que o coroamento da ascese cristã imposta a todo cristão. O monge há de ser o cristão autêntico e generoso, o cristão que se esforça por viver em plenitude o cristianismo e praticar com mais fidelidade todas as virtudes do Evangelho. Não há senão uma só Moral, a do Evangelho. A obra monástica de São Basílio, especialmente as suas *Regras*, é um dos melhores testemunhos da vitalidade cristã do século IV, um dos maiores da nossa história, numa região das mais favorecidas em virtude de seus grandes doutores: a Capadócia. Não somente os seus escritos foram muito cedo espalhados pelo mundo grego, graças a sua qualidade espiritual e ao renome de seu autor, mas franquearam as fronteiras e foram traduzidos em siríaco, em armênio, em georgiano, em árabe e em eslavão, isto é, por toda a parte onde floresceu o monaquismo, sem contar a antiga versão latina, na qual os ocidentais foram se dessedentar. A *Regra* de São Basílio foi objeto de solicitude especial de São Bento de Aniane, quando a inseriu no seu *Codex Regularum*. Fê-lo para que os monges pudessem ter à mão as fontes tão

16. PG 31, 67-218.

17. Por exemplo, no “Contra Eunômio”. Cf. *Obras*.

recomendadas pelo Patriarca dos Monges do Ocidente em sua admirável Regra. É sobretudo a São Bento, que no final de sua Regra chama a Basílio de "nosso Pai São Basílio"[18], que é preciso remontar para se descobrir quanto a tradição beneditina deveria tomar a peito voltar a esta fonte.

A influência de São Basílio até nossos dias pode ser bem avaliada pelo que lembra Dom Olivier Rousseau a respeito da Conferência Mundial de Fé e Constituição do Conselho Ecumênico das Igrejas, em Montreal, 1963, na qual foi redigido um relatório sobre Escritura e Tradição, em que o estudo dos Padres foi colocado em primeiro plano. Desde então, um grupo de sábios estudou-os em três longas sessões (Aarhus, 1964; Hamburgo, 1965; Salonica, 1966) antes da Conferência de Bristol em 1967, que retomou o assunto, e, coisa notável, tomou como tema o *De Spiritu Sancto* de São Basílio em seu quadro histórico. O relatório depois publicado menciona, como tendência para a via nova da santidade conscientemente cristã, o movimento monástico do século IV "que se difundiu na Capadócia onde era até então desconhecido"[19]. E São Basílio insiste em suas *Regras*[20] na importância dos carismas e da distribuição do espírito nas comunidades monásticas. "É com alegria que se vê a ala doutrinal do movimento ecumê-

---

18. *Regra de São Bento*, cap. 73, 5: "E também as Colações dos Padres, as Instituições e suas Vidas, e também a Regra de nosso santo Pai Basílio, que outra coisa são senão instrumentos das virtudes dos monges que vivem bem e são obedientes?" – Trad. e notas de D. João Enout, OSB, Tip. Beneditina, Salvador, BA, 1958.

19. *Nouveauté dans l'oecuménisme*, Taizé, 1968, p. 74. Cit. por Rousseau, infra.

20. Por exemplo, na Regra Mais Extensa, 7.

nico se dirigir assim para a pneumatologia basiliana, que deverá ser um modo de pesquisa útil para equilibrar, voltando-se à mais pura tradição, as tendências tão diversas a se entrechocarem na Igreja de hoje. E o monaquismo autêntico permanece e permanecerá sempre um testemunho estável da vida evangélica e um penhor do Espírito. São Basílio descreveu-o sob uma das formas mais completas"[21].

Basílio foi um homem dinâmico, um homem de ação social, como já vimos. A síntese de seu pensamento relativamente ao trabalho e a todos os problemas por ele despertados está em diversos capítulos das *Regras*, assim como em diversas homilias ou discursos. A oração e o trabalho são para ele dois polos da vida monástica e cristã, que devem se harmonizar de modo perfeito[22]. O trabalho é querido por Deus para que o homem encontre os meios de subsistência e ajude os outros, sem falar das obras de caridade. Por isso mesmo, como já lembrou São Gregório Nazianzeno[23], São Basílio estabeleceu seus mosteiros não longe dos cristãos que vivem na sociedade, misturados com o mundo. Aproximando os monges das comunidades cristãs das cidades, para além da santificação pessoal, olhava para a utilidade da presença deles no meio dos fiéis, como um fermento na massa e como um organismo ativo perfeitamente integrado no Corpo Místico mais vasto da Igreja. É a concepção que prevaleceu no Ocidente, e fez dos monges beneditinos os civi-

---

21. Rousseau, Olivier, D., OSB, no "Avant-propos" à tradução de Lèbe, supracitada.

22. Regras Menos Extensas, 147, por exemplo.

23. PG 36, 577 B.

lizadores da Europa, merecendo para São Bento o título de "Patrono da Europa", outorgado por Paulo VI[24].

Como o próprio São Basílio escreveu em uma carta[25], falando sobre a sua vocação, "li o Evangelho e notei que o grande meio de atingir a perfeição é vender os bens, partilhá-los com os irmãos indigentes e se desprender completamente dos cuidados desta vida... e eu desejava encontrar algum irmão que tivesse escolhido esta via, para com ele acabar de atravessar as vagas encapeladas desta vida". E podemos dizer que aí, quase profeticamente, resumia o que seria sua existência. No Evangelho encontra verdadeiramente mais do que normas de viver, encontra o modelo perfeito na pessoa de Jesus, cuja imitação será sua maior preocupação. A ele voltará sempre que quiser conduzir suas ovelhas à obediência para com os superiores. É a grande força da espiritualidade de São Basílio. Aí vai buscar também o seu senso comunitário, que o fez irradiar um monaquismo cenobítico quase condenatório do eremitismo. Obediência a Cristo e vida comunitária, eis para ele duas coisas inseparáveis. Mas com isso poder-se-ia pensar que, sendo exigente e severo consigo mesmo, o fosse também com os outros. Puro engano! Animado por uma sincera e profunda caridade para com o próximo, no qual viu os membros de Cristo, foi todo bondade e misericórdia para com todos, sempre pronto para servir e curar, mais do que para mandar e castigar. Era todo moderação no exercício de sua autoridade, o que bem se pode ver pelas qualidades essenciais que exige do superior[26].

---

24. Breve *Pacis nuntius*, 24/10/1964.

25. *Carta* 223, n. 2, supracitada.

26. Cf. *Regras Menos Extensas*, 98.

Na formação da teologia do monaquismo, "os escritos basilianos deram uma orientação para as obras de caridade (misericórdia e ensino), constituíram um freio às aspirações extraordinárias e às extravagâncias individualistas; estabeleceram um laço estreito com a Igreja, a Escritura e mesmo a experiência adquirida pela sabedoria grega"[27].

III – As obras de São Basílio

É bom lembrarmos de início que os escritos de Basílio chegados até nós representam o fruto de reflexão profunda em face das circunstâncias. Já vimos que ele escreveu, levado pelas exigências históricas, instado pelos amigos e discípulos. Basta recordarmos o aparecimento do *Tratado sobre o Espírito Santo*. Depois do pedido de Anfilóquio, decorreu mais de um ano até ser escrito.

Podemos classificar as obras escritas de São Basílio em obras bíblicas, teológicas, litúrgicas, ascéticas e morais, correspondência e escritos sobre diversos assuntos.

Entre as obras bíblicas, chamadas por alguns de exegéticas (menos acertadamente, pois hoje em dia exegese significa mais a crítica dos textos do que um comentário religioso, como é o caso dos comentários de Basílio em geral), podemos enumerar as homilias sobre o Hexameron (PG 29, col. 3-208), as 13 homilias sobre os salmos (PG 29, col. 209-494) e o comentário sobre os 16 primeiros capítulos de Isaías (PG 30, col. 118-666), este último não aceito por todos como autêntico.

---

27. "Saint Basile", em *Théologie de la vie monastique*, por D. J. Gribomont, 113 (cf. n. 29).

Entre os escritos teológicos, sobretudo dogmáticos, podemos colocar *Philocalia*, o mais antigo trabalho seu, excertos das obras de Orígenes, um trabalho de escolar, mas no qual já se manifesta o senso teológico de Basílio e de seu colaborador, Gregório Nazianzeno. No tratado *Contra Eunômio* (PG 29, 497-670), escrito por volta de 363 a 364, São Basílio refuta em três livros a *Apologia* de Eunômio, na qual este defendia o seu radical arianismo; no primeiro refuta o erro que faz da inascibilidade a essência de Deus, no segundo demonstra a consubstancialidade do Filho, no terceiro prova a divindade do Espírito Santo. No *Tratado sobre o Espírito Santo* (PG 32, 67-318), dedicado a Anfilóquio, responde às dificuldades levantadas então pelos pneumatômacos e, sem empregar fórmulas muito categóricas, põe claramente em relevo a divindade e a consubstancialidade do Espírito Santo.

Entre os escritos litúrgicos, nada temos de certo, pois a liturgia chamada de São Basílio é apenas a ele atribuída. Parece que São Basílio reuniu várias preces, hinos e outros textos litúrgicos da Igreja de Antioquia e os adaptou à sua, como se pode deduzir da *Carta* 207 (PG 32, 764).

Quanto à correspondência, os editores beneditinos a dividiram em três classes: anterior ao episcopado, durante o episcopado, de datas incertas (PG 32, 219-1112). Versam sobre os mais variados assuntos: negócios da Igreja, vida monástica, teologia e disciplina, interesses públicos e privados, consolatórias a pessoas enlutadas, a pecadores e religiosos infiéis. Algumas dessas cartas são de uma grande beleza.

Entre os escritos sobre diversos assuntos, poderíamos colocar as homilias e sermões de PG 31, 163-617. Versam sobre o jejum, a ação de graças, problemas de economia e moral, os mártires, pontos de teologia e ascética, textos bíblicos etc. Digna de nota é a alocução aos jovens sobre o modo de ler com proveito os autores pagãos, onde mostra que o estudo desses autores, uma vez bem feito, contribui para a compreensão da própria Sagrada Escritura. Muitos desses escritos refletem as ideias econômicas de Basílio e de seu tempo, o que os torna muito interessantes ainda hoje.

Quanto às obras ascéticas e morais, entre as quais se encontram as *Regras Mais Extensas* e as *Regras Menos Extensas*, cuja tradução nos é dada em português, incluímos, além da dita tradução, a *Instituição Ascética* (PG 31, 619-625), o discurso *Sobre a renúncia ao mundo* (PG 31, 626-647), o discurso *Sobre a vida ascética* (PG 31, 648-652). As obras que seguem a esses no tomo 31 da Patrologia Grega de Migne constituem um conjunto que chegou até nós com o nome de *Hypotypose de ascese*, isto é, "esboço ascético". Muito se tem escrito ultimamente sobre as obras de São Basílio, e particularmente sobre as *Regras Morais* e as *Regras Monásticas*. Estudando tudo o que se tem publicado, Dom L. Lèbe, que traduziu as *Regras Monásticas e Morais* para o francês, debruçou-se sobre as obras basilianas e chegou à seguinte conclusão, quanto à *Hypotypose*: a *Hypotypose* é um *corpus* englobando uma carta, pela qual Basílio envia todo o conjunto aos amigos, o *De Judicio* e o *De Fide*, que são como dois prólogos, depois as *Morales* (*regulae*), as *Regulae fusius tractatae* e as *Regulae brevius tractatae*[28]. Estas duas últimas são chamadas também *Grande Ascética* e *Pequena Ascética*,

---

28. Lèbe, Léon, D., OSB, "Saint Basile et ses Règles Morales", *Revue Bénédictine* 75 (1965) 193/200.

respectivamente, por certos autores[29]. Por vezes é todo um conjunto, do qual a *Hypotypose* é apenas uma parte, que é chamada *Ascética*[30].

Essa *Hypotiypose* São Basílio enviou aos monges do Ponto mediante uma carta, para que fossem os guardiães e os propagadores da doutrina. Por modéstia talvez, São Basílio não deu o nome de *Regras* a seu ensinamento aos monges; foi a tradição que o deu, e com razão, porque de fato esse ensinamento estabelece as leis fundamentais da vida estritamente cenobítica inaugurada por ele. A forma literária em perguntas e respostas corresponde ao costume da sua exposição em reuniões familiares, em que mestre e discípulos estabeleciam um diálogo.

Com Dom Lèbe, podemos dizer que foi bem pouco tempo antes de sua morte que São Basílio redigiu as *Regras Morais*, acrescentou as *Monásticas* e assim compôs essa *Hypotypose*. A doença o prostrava, tinha sempre a morte diante dos olhos, e seus discípulos temiam, com razão, ver desaparecer essa voz eloquente que tantas vezes lhes tinha exposto a doutrina do Evangelho. Pediram-lhe que deixasse por escrito o seu ensinamento. Ele, então, cedeu com a consciência de cumprir seu dever de pastor; não devia senão reunir e ordenar suas próprias notas acumuladas no decorrer dos anos. Aliás, a primeira redação das suas *Regras* parece ter sido feita em 365, durante o ano que passou no ermo, distante de Cesareia; o texto dessa primeira redação desapareceu infelizmente, mas cópias foram propagadas, e foi uma delas que Rufino encontrou em sua viagem pelo Oriente,

---

29. Cf. "Saint Basile", por D. Jean Gribomont, OSB, em *Théologie de la vie monastique*, Aubier, 1961, p. 104.

30. D. Lèbe, "Introduction" cit.

trouxe-a para a Itália e traduziu para o latim para seu amigo Ursácio, superior do mosteiro de Pineto, sob o título de *Instituta monachorum sancti Basilii*. O texto grego das *Regras* que temos é, portanto, o fruto de uma grande experiência de vida, tendo por isso os devidos e correspondentes acréscimos, reflexo da preocupação de um grande apóstolo da fé, a saber, a harmonia e a união dos membros do Corpo Místico de Cristo, mediante o crescimento no amor fraterno.

No Prólogo, São Basílio faz a defesa da vida claustral como grande meio para se viver mais perfeitamente a vontade de Deus. Trata, depois, nas Regras 1, 2 e 3, da grandeza do amor de Deus, como resposta à bondade e misericórdia de Deus que é Amor. Se o homem deve corresponder a Deus em conformidade com os talentos dele recebidos (4ª), há, entretanto, muitos caminhos para Deus: o do amor humano e o dos atrativos e preocupações deste mundo, que podem, mal utilizados, afastar o homem de Deus (5ª e 8ª). Daí a necessidade da renúncia (8ª). Mas o afastamento do mundo deve realizar-se numa comunidade de irmãos unidos pela caridade fraterna (7ª), na qual se entra em conformidade com várias exigências (10ª a 12ª). Em consequência, São Basílio exige um engajamento vivo e decidido na via da castidade (14ª e 15ª). Tanto nas *Regras Mais Extensas* (RM) como nas *Regras Menos Extensas* (Rm), há uma porção de normas e detalhes sobre a renúncia em seus múltiplos aspectos, sobre a *enkráteia* (repressão das paixões da alma), sobre o vício da vontade própria, sobre o uso da medicina, a separação do mundo e da família, sobre os hóspedes etc. Alguns temas, contudo, chamam mais a atenção, como o da autoridade e obediência, o da comunidade fraterna e Igreja, o do trabalho e o da oração. Há uma espécie de teologia da autoridade e da obediência (RM 24 a 31, 41; Rm 96 a 125), esta entendida como linha de libertação na fé, e aquela numa linha de total doação e responsabilidade, qual a do Bom Pastor. A comunidade, à semelhança da Igreja, é entendida como um corpo, cujos membros têm uma função de serviço para com todos num espírito fraterno e filial (RM 24; Rm 147). Quanto ao trabalho e à oração, são os dois polos da vida monástica; devem harmonizar-se de tal modo que o monge reza quando trabalha, embora deva observar as sete horas tradicionais da oração comunitária do Ofício Divino; além disso, o trabalho dos monges deve ser também o das obras de misericórdia, o do ministério espiritual das almas exercido dentro do mosteiro para com os hóspedes e visitantes (RM 32, 45), para com as religiosas (RM 33), para com as pessoas do mundo (RM 36; Rm 31).

Eis aí os grandes temas dessas *Regras Monásticas*, úteis, entretanto, a todos que procuram correr no caminho da perfeição.

Durante toda a Idade Média, essas *Regras* foram lidas na tradução de Rufino. Em 1535, as *Ascéticas* foram impressas pela primeira vez em grego em Veneza. Em 1720-1722, D. Garnier estabeleceu o texto da edição beneditina, refez inteiramente a tradução latina, e é essa o texto da coleção Migne (PG 31, 889-1306). Foi afastado o pequeno prólogo da primeira redação, cuja tradução latina foi feita por Rufino nas *Instituta monachorum sancti Basilii*.

Dom Bernardo Botelho Nunes, OSB

A Regra Mais Extensa

Prólogo

1. Uma vez que, pela graça de Deus, em nome de Nosso Senhor Jesus Cristo, aqui nos encontramos reunidos, nós que nos propusemos um só e mesmo escopo de vida, e vós mostrais evidente desejo de aprender alguma coisa referente à salvação, sinto-me no dever de anunciar os juízos de Deus, lembrado dia e noite da palavra do Apóstolo: *Por três anos não cessei, noite e dia, de admoestar, com lágrimas, a cada um de vós* (At 20,31). A oportunidade é excelente; o lugar, silencioso, livre de agitações vindas de fora. Façamos, pois, reciprocamente, um pedido. No tempo devido, distribuamos nós a nossos companheiros a sua medida de trigo; e vós, acolhendo a palavra, qual terra boa, produzais, conforme está escrito (Mt 13,23), frutos perfeitos e múltiplos de justiça.

Exorto-vos pelo amor de Nosso Senhor Jesus Cristo, que se deu a si mesmo pelos nossos pecados (Tt 2,14). Sejamos, enfim, solícitos por nossas almas. Lastimemos a vaidade de nossa vida passada. Lutemos em vista dos bens vindouros, para a glória de Deus e de seu Cristo e do santo e adorável Espírito. Não fiquemos na indiferença e no relaxamento. Não desperdicemos o tempo em permanente desídia, diferindo sempre o início das boas obras, para não acontecer que, apanhados desprevenidos de boas obras por quem há de pedir contas de nossas almas, sejamos excluídos das alegrias das núpcias, e então inutilmente chorarmos e lamentarmos o tempo mal-empregado, quando isto de nada servirá aos que se arrependerem.

Nós estamos agora no tempo favorável, agora é o dia da salvação (2Cor 6,2). Agora é o tempo da penitência, então será o da recompensa; agora, o do labor, então, o da remuneração; agora, o da paciência, então, o da consolação. Deus é agora o auxílio dos que se convertem do mau caminho; então, será o examinador temível, e que se não deixa enganar, das ações, das palavras e dos sentimentos humanos. Usufruímos, agora, de sua longanimidade, mas conheceremos, então, seu justo juízo, ao ressuscitarmos uns para o suplício eterno, outros para a vida eterna e recebermos, cada um de nós, segundo as nossas próprias obras.

Até quando adiaremos a obediência a Cristo, que nos chama a seu reino celeste? Não despertaremos de nossa embriaguez? Não nos converteremos de uma vida vulgar ao rigor do Evangelho? Como não representar, diante de nossos olhos, o dia do Senhor, terrível e manifesto, no qual obterão o reino dos céus os que, por meio de suas ações, tiveram acesso à direita do Senhor, enquanto os que, pela carência de boas obras, tiverem sido rejeitados à esquerda, serão envolvidos pela geena do fogo e pelas trevas eternas? *Ali haverá choro e ranger de dentes* (Mt 25,30).

2. Dizemos que desejamos o reino dos céus; contudo, não cuidamos dos meios de obtê-lo. Nenhum esforço empregamos para cumprir o mandamento do Senhor e supomos, na vaidade de nosso espírito, que alcançaremos honras iguais às daqueles que resistirem ao pecado até à morte.

Alguém, acaso, ficaria em casa sentado ou dormindo no tempo da sementeira e por ocasião da messe encheria de feixes a dobra do manto? Quem colherá uvas de uma vinha que não plantou, nem cultivou? Os frutos correspondem ao labor. As honras e as coroas são para os vencedores. Quem haveria de coroar aquele que nem ao menos se cingiu perante o adversário? Não se trata apenas de vencer, mas também de lutar segundo as regras, conforme diz o Apóstolo (2Tm 2,5), isto é, de não negligenciar nem a menor das prescrições, mas de tudo realizar de acordo com os preceitos. *Feliz daquele servo que o Senhor achar procedendo assim*, não ao acaso, *quando vier* (Lc 12,43). E ainda: *Se ofereceres bem, mas não dividires bem, pecas* (Gn 4,7, seg. LXX).

Nós, no entanto, imaginamos cumprir um mandamento isoladamente e não contamos com a ira por causa das transgressões, mas esperamos recompensa pelo único mandamento que praticamos! Entretanto, diria que não o cumprimos. Todos os mandamentos de tal modo se compenetram, segundo o verdadeiro entendimento da palavra, que, menosprezado um, transgridem-se necessariamente os demais. Quem sonega um ou dois dos dez talentos sob sua guarda e devolve os restantes, não será considerado honesto, por causa da devolução da soma maior, e sim convencido de ser injusto e avaro por ter furtado a quantia menor. E por que falar de espoliação? Pois, será condenado até aquele a quem fora confiado um talento e o devolva todo e na íntegra, como recebera, mas sem rendimentos. Quem honrar seu pai por dez anos e depois lhe infligir um só ferimento, não será honrado como benemérito e sim condenado como parricida.

Ide, pois, diz o Senhor, *ensinai a todas as nações.* Ensinai a observar não apenas algumas coisas e a negligenciar outras, mas *a observar tudo o que vos mandei* (Mt 28,19-20). E o Apóstolo, em consequência, escreve: *A ninguém damos qualquer motivo de escândalo, para que o nosso ministério não seja criticado. Mas em todas as coisas nos apresentamos como ministros de Deus* (2Cor 6,3-4).

Se nem tudo fosse necessário ao escopo da salvação, não haveriam sido escritos todos os mandamentos, nem fora determinado se observassem obrigatoriamente todos eles. De que me serve o exato cumprimento do dever se, por ter chamado louco a um irmão, for réu da geena? Que vantagem alcança quem se liberta de muitos, se um só o sujeita à escravidão? *Pois todo o homem que se entrega ao pecado, é seu escravo* (Jo 8,34). De que adianta a alguém a imunidade de muitas doenças, se uma só já lhe consome o corpo?

3. Então, dirá alguém, será inútil à multidão de cristãos, que não guarda a totalidade dos mandamentos, a observância apenas de alguns? Seria oportuno relembrar o que, por um só motivo, foi dito a São Pedro, após tantas ações perfeitas e depois de ter sido chamado bem-aventurado: *Se eu não te lavar, não terás parte comigo* (Jo 13,8). É ocioso asseverar que não denotava com isso negligência ou desprezo, mas reafirmava, ao invés, honra e reverência.

E se alguém disser estar escrito: *Todo o que invocar o nome do Senhor será salvo* (Jl 2,32), bastando, portanto, a invocação do nome do Senhor para salvar quem o invoca, ouça o Apóstolo: *Como, pois, invocarão aquele em quem não têm fé?* (Rm 10,14). Se crês, escuta o Senhor: *Nem todo aquele que me diz: Senhor, Senhor, entrará no reino dos céus, mas aquele que faz a vontade de meu Pai que está nos céus* (Mt 7,21). Certamente, quem faz a vontade do Senhor, não, porém, como Deus o quer, nem por amor a Deus, não lhe aproveita o zelo pelas obras, conforme a palavra de Nosso Senhor Jesus Cristo: *Fazem para serem vistos pelos homens. Em verdade, eu vos digo: já receberam sua recompensa* (Mt 6,5). Por essa razão, o Apóstolo Paulo soube dizer: *Ainda que distribuísse todos os meus bens, e entregasse o meu corpo para ser queimado, se não tiver caridade, isto nada me aproveita* (1Cor 13,3).

Em resumo, vejo três atitudes diferentes a nos impelirem de modo quase inevitável à obediência. Ou desviamo-nos do mal por temor do castigo: é a atitude servil. Ou cumprimos os preceitos, ambicionando a recompensa, o proveito próprio, e assemelhamo-nos aos mercenários. Ou, por causa do bem em si e por amor a nosso legislador, alegramo-nos em servir a um Deus tão glorioso e tão bom: nossa atitude, então, é a filial. Nem mesmo quem cumpre os mandamentos só por temor, receando sempre a pena da negligência, ousa praticar apenas alguns preceitos e descuidar dos outros; mas prevê igualmente um castigo temível para qualquer desobediência. Por isto, declara-se ser feliz quem *vive em temor reverencial contínuo* (Pr 28,14): ficará firme na verdade, podendo dizer: *Ponho sempre o Senhor diante dos olhos; pois que Ele está à minha direita, não vacilarei* (Sl 15,8). Nada quer omitir do dever. E *feliz o homem que teme o Senhor.* Por que motivo? Porque *nos seus mandamentos põe o seu prazer* (Sl 111,1). Não é próprio de quem teme transgredir as prescrições, agir com negligência. Nem mesmo o mercenário quer violar alguns preceitos. Como haveria de obter salário pelo cultivo da vinha, se não fizer tudo o que combinou? Se faltar uma só coisa indispensável, torná-la-á inútil para o seu proprietário. Quem ainda oferecerá recompensa àquele que agiu mal, em troca do prejuízo causado? A terceira atitude é a do serviço na caridade. Qual o filho que, movido pelo desejo de agradar ao pai, procura contrariá-lo nas coisas pequenas e alegrá-lo nas grandes? Fá-lo-á tanto mais, se estiver lembrado da palavra do Apóstolo: *Não entristeçais o Espírito Santo de Deus, com o qual estais selados* (Ef 4,30).

4. De que lado querem ser colocados os transgressores da maior parte dos mandamentos? Não assistem a Deus como Pai, não lhe dão crédito quando faz promessas tão grandiosas, não o servem como a seu Senhor. Ora, *se eu sou pai*, diz Ele, *onde estão as honras que me são devidas? E se eu sou Senhor, onde está o temor que se me deve?* (Ml 1,6). Porque *o homem que teme o Senhor, nos seus mandamentos põe o seu prazer* (Sl 111,1). Foi dito: *Desonras a Deus pela transgressão da Lei* (Rm 2,23).

Se preferimos a vida de prazeres à vida segundo os mandamentos, como podemos esperar a vida bem-aventurada, a cidadania igual à dos santos, as alegrias na companhia dos anjos, em presença de Cristo? Seria pueril imaginar tal coisa.

Serei associado a Jó, se não sei suportar a menor tribulação com ações de graças? A Davi, se não me porto com longanimidade para com o adversário? A Daniel, se não procuro a Deus em contínua abstinência e laboriosa prece? A cada um dos santos, se não sigo suas pegadas? Haverá em algum árbitro de certame tão sem critério que sentencie merecerem coroas idênticas o vencedor e quem não combateu? Haverá general que distribua aos vitoriosos e aos que não comparecerem no combate partes iguais dos despojos?

Deus é bom. É justo também. Justo, remunera de acordo com os merecimentos, conforme está escrito: *Sede bom, Senhor, para os que são bons e para os homens de reto coração. Mas aqueles que se desviam por caminhos tortuosos, que o Senhor os expulse com os malfeitores* (Sl 124,4-5). É misericordioso, mas é também juiz. O Senhor *ama a misericórdia e a justiça* (Sl 32,5). Diz-se por isso: *Cantarei a bondade e a justiça, a vós, Senhor* (Sl 100,1). Sabemos quais os que obterão misericórdia: *Bem-aventurados os misericordiosos, porque alcançarão misericórdia* (Mt 5,7). Vês com que discernimento usa de misericórdia? É misericordioso sem prescindir do julgamento; julga sem prescindir da misericórdia. *O Senhor é misericordioso e justo* (Sl 114,5). Não encaremos só um dos aspectos. Seu amor ao homem não nos sirva de pretexto para desleixo. Para que não fosse desprezada a sua bondade é que houve trovões e relâmpagos. Faz Ele nascer o sol (Mt 5,45), mas também castiga com a cegueira (2Rs 6,18). Dá a chuva (Zc 10,1), mas também faz chover fogo (Gn 19,24). As primeiras coisas indicam a sua bondade, as segundas a sua severidade. Amemo-lo por causa das primeiras, temamo-lo em consequência das segundas, a fim de que não nos seja dito, também a nós: *Ou desprezas as riquezas da sua bondade, tolerância e longanimidade, desconhecendo que a bondade te convida ao arrependimento? Mas, pela tua dureza e coração impenitente, ajuntas para ti reservas de ira para o dia da cólera* (Rm 2,4-5).

Não pode salvar-se quem não pratica obras conforme o mandamento de Deus, e é perigosa a omissão de algumas das prescrições, porque seria péssima arrogância constituir-se em juiz do legislador, aceitando algumas leis e rejeitando outras.

Nós, portanto, lutadores na arena da piedade – cuja vida é silenciosa e afastada dos negócios, o que contribui muito para a observância dos preceitos evangélicos –, empreguemos conjuntos esforços e conselhos mútuos, para que nenhuma prescrição nos escape. Se o homem de Deus deve ser perfeito (como está escrito e as palavras acima demonstram), forçoso é se aperfeiçoe em cada mandamento até a estatura da maturidade de Cristo (Ef 4,13). Pois, também de acordo com a Lei divina, o animal mutilado, puro embora, não é vítima aceitável a Deus. Assim, se reconhecermos que nos falta alguma coisa, proponhamos a questão a exame em comum. Uma pesquisa laboriosa de muitos fará descobrir com maior facilidade a solução oculta, porque Deus mesmo, segundo a promessa de Nosso Senhor Jesus Cristo (Jo 14,26), dar-nos-á achar o que buscamos, pelo ensinamento e pelas inspirações do Espírito Santo.

Do mesmo modo que é uma obrigação que se me impõe e ai de mim se eu não anunciar o Evangelho (1Cor 9,16), assim ameaça-vos perigo semelhante, se procurardes com negligência ou vos portardes com frouxidão e indolência na observância e execução dos ensinamentos transmitidos. Por isso diz o Senhor: A palavra que anunciei julgá-lo-á no último dia (Jo 12,48). E o servo que, ignorando a vontade de seu Senhor, fizer coisas repreensíveis, será açoitado com poucos golpes; mas o que, apesar de conhecer (a vontade de seu Senhor), nada preparou e lhe desobedeceu, será açoitado com numerosos golpes (Lc 12,47-48).

Rezemos, pois, a fim de que eu vos dispense a palavra de modo irrepreensível e o ensino vos seja frutuoso. Cientes de que as palavras das Escrituras divinas defrontar-se-vos-ão no tribunal de Cristo – *Vou te repreender e te lançar em rosto os teus pecados* (Sl 49,21) –, atendamos, vigilantes, ao que foi dito e apliquemo-nos zelosamente à prática das divinas exortações, porque não sabemos o dia e a hora em que Nosso Senhor há de vir (Mt 24,42).

Questão 1

Ordem e sequência dos mandamentos do Senhor

Uma vez que a Escritura nos dá o direito de fazermos perguntas, queríamos saber, antes de tudo, se há ordem e sequência nos mandamentos de Deus, havendo primeiro, segundo etc.; ou se todos estão relacionados e são iguais quanto à precedência, de maneira que sem receio se possa tomar à vontade o ponto de partida como num círculo.

Resposta

É uma velha questão. Já fora, outrora, proposta nos Evangelhos, quando um doutor da Lei se aproximou do Senhor e disse: *Mestre, qual é o maior mandamento da Lei?* Respondeu o Senhor: *Amarás o Senhor teu Deus de todo o teu coração, de toda a tua alma, de todas as tuas forças e de todo o teu espírito. Este é o maior e o primeiro mandamento. E o segundo, semelhante a este, é: Amarás teu próximo como a ti mesmo* (Mt 22,36-39). O próprio Senhor, portanto, dispôs em ordem os mandamentos. Declarou ser o primeiro e o maior dos mandamentos o referente ao amor de Deus; o segundo em ordem, semelhante àquele, ou antes complementar e dependente do primeiro, é o do amor ao próximo. Daí e de passagens semelhantes das Escrituras divinas infere-se a ordem e a sequência de todos os mandamentos do Senhor.

Questão 2

A caridade para com Deus. Há, por natureza, nos homens inclinação e força para a prática dos mandamentos do Senhor

Disserta primeiro sobre o amor de Deus. Ouvimos ser preciso amar a Deus. Queremos aprender o modo de consegui-lo bem.

Resposta

1. O amor de Deus não é coisa que se aprenda. Não aprendemos de outrem a alegrar-nos com a luz, a almejar a vida, nem nos ensinou alguém a amar os progenitores ou nutrícios. Assim também, ou com maior razão, não provém de uma disciplina externa o amor de Deus.

Mal começa a existir este ser vivo, o homem, nele se implanta uma espécie de razão seminal[31], contendo em si a faculdade de amar e a afinidade com o amor. Costuma tomá-la a escola dos mandamentos de Deus, cultivá-la cuidadosamente, nutri-la com a ciência e, pela graça de Deus, levá-la à perfeição.

Por isso, nós, vendo vosso zelo, que aprovamos como necessário à obtenção de nosso escopo, por um dom de Deus e com o auxílio de vossas preces, esforçar-nos-emos, apoiados na força que recebemos do Espírito, por suscitar a centelha do amor divino em vós latente. Importa saber que uma só é essa virtude; no entanto, por sua eficácia, cumpre-se e abrange-se qualquer mandamento. *Se alguém me amar*, diz o Senhor, *guardará os meus mandamentos* (Jo 14,23). E ainda: *Nesses dois mandamentos se resumem toda a Lei e os Profetas* (Mt 22,40).

Não vamos, porém, desenvolver agora um discurso muito acurado – talvez despercebidamente incluiríamos o todo referente aos mandamentos numa parte –, mas, na medida do possível e da conveniência do presente propósito, admoestar-vos-emos a respeito do amor devido a Deus.

---

31. O *Logos spermatikós* designa a presença no homem de um elemento que lhe permite ascender ao *Logos*, Cristo, ao qual se chega pelo amor.

Digamos, de início, que de Deus recebemos antes a força a fim de cumprirmos todos os seus mandamentos, de modo que não podemos nos insurgir como se nos fossem feitas novas imposições, nem nos orgulhar como se retribuíssemos com mais do que nos foi dado. E quando, por essa força, agimos bem, de maneira reta, levamos piedosamente uma vida virtuosa; corrompendo-a, caímos nos vícios. Pois tal é a definição do vício: abuso dos dons de Deus, destinados ao bem, contra os preceitos do Senhor. Ao invés, a definição da virtude que Deus requer é a seguinte: o uso desses dons, procedente de uma boa consciência, segundo o mandamento do Senhor. Sendo assim, diremos o mesmo da caridade.

Tendo recebido o mandamento de amar a Deus, entramos de posse da faculdade de amar, em nós inserta logo que fomos criados. Não é possível demonstrar tal fato com argumentos externos, mas cada um pode percebê-lo por si e em si mesmo.

Desejamos naturalmente o que é bom e belo, embora essa apreciação difira de um a outro. Sem haver aprendido, temos amor aos amigos e parentes, e, de bom grado, cercamos de benevolência aos benfeitores. E o que pode haver de mais admirável do que a beleza divina? Que pensamento há mais grato do que o da magnificência de Deus? Ou pode haver desejo da alma veemente e irresistível como o que Deus faz nascer na alma purificada de todo o vício, a dizer com verdadeiro afeto: *Estou enferma de amor* (Ct 2,5)?

São totalmente inefáveis e inenarráveis os fulgores da divina beleza; a palavra não os descobre, não os depreende o ouvido. Descrevam-se, embora, os esplendores da estrela-d'alva, a claridade da lua, a luz do sol, todos desfalecem diante de sua glória, e, comparados à verdadeira luz, mais se distanciam do que uma noite profunda, sombria e sem luar difere do clarão do meio-dia. É invisível essa beleza aos olhos da carne; só a apreendem a alma e a mente. Quando ilumina os santos, estimula-os com um desejo incontido, levando-os a dizer, entediados, da vida presente: *Ai de mim por se ter prolongado o meu exílio* (Sl 119,5). *Quando irei contemplar a face de Deus?* (Sl 41,3). E: *Tenho desejo de ir-me para estar com Cristo, o que é, sem comparação, o melhor* (Fl 1,23). E ainda: *Minha alma tem sede de Deus, (do Deus) forte e vivo* (Sl 41,3). E: *Agora, Senhor, deixas o teu servo ir (em paz)* (Lc 2,29). Mal se podia deter o ímpeto daqueles que, atingidos pelo anelo de Deus, suportavam o peso da vida presente, como sendo um cárcere. Com desejo insaciável de contemplar a beleza divina, pediam que a contemplação da alegria do Senhor durasse uma eternidade.

Por natureza, os homens desejam o bem e o belo. Propriamente belo e amável é o bem. Deus é o bem. E todas as coisas apetecem o bem; portanto, todas elas desejam a Deus.

2. Encontra-se em nós, naturalmente, se a malícia não houver pervertido nossos pensamentos, aquilo que a vontade nos faz realizar de bom. Por conseguinte, o amor de Deus é reclamado como um dever. Privada dele, sofre a alma o mais insuportável dos males. Pois o afastamento e a aversão de Deus é um mal mais intolerável até do que os ameaçadores suplícios da geena[32], e mais pesado para quem o sofre do que a privação da vista, mesmo se indolor, e a perda da vida para os animais. Se

32. Geena, lugar de punição futura, compreendido como separação de Deus.

os filhos, por natureza, amam os pais (demonstra-o o instinto dos animais e o afeto das crianças de tenra idade às suas mães), não nos mostremos mais desarrazoados do que as criancinhas, nem mais selvagens do que as feras, permanecendo estranhos e desafeiçoados em relação a nosso Criador. Ignorássemos embora qual a sua bondade, só pelo fato de nos ter criado, deveríamos querer-lhe bem, amá-lo imensamente e estar continuamente suspensos a sua lembrança, como os pequeninos aos braços de sua mãe.

Entre aqueles que por natureza amamos, ocupam o primeiro lugar os benfeitores. Este afeto aos beneméritos não é exclusivo ao homem, mas é sentimento comum a quase todos os animais. Foi dito: *O boi conhece o seu possuidor, e o asno, o estábulo do seu dono* (Is 1,3). Que não se diga de nós o que se segue imediatamente: *Mas Israel não me conhece e meu povo não tem entendimento* (Is 1,3). Não é ocioso falar da estima que os cães e outros animais demonstram àqueles que lhes dão comida?

Se dedicamos benevolência e amizade naturais aos benfeitores, se nos sujeitamos a qualquer labor para retribuir-lhes os dons com que nos cumularam, como encontrar palavras que expliquem os dons de Deus? A multidão deles é tão grande que escapa a qualquer cálculo. A magnitude é de tal qualidade e extensão que mesmo um só deles já exige graças infindas a seu doador. Omitirei os que, embora em si mesmos sejam excelentes em grandeza e graça, comparados aos maiores brilham menos, como as estrelas diante dos raios do sol têm fulgor menor e mais impreciso. Falta-nos vagar para medirmos a bondade de nosso benfeitor pelos dons menores, deixando de lado os maiores.

3. Calem-se, pois, o nascimento do sol, as fases da lua, a temperatura da atmosfera, as vicissitudes das horas, as águas que caem das nuvens e as que brotam da terra, o próprio mar, a terra toda, tudo o que nasce da terra, o que vive nas águas, as espécies que cortam o ar, as inumeráveis diferenças dos animais, tudo enfim que se destina a serviço da vida humana.

Propositadamente, porém, não é lícito preterir, nem pode quem é razoável e de mente sã calar um grande benefício, embora menos ainda possa exprimi-lo dignamente. É o seguinte: Deus criou o homem à sua imagem e semelhança. Honrou-o com o conhecimento de si mesmo. Dotou-o, excluindo todos os outros animais, com o uso da razão. Deu-lhe a possibilidade de deleitar-se com a incrível beleza do paraíso e estabeleceu-o príncipe de tudo o que há na terra. Enganado pela serpente, tendo caído pelo pecado e pelo pecado ficando sujeito à morte e às tribulações dele decorrentes, nem por isso Deus o abandonou. Primeiramente, deu-lhe a Lei em auxílio. Destinou anjos para sua guarda e cuidado. Enviou profetas para repreenderem os vícios e ensinarem as virtudes. Reprimiu o incitamento ao mal com ameaças, despertou o desejo do bem com promessas. Mostrou, de antemão, as consequências de um e outro, muitas vezes, em diversas pessoas, para advertência dos demais. Depois de tantos e de tais benefícios, apesar de permanecermos na desobediência, não se apartou de nós. Não nos abandonou a bondade de Nosso Senhor. Não abolimos o amor para conosco pela insensibilidade com que ofendemos o benfeitor que nos cumulava de honras, mas fomos de novo chamados da morte e restituídos à vida por Nosso Senhor Jesus Cristo. No seguinte ponto é mais admirável ainda sua bondade e benevolência: *Sendo Ele de condição divina, não considerou a sua igualdade com Deus como uma presa, mas aniquilou-se a si mesmo, assumindo a condição de escravo* (Fl 2,6-7).

4. *Ele tomou sobre si nossas enfermidades e encarregou-se de nossos sofrimentos... e foi ferido por nossa causa... para que fôssemos curados graças a seus padecimentos; e remiu-nos da maldição da Lei, fazendo-se por nós maldição* (Is 53,4; Gl 3,13). Submeteu-se à morte mais ignominiosa para nos reconduzir à vida gloriosa. Não lhe bastou vivificar os que estavam mortos, mas dignou-se ainda conceder-lhes a dignidade da divinização e preparou-lhes um eterno repouso, cheio de alegrias tão grandes que superam todas as cogitações humanas.

Que podemos retribuir ao Senhor por tudo o que nos tem dado? (Sl 115,12). É tão bom que não exige remuneração. Contenta-se com ser amado por causa dos bens que concedeu.

Quando tudo isso me vem à mente (confesso meus sentimentos), invade-me certo arrepio e perturbação, receando que, por falta de ponderação ou por ocupação com coisas vãs, perca o amor de Deus e me torne motivo de opróbrio para Cristo. O atual sedutor que se esforça com todos os artifícios, por meio de atrativos mundanos, para nos induzir ao esquecimento de nosso benfeitor, e que nos injuria e nos pisa, visando à perdição de nossas almas, então, diante do Senhor, converterá em insulto o nosso desprezo e gloriar-se-á de nossa desobediência e defecção. Ele que não nos criou, nem morreu por nós, tem-nos por companheiros de sua obstinação e negligência em relação aos mandamentos de Deus. O Senhor ofendido e a jactância do inimigo parecem-me mais graves do que os suplícios da geena, porque dão matéria ao inimigo de Cristo de se vangloriar e de se orgulhar contra aquele que por nós morreu e ressuscitou. A este, por tal razão, como está escrito, somos mais devedores.

Até aqui, acerca do amor de Deus. Não pretendo, como disse, esgotar o assunto. Seria impossível. É apenas uma lembrança sumária para suscitar sempre em nossas almas o desejo de Deus.

Questão 3

A caridade para com o próximo

Seria lógico dissertar agora sobre o segundo mandamento, em ordem e valor.

Resposta

1. Dissemos mais acima ser a lei agricultora e nutrícia daquelas forças implantadas seminalmente em nós. Tendo sido ordenado amarmos o próximo como a nós mesmos, consideremos se Deus nos deu força para praticarmos esse mandamento. Quem não sabe que o homem é um ser social e manso, e não isolado e fero? Nada é tão peculiar a nossa natureza como vivermos em comum, necessitarmos uns dos outros, amarmos os semelhantes.

O próprio Senhor, que antes espargiu em nós essas sementes, reclama frutos adequados, dizendo: *Dou-vos um novo mandamento: Amai-vos uns aos outros* (Jo 13,34). Querendo estimular-nos à prática desse mandamento, não apresentou como características de seus discípulos sinais e milagres estupendos (embora lhes houvesse concedido no Espírito Santo também tal poder), mas disse: *Nisto todos conhecerão que sois meus discípulos, se vós amardes uns aos outros* (Jo 13,35). E assim, sempre correlaciona esses preceitos, transferindo para si mesmo os benefícios feitos ao próximo. Diz: *Porque tive fome e me destes de comer* etc. (Mt 25,35). E acrescenta: *Todas as vezes que fizestes isto a um destes meus irmãos mais pequeninos, foi a mim mesmo que o fizestes* (Mt 25,40).

2. É possível, portanto, por meio do primeiro praticar bem o segundo, e novamente, pelo segundo voltar ao primeiro. Quem ama o Senhor, amará, em consequência, o próximo: *Se alguém me ama*, diz o Senhor, *guardará os meus mandamentos* (Jo 14,23). *Este é o meu mandamento: Amai-vos uns aos outros, como eu vos amei* (Jo 15,12). E reciprocamente, quem ama o próximo, satisfaz o preceito de amar a Deus, que recebe essa boa ação como feita a si mesmo.

Por isso, Moisés, o fiel servo de Deus, demonstrou tanto amor a seus irmãos que desejou ser riscado do livro de Deus, no qual fora inscrito, se não fosse perdoado o pecado do povo (Ex 32,32). E Paulo ousou pedir ser *separado de Cristo por amor de seus irmãos, de sua raça, segundo a carne* (Rm 9,3), porque, à imitação do Senhor, queria fazer-se o preço da salvação de todos; mas estava bem cônscio de ser impossível afastar-se de Deus quem, por caridade, a fim de observar o maior mandamento, rejeitasse a graça de Deus. Ao contrário, receberia muito mais do que dera.

Aliás, o que foi dito mais acima demonstra suficientemente haver chegado a esta medida, a caridade dos santos para com o próximo.

Questão 4

O temor de Deus

Resposta

O sábio Salomão adverte ser mais útil para os principiantes na piedade a formação baseada no temor, ao dizer:

O temor do Senhor é o princípio da sabedoria (Pr 1,7). Vós, porém, que em Cristo já ultrapassastes a infância, não precisais mais de leite e podeis ser levados à perfeição segundo o homem interior por meio do sólido alimento dos dogmas[33]; necessários se tornam, portanto, preceitos mais sublimes, nos quais se consuma, em toda verdade, a caridade em Cristo. Acautelai-vos, para que a superabundância dos dons de Deus não se torne causa de condenação maior, se fordes ingratos para com o benéfico doador. *Quanto mais se confiar a alguém, dele mais se há de exigir* (Lc 12,48).

Questão 5

Como evitar a divagação

Resposta

1. Importa saber que não é possível cumprir os outros mandamentos e nem mesmo amar perfeitamente a Deus ou ao próximo se o espírito divagar para cá e para lá.

Não pode alguém dedicar-se a uma ciência ou arte, transitando sempre de uma a outra, e nem mesmo adquirir o conhecimento de uma delas, se ignorar os meios de alcançar sua finalidade. Convém que as ações quadrem com o escopo, porque, de fato, nada de razoável se alcança por meios inadequados. Não se consegue com bom resultado forjar metais exercitando-se em cerâmica; nem tocando frequentemente flauta se chega a obter coroas atléticas; mas para cada fim requer-se labor peculiar e ajustado.

Também a ascese, segundo o Evangelho de Cristo, que agrada a Deus, realiza-se pelo afastamento das preo-

33. "Dogmas" não deve ser tomado no sentido moderno, mas como doutrinas de fé.

cupações do século e a fuga completa da divagação. Por isso, embora sejam permitidas e dignas de bênçãos as núpcias, o Apóstolo opõe as preocupações destas à solicitude pelas coisas que são de Deus, como sendo impossível coexistirem ambas, ao dizer: *O solteiro cuida das coisas que são do Senhor, procurando agradar a Deus. Mas o casado preocupa-se com as coisas do mundo, procurando agradar à sua esposa* (1Cor 7,32-33). Assim, o Senhor testemunhou a respeito dos discípulos, por causa de seu ânimo sincero e firme: *Não sois do mundo* (Jo 15,19). E, ao contrário, atestou ser impossível ao mundo receber o conhecimento de Deus e aceitar o Espírito Santo: *Pai justo*, disse, *o mundo não te conhece* (Jo 17,25), e: *o Espírito da verdade que o mundo não pode receber* (Jo 14,17).

2. Todo aquele, portanto, que verdadeiramente quer seguir a Deus, deve romper os vínculos das afeições desta vida. Realizá-lo-á por afastamento completo e esquecimento dos hábitos anteriores. Por esta razão, a menos que nos façamos estranhos ao parentesco carnal e à vida em sociedade e emigremos de certo modo para outro mundo, quanto a nossos hábitos, conforme aquele que disse: *Nós somos cidadãos dos céus* (Fl 3,20), será impossível atingirmos a meta de agradar a Deus.

É terminante a declaração do Senhor: *Assim, pois, qualquer um de vós que não renuncia a tudo o que possui, não pode ser meu discípulo* (Lc 14,33). Feito isto, *guardemos cuidadosamente nosso coração* (Pr 4,23); jamais percamos a lembrança de Deus, nem manchemos a memória de suas maravilhas com vãs imaginações. Por toda a parte carreguemos pura e continuamente a santa lembrança de Deus, cuja recordação se imprima em nossa alma qual indelével sigilo.

Assim adquirimos o amor de Deus que também nos concita à prática dos mandamentos do Senhor, enquanto estes, por sua vez, o conservam perpétua e constantemente. O Senhor no-lo mostra ao dizer: *Se me amais, guardareis os meus mandamentos* (Jo 14,15), ou ainda: *Se guardardes os meus mandamentos, permanecereis no meu amor* (Jo 15,10). E o que é ainda mais persuasivo: *Como também eu guardei os mandamentos de meu Pai e permaneço em seu amor* (Jo 15,10).

3. Com isto, ensina-nos Ele que, ao decidirmos fazer uma obra, tenhamos sempre o escopo de realizar a vontade daquele que ordena, concentrando nisso nossos esforços, conforme Ele mesmo declarou em outra passagem: *Desci do céu, não para fazer a minha vontade, mas a vontade daquele que me enviou, o Pai* (Jo 6,38). Os ofícios necessários à nossa subsistência têm fins específicos e em consequência acomodam as atividades particulares a essas finalidades.

Assim também, tendo nossas obras uma só meta, uma só regra, a saber, a observância dos mandamentos no intuito de agradar a Deus, é impossível fazer um trabalho bem-feito a não ser realizando-o de acordo com a vontade de quem no-lo confiou. Se ao fazermos uma obra, aplicarmo-nos com zelo diligente a cumprir a vontade de Deus, unimo-nos a Ele por essa intenção.

O ferreiro, por exemplo, ao forjar um machado, lembra-se de quem o encomendou e, conservando-o na memória, pensa na forma e no tamanho do instrumento, executando-o conforme os desejos de quem fez a encomenda. Se por acaso se esquecer de tudo isso, fará outra coisa ou outra muito diferente da que intencionara. Também o cristão, em qualquer ação, pequena ou grande, orientada pela vontade de Deus, simultaneamente a pratica com diligência e conserva a lembrança de quem a ordena, realizando a palavra: *Ponho sempre o Senhor diante dos olhos; pois que Ele está à minha direita, não vacilarei* (Sl 15,8). E cumpre aquele preceito: *Quer comais e bebais ou façais qualquer outra coisa, fazei tudo para a glória de Deus* (1Cor 10,31).

Se alguém, ao agir, prejudica o rigor do preceito, evidencia ter deixado se enfraquecer a recordação de Deus. Lembrados, portanto, da palavra daquele que disse: *Porventura, não enche minha presença o céu e a terra? Oráculo do Senhor* (Jr 23,24). E: *Apenas eu sou Deus quando estou perto? Não o sou também quando de longe?* (Jr 23,23). E: *Onde dois ou três estão reunidos em meu nome, aí estou eu no meio deles* (Mt 18,20), tudo devemos fazer como convém a uma ação feita sob o olhar de Deus e tudo pensar como sendo visto por Ele. Assim teremos constante temor, o qual, conforme está escrito (Sl 118,163), odeia a injustiça, a injúria, a soberba e os caminhos dos maus; realizaremos a caridade, cumprindo o dito do Senhor: *Não busco a minha vontade, mas a vontade do Pai que me enviou* (Jo 5,30), e convencidas estarão continuamente as nossas almas de que as boas ações são bem aceitas pelo juiz e árbitro de nossas vidas e de que as más receberão dele a condenação.

Creio que assim acontecerá, como disse, que não sejam empregados os mandamentos do Senhor para se captar a benevolência dos homens. Ninguém há que se volte para um inferior, se está certo da presença de um superior. Mas, se suceder que uma ação seja aceitável e grata a uma pessoa ilustre, porém contrarie a um inferior e lhe pareça repreensível, dar-se-á mais valor à aprovação da pessoa mais importante, sem considerar a censura de quem está abaixo. Entre os homens é assim que se passam as coisas.

Qual será, pois, a alma verdadeiramente vigilante e equilibrada que, convicta da presença de Deus, menosprezará o que é do agrado de Deus e voltar-se-á para a glória humana? Ou, negligenciando os preceitos de Deus, escravizar-se-á a práticas humanas, ou deixar-se-á prender por um preconceito banal, ou dobrar-se-á por causa de dignidades? Tal era a disposição daquele que disse: *Contaram-me os ímpios coisas, mas quão diferente é tudo isso da tua Lei, Senhor!* (Sl 118,85). E ainda: *Diante dos reis falarei de vossas prescrições e não me envergonharei* (Sl 118,46).

Questão 6

Necessidade da vida retirada

Resposta

1. Morar retirado é auxílio para se adquirir a estabilidade de espírito. O próprio Salomão demonstra ser pernicioso levar a vida no meio dos que não receiam desprezar a perfeita observância dos mandamentos, ao nos ensinar: *Não faças amizade com um homem colérico, não andes com o violento, com receio de que aprendas os seus costumes e prepares um laço fatal para a tua alma* (Pr 22,24-25). E também: *Saí do meio deles e separai-vos, diz o Senhor* (2Cor 6,17), induz à mesma conclusão. Por isso, procuremos primeiro habitar num lugar retirado, para não sermos incitados ao pecado através dos olhos e dos ouvidos, e não nos habituarmos a ele de maneira despercebida, nem permaneçam na alma certas impressões e imagens do que vimos e ouvimos, causando nossa ruína e perdição, e ainda a fim

de persistirmos na oração. Assim podemos vencer os hábitos anteriores de uma vida em desacordo com os mandamentos de Cristo (não é pequeno combate superar os próprios hábitos; pois o hábito, corroborado durante muito tempo, adquire força de segunda natureza) e também conseguiremos apagar as máculas do pecado tanto por preces infatigáveis quanto pela meditação assídua da vontade de Deus. A essa oração e meditação é impossível nos entregarmos em meio à multidão que distrai a alma e a absorve com os negócios desta vida. E quem poderá, envolvido em tudo isso, cumprir a palavra: *Se alguém quer vir após mim, renegue-se a si mesmo* (Lc 9,23)?

Importa renegarmos a nós mesmos e tomarmos a cruz de Cristo, e assim o seguirmos.

Renunciar-se a si mesmo consiste em esquecer-se completamente do passado e abandonar as próprias vontades. Numa convivência com os homens seria dificílimo realizá-lo, para não dizer totalmente impossível. Esta companhia serve de empecilho quando se quer tomar sua cruz e seguir a Cristo. Tomar a sua cruz é estar pronto a morrer por Cristo. É mortificar os membros terrenos, é estar disposto em ordem de batalha, enfrentando qualquer perigo iminente por causa do nome de Cristo e não ser apegado à vida presente.

Vemos assim os grandes obstáculos que provêm da convivência comum em uma sociedade profana.

2. Além de outros impedimentos – e são muitos –, a alma considera a multidão dos transgressores.

Em primeiro lugar, não tem, com isso, oportunidade de perceber os próprios pecados e de ter contrição dos delitos, por meio da penitência. Compara-se aos piores e imagina que guarda certa retidão.

Em seguida, devido aos tumultos e negócios que brotam da vida vulgar, perde a preciosa lembrança de Deus e não somente sofre o prejuízo de não se alegrar e se deleitar em Deus, de não fruir das delícias do Senhor, de não experimentar a doçura de suas palavras, de modo a poder afirmar: *Lembrei-me de Deus e senti-me cheio de gozo* (Sl 76,4), e: *Quão saborosas são para mim vossas palavras, mais doces que o mel à minha boca* (Sl 118,103), mas ainda acostuma-se inteiramente a desprezar os seus juízos, a deles se esquecer, o que constitui o maior e pior dos males que lhe possam suceder.

Questão 7

A conveniência de se conviver com os que unanimemente tencionam agradar a Deus. É tão difícil quão perigoso viver isolado

Uma vez que vossas palavras nos persuadiram de que é perigoso passar a vida em companhia dos que desprezam os mandamentos do Senhor, queremos agora saber se quem deles se afasta deve viver sozinho ou conviver com irmãos que tenham o mesmo modo de pensar e escolheram idêntico escopo de piedade.

Resposta

1. Estou convicto de que a vida em comum dos que têm idêntico escopo é a mais adequada à obtenção de muitas vantagens. Primeiramente, porque nenhum de nós é autossuficiente para prover às suas necessidades corporais; para adquirirmos o indispensável precisamos uns dos outros.

Os pés têm algumas capacidades, porém para algumas coisas são incapazes. Privados do auxílio dos outros membros não têm em si força bastante, nem continuamente são autossuficientes; não podem suprir as próprias deficiências. Assim também a vida eremítica torna inútil o que possuímos e não nos possibilita adquirirmos o que nos falta. Deus, nosso Criador, quis que precisássemos uns dos outros, e, como está escrito, que o *homem se associasse a seu semelhante* (Eclo 13,20). Além disso, a caridade de Cristo impede que cada um considere apenas o que é seu. *A caridade*, diz-se, *não busca os seus próprios interesses* (1Cor 13,5).

A vida eremítica, porém, tem um só escopo: o de atender às próprias necessidades. Evidentemente, isso é oposto à lei da caridade, que o Apóstolo praticou, porque não buscava o interesse próprio, mas o de muitos, para que fossem salvos (1Cor 10,33).

Em seguida, quem vive isolado não reconhecerá facilmente seus pecados, pois não há quem o repreenda e corrija com mansidão e misericórdia. A repreensão, mesmo se parte de um inimigo, muitas vezes desperta nos bons o desejo de correção. A purificação, porém, do pecado é realizada conscientemente por aquele que ama de coração sincero: *Quem ama (seu filho)*, foi dito, *corrige-o continuamente* (Pr 13,24). É dificílimo encontrar um tal na solidão, se não houver antes vivido em comum. Acontece-lhe o que foi dito: *Ai do homem solitário. Se ele cair não há ninguém para o levantar* (Ecl 4,10).

Muitos preceitos são facilmente cumpridos, quando o são por muitos reunidos; por um sozinho, não, porque uma obra impede outra. A visita de um enfermo, por exemplo, obsta à recepção de um hóspede, e a doação e distribuição do necessário (principalmente quando esses serviços tomam muito tempo) tolhe o zelo na prática de boas obras. Com isso cai no esquecimento o preceito máximo e mais condizente com a salvação: não é nutrido o faminto, nem vestido o nu.

Quem pretenderia dar precedência à vida inerte e infrutífera e não à vida frutuosa, segundo o mandamento do Senhor?

2. Se todos nós que fomos assumidos numa só esperança da vocação (Ef 4,4) somos um só corpo, tendo a Cristo por Cabeça (1Cor 12,12), e somos membros uns dos outros, se não nos unirmos na harmonia do Espírito Santo, na constituição de um só corpo, mas ao contrário escolher cada um viver isolado, sem servir, como é agradável a Deus, à utilidade comum na dispensação dos bens, seguindo, como lhe apraz, os próprios apetites, como conservaremos, separados e divididos, a mútua relação de membros e o serviço ou a obediência devidos a nossa Cabeça, que é Cristo?

Não poderemos, vivendo separados, alegrar-nos com quem é glorificado, nem sofrer com quem sofre (1Cor 12,26), não nos sendo possível, como se vê, conhecer as condições do próximo.

Além disso, como ninguém é capaz de receber todos os carismas espirituais, mas *segundo a proporção da fé* (Rm 12,6) de cada um é dado o Espírito, o dom peculiar a um transmite-se aos seus concidadãos. *A um é dada uma palavra de sabedoria, a outro a palavra de ciência, a outro a fé, a outro a profecia, a outro a graça de curar as doenças* etc. (1Cor 12,8.10). Recebe-os cada um, não tanto para si, mas para os outros.

Na vida em comunidade, necessariamente a força do Espírito Santo concedida a um transmite-se simultaneamente a todos. Quem vive sozinho, talvez possua um dom; mas enterra-o em si mesmo por preguiça e torna-o inútil. Quão grande é esse perigo, sabeis vós todos que lestes os Evangelhos. Na convivência com muitos, porém, goza do que lhe é próprio, multiplica-o ao comunicá-lo e colhe frutos dos dons alheios, como dos próprios.

3. Apresenta ainda a vida em comum outras vantagens, difíceis de enumerar em sua totalidade.

É mais proveitosa para a conservação dos bens que Deus nos deu do que a solidão. Também para a preservação das ciladas externas do inimigo é mais seguro ter alguns vigias que o despertem no caso de adormecer naquele sono mortal, que Davi nos preveniu pedirmos se afaste de nós: *Iluminai meus olhos com vossa luz, para eu não adormecer na morte* (Sl 12,4). É mais fácil ao pecador abandonar o pecado, se receia a condenação unânime de muitos, de maneira a convir-lhe a palavra: *Basta a esse homem o castigo que a maioria lhe infligiu* (2Cor 2,6).

Mais forte será a convicção daquele que age bem, sendo muitos os que o aprovam e concordam com a sua atuação. Se toda questão deve se resolver pela decisão de duas ou três testemunhas (Mt 18,16), é claro que há de se sentir muito mais seguro quem fez uma boa obra, atestada por muitos.

Além dos supracitados, há outros perigos que acompanham a vida isolada. O primeiro e o maior é o da autocomplacência. Não tendo quem examine suas obras, julgará ter atingido a perfeição do mandamento. Em segundo lugar, deixando inertes os bons hábitos, não conhecerá seus próprios vícios, nem o progresso realizado em obras, estando supressa a matéria para a prática dos mandamentos.

4. Como demonstrará humildade, se ninguém houver em comparação do qual se mostre mais humilde?

Para com quem usará de comiseração, se está longe da companhia dos demais? Como se exercitará na paciência, se ninguém se opõe às suas vontades? Se disser alguém bastar-lhe o ensinamento das divinas Escrituras para a emenda dos costumes, age à semelhança de quem aprende a construir, mas nunca edifica, ou como quem aprende a forjar metais, mas não quer aplicar as normas de sua arte. O Apóstolo poderia lhe dizer: *Diante de Deus não são justos os que ouvem a Lei, mas serão tidos por justos os que praticam a Lei* (Rm 2,13).

E eis que o Senhor, no excesso de seu amor aos homens, não se contentou com ensinar só por palavras. A fim de nos dar exemplo claro e expresso de humildade, na perfeição do amor, cingiu-se e lavou os pés dos discípulos. De quem os lavarás tu? A quem servirás? Como serás o último, se moras sozinho? Sendo bom e agradável para irmãos unidos viverem juntos (Sl 132,1), o que o Espírito compara ao óleo puríssimo que exala da cabeça do sumo pontífice, como se realizará isso para quem mora isolado?

A vida em comum de irmãos é estádio de atletismo, caminho excelente de progresso, exercício perpétuo e meditação dos mandamentos do Senhor. Tem por escopo a glória de Deus, segundo o mandamento de Nosso Senhor Jesus Cristo, que disse: *Assim, brilhe vossa luz diante dos homens, para que vejam as vossas boas obras e glorifiquem vosso Pai que está nos céus* (Mt 5,16). Esta vida comum conserva o caráter da vida dos santos, mencionada nos Atos, onde está escrito: *Todos os fiéis viviam unidos e tinham tudo em comum* (At 2,44). E ainda: *A multidão dos fiéis era um só coração e uma só alma. Ninguém dizia que eram suas as coisas que possuía; mas tudo entre eles era comum* (At 4,32).

Questão 8

A renúncia

Se é preciso, primeiro, renunciar a tudo e depois ingressar na vida conforme Deus determina.

Resposta

1. Como Nosso Senhor Jesus Cristo diz a todos, após muitas e vigorosas manifestações, por meio de numerosas obras: *Se alguém quiser vir após mim, renuncie-se a si mesmo, tome sua cruz e siga-me* (Mt 16,24), e ainda: *Assim, pois, qualquer um de vós que não renuncia a tudo o que possui não pode ser meu discípulo* (Lc 14,33), julgamos abranger esse preceito muitas coisas que é forçoso abandonar.

Renunciamos antes de tudo ao diabo e às paixões carnais, nós que rejeitamos as torpezas ocultas e renunciamos ao parentesco segundo a carne, às amizades humanas e aos costumes contrários à perfeição do Evangelho da salvação. E uma coisa ainda mais necessária: renuncia-se a si mesmo quem se despojou do velho homem com seus atos (Cl 3,9), o qual é corruptível, devido a desejos ilusórios (Ef 4,22). Renuncia igualmente a todos os afetos mundanos que possam impedir a piedade.

Considerará ele como verdadeiros pais aqueles que o geraram em Cristo Jesus pelo Evangelho (1Cor 4,15); como irmãos, os que receberam o mesmo Espírito de adoção. Ainda, terá as riquezas todas, como de fato o são, na conta de estranhas a si mesmo.

Em uma palavra, como ainda partilhará as solicitudes do século aquele para quem o mundo todo está crucificado e ele para o mundo (Gl 6,14), por causa de Cristo? Nosso Senhor Jesus Cristo exalta em sumo grau o ódio à própria vida e a renúncia a si mesmo, quando diz: *Se alguém quiser vir após mim, renuncie-se a si mesmo e tome sua cruz* e acrescenta: *E siga-me* (Mt 16,24). E ainda: *Se alguém vem a mim, e não odeia seu pai, sua mãe, sua mulher, seus filhos, seus irmãos, suas irmãs e até sua própria vida, não pode ser meu discípulo* (Lc 14,26).

Assim, a perfeita renúncia consiste em não se abalar nem mesmo pelo amor à própria vida e ter em si a sentença da morte a ponto de não confiar em si próprio (2Cor 1,9). Começa pelo abandono dos bens exteriores, como seriam as riquezas, a vanglória, a vida vulgar, o apego às inutilidades, conforme nos ensinaram os santos discípulos do Senhor, Tiago e João, que deixaram o pai, Zebedeu, e até a barca que lhes fornecia todo o sustento; quanto a Mateus, levantando-se do telônio, seguiu o Senhor, e com isso não só abandonou os lucros do telônio, mas ainda desprezou os perigos decorrentes das contas em desordem, para si e para os seus, diante das autoridades. Para Paulo, enfim, todo o mundo estava crucificado e ele, para o mundo (Gl 6,14).

2. Deste modo, quem desejar ardentemente seguir a Cristo, a nada mais desta vida pode se prender; nem ao amor dos pais ou parentes, quando este se opõe aos preceitos do Senhor (então aplica-se a palavra: *Se alguém vem a mim, e não odeia seu pai, sua mãe* etc. [Lc 14,26]); nem por temor dos homens, de modo a furtar-se a algo de útil, conforme agiram os santos que diziam: *Importa obedecer mais a Deus do que aos homens* (At 5,29); nem dará importância à zombaria que suas boas obras excitarem nos de fora, de tal sorte que não cederá diante do desprezo.

Se alguém quiser conhecer mais apurada e claramente a força unida ao desejo que existe nos que seguem o Senhor, lembre-se do que refere o Apóstolo de si mesmo, para nosso ensinamento: *No entanto eu poderia confiar também na carne. Se qualquer outro julga poder fazê-lo, quanto mais eu que fui circuncidado no oitavo dia, que sou da raça de Israel, da tribo de Benjamim, hebreu, filho de hebreus. Quanto à Lei, fui fariseu; quanto ao zelo, persegui a Igreja; quanto à justiça da Lei, vivi irrepreensivelmente. Mas tudo isso que para mim eram vantagens, considerei perda por Cristo. Na verdade, em tudo isso só vejo dano, comparado com esse bem supremo: o conhecimento de Jesus Cristo, meu Senhor. Por Ele tudo desprezei e tenho em conta de esterco, a fim de ganhar Cristo (Fl 3,4-8).*

E se (direi com ousadia, mas com verdade) o Apóstolo comparou com as imundícias repugnantes do corpo, das quais depressa fugimos, os próprios privilégios da Lei, dados temporariamente por Deus, porque eram impedimento para o conhecimento de Cristo e a justiça que nele se encontra, assim como para nossa conformidade à sua morte, que dizer das determinações dos homens? E que necessidade há de tornar fidedigna esta palavra com nossos raciocínios, ou com os exemplos dos santos? Pois é possível apresentar palavras do próprio Senhor para convencer a alma temente a Deus. Ele atesta com clareza, de modo incontestável: *Assim, pois, qualquer um de vós que não renunciar a tudo o que possui não pode ser meu discípulo* (Lc 14,33). E em outra passagem: *Se queres ser perfeito*, tendo dito primeiro: *Vai, vende teus bens, dá-os aos pobres*, acrescenta depois: *Vem e segue-me!* (Mt 19,21).

A parábola do mercador evidentemente refere-se ao mesmo assunto para qualquer um que julga com prudência: *O reino dos céus é ainda semelhante a um negociante que procura pérolas preciosas. Encontrando uma de grande valor, vai, vende tudo o que possui, e a compra* (Mt 13,45-46).

Evidencia-se que o reino dos céus é apresentado sob a imagem de uma pérola de grande preço. A palavra do Senhor demonstra ser-nos impossível obtê-la, se para comprá-la não abandonarmos de uma vez tudo o que temos: riquezas, glória, condição de família e tudo o mais a que tantos estão presos.

3. O Senhor afirmou em seguida ser impossível realizar os maiores desejos se a mente está dividida entre solicitudes diversas: *Ninguém pode servir a dois senhores* (Mt 6,24). E ainda: *Não podeis servir a Deus e às riquezas* (Mt 6,24). Por isso, escolhamos como único tesouro o celeste, para aí fixarmos o nosso coração. *Porque onde está o teu tesouro, lá também está teu coração* (Mt 6,21). Se restar em nosso poder alguma posse terrena ou bens corruptíveis, forçosamente mergulhará a mente nesse lodo e a alma jamais atingirá a contemplação de Deus, nem será movida pelo desejo das belezas celestes e dos bens prometidos. Não os poderemos obter se um desejo assíduo e veemente não nos impelir a impetrá-los e não tornar leve o labor assumido por causa deles.

A renúncia é, portanto, conforme ficou demonstrado, libertação dos vínculos da vida material e temporal, libertação de compromissos humanos, tornando-nos mais idôneos a empreender a caminhada para Deus. Dá também oportunidade desimpedida de posse e uso de bens valiosos, *mais desejáveis que o ouro, que muita pedra preciosa* (Sl 18,11). Em suma, é a transladação do coração humano à cidadania dos céus, de modo a podermos afirmar: *Mas nós somos cidadãos dos céus* (Fl 3,20). Mais ainda. É o início da semelhança com Cristo que, sendo rico, se fez pobre por nós (2Cor 8,9). Se não o conseguirmos, não nos será possível atingir a forma de vida consentânea com o Evangelho.

Como se poderá obter a contrição do coração, a humildade do espírito, a libertação da ira, da tristeza, das preocupações, em resumo, das outras más paixões da alma, em meio às riquezas e aos cuidados dessa vida e a outras tendências e hábitos? Em uma palavra, se não é permissível nem mesmo a inquietação por causa do necessário, como o sustento e o vestuário, seriam lícitas as más preocupações com as riquezas, que retêm quais espinhos, a impedirem dê fruto a semente lançada pelo agricultor em nossas almas? Diz Nosso Senhor: *A que caiu entre os espinhos, estes são os que... são sufocados pelos cuidados, riquezas e prazeres da vida, e assim não dão fruto* (Lc 8,14).

Questão 9

Se convém àquele que se une aos que se dedicam ao Senhor confiar seus bens de maneira indiscriminada a parentes ímprobos

Resposta

1. Como o Senhor diz: *Vende os teus bens, dá-os aos pobres, e terás um tesouro no céu. Depois vem e segue-me!* (Mt 19,21), e ainda: *Vendei o que possuís e dai esmola* (Lc 12,33), julgo não dever quem se desfaz de seus bens, em vista deste objetivo, descuidar-se deles, mas procurar que seja administrado tudo o que recebeu por justiça, com toda a piedade, como já tendo sido oferecido a Deus. Faça-o por si, se for capaz e experiente, ou por outros escolhidos após sério exame e provas suficientes de que sabem administrar com fidelidade e prudência. Esteja certo de que é perigoso cedê-los aos parentes, ou distribuí-los por um intermediário qualquer.

Se aquele a quem foram confiados os bens régios nada roubar do que já foi acumulado, no entanto não lucrar, por certa negligência, o que podia, não é absolvido do crime, a que juízo pensamos serem submetidos os que dispensarem os bens já dedicados ao Senhor com descuido e displicência? Acaso não sofrerão o castigo dos negligentes? Está escrito: *Maldito aquele que faz com negligência a obra do Senhor* (Jr 48,10).

2. Tenhamos sempre a precaução de não darmos mostras de menosprezar um mandamento, sob pretexto de cumprir um outro. Não é decoroso disputarmos ou entrar em luta com os iníquos (pois não convém a um servo do Senhor altercar – 2Tm 2,24), mas recordemo-nos, a respeito dos parentes carnais que agirem injustamente contra nós, da palavra do Senhor: *Ninguém há que tenha deixado casa, ou irmãos, ou irmãs, ou pai, ou mãe, ou mulher, ou filhos, ou terras, não simplesmente, mas por causa de mim e por causa do Evangelho, que não receba já neste mundo cem vezes mais e no mundo vindouro a vida eterna* (Mc 10,29-30). Convém declarar a esses ímprobos que pecam por sacrilégio, conforme o preceito do Senhor, que disse: *Se teu irmão tiver pecado, vai e repreende-o* etc. (Mt 18,15). A piedade nos impede um litígio contra eles diante do tribunal civil, de acordo com a palavra: *Se alguém te citar em justiça para tirar-te a túnica, cede-lhe também a capa* (Mt 5,40). E: *Quando algum de vós tem litígio contra outro, como se atreveria ele ir a juízo perante os injustos, em lugar de recorrer aos santos?* (1Cor 6,1). Chamemo-los a juízo perante estes, dando importância maior à salvação de um irmão do que à abundância das riquezas. Tendo dito o Senhor: *Se te ouvir,* acrescentou: *terás ganho, não riquezas, mas teu irmão* (Mt 18,15).

Acontece que, a fim de se manifestar a verdade, quando aquele que nos ataca injustamente apela não raro a um tribunal ordinário, temos de nos submeter juntos a um mesmo processo, sem que tenhamos agredido, mas apenas seguindo os que nos citaram. Não atendemos a sentimentos próprios de ira ou de disputa, mas simplesmente declaramos a verdade. Assim, arrancá-lo-emos, também a ele, do mal, mesmo contra a sua vontade, e não transgrediremos os mandamentos, como ministros de Deus que não procuram litígios, não são avaros, porém insistem, constantes, na manifestação da verdade, sem jamais ultrapassarem a medida permitida do zelo.

Questão 10

Se devem ser recebidos todos quantos se apresentam. Ou quais? Devem ser logo admitidos? Ou só depois de experimentados? E como?

Resposta

1. Nosso Salvador Jesus Cristo, Deus que ama os homens, anuncia e diz: *Vinde a mim, vós todos que estais aflitos sob o fardo, e eu vos aliviarei* (Mt 11,28). É, portanto, perigoso repelir os que, por meio de nós, se aproximam do Senhor, querendo se submeter a esse jugo suave e ao peso dos mandamentos, que nos eleva até o céu. Não consintamos, porém, que recebam as santas instruções, senão depois de terem os pés lavados. Mas, como Nosso Senhor Jesus Cristo interrogou acerca da vida passada o jovem que o procurava e, vendo que procedera bem, deu-lhe preceitos sobre a realização do que ainda carecia para ser perfeito, permitindo, então, que o seguisse, assim também nós indaguemos acerca do passa-

do daqueles que se apresentam. Àqueles que já praticaram algum bem ensinemos uma doutrina mais perfeita. Quanto aos que se converteram de uma vida má, ou da indiferença passaram para uma vida melhor, no conhecimento de Deus, convém perscrutar quais os seus costumes e se são instáveis e inclinados às críticas.

2. Esses são suspeitos de inconstância. Nada lucram e ainda prejudicam os outros, acarretando contra nossas obras injúrias, mentiras e blasfêmias. Mas, como tudo se pode corrigir pela diligência e o temor de Deus vence qualquer vício da alma, não se desanime logo a respeito deles, mas sejam levados a exercícios apropriados. Com o correr do tempo e por meio de laboriosas práticas, teremos provas de seu propósito, e se virmos que estão firmes, recebamo-los com segurança. Se não, enquanto estão de fora sejam despedidos, a fim de que a experiência[34] não prejudique a comunidade dos irmãos.

É preciso verificar se quem anteriormente pecou vence o falso pudor, acusa-se a si mesmo da torpeza oculta e ao mesmo tempo incute rubor a seus companheiros no mal, afastando-se deles, conforme a palavra: *Apartai-vos de mim, vós todos que fazeis o mal* (Sl 6,9); e ainda, se para o futuro se previne de recaída nos mesmos vícios.

Além disso, há um modo comum de provação, que consiste em ver se alguém está pronto, superando a vergonha, a aceitar qualquer humilhação, tal como exercer os ofícios mais vis, se a razão mostrar a utilidade desse trabalho.

E se depois de todas as provações alguém for considerado pelos que são capazes de julgar sabiamente estas coisas, como um instrumento útil ao seu possuidor, pre-

34. Atividade própria de candidatos à vida monástica.

parado para toda obra boa, seja enfim contado entre os que se entregaram ao Senhor.

Especialmente àquele que, oriundo de um gênero de vida mais ilustre, à semelhança de Nosso Senhor Jesus Cristo, busca a humildade, convém prescrever alguma coisa que aos de fora pareça um opróbrio, e observar se sabe se portar plenamente como um operário de Deus que não tem do que se envergonhar.

Questão 11

Os escravos

Resposta

Quaisquer escravos, ainda presos ao jugo, que se refugiarem na comunidade dos irmãos, depois de instruídos e melhorados, sejam mandados de volta a seus senhores, à imitação de São Paulo que, tendo gerado pelo Evangelho a Onésimo, reenviou-o a Filêmon (Fm 10.12). Persuadiu a um a que carregasse o jugo da escravidão de modo agradável a Deus, tornando-se assim digno do reino dos céus; ao outro exortou não só a desistir das ameaças, lembrado do verdadeiro Senhor, que disse: *Se perdoardes aos homens as suas ofensas, vosso Pai celeste também vos perdoará* (Mt 6,14), mas a ter para com ele melhores sentimentos, escrevendo-lhe: *Sem dúvida, ele se apartou de ti por algum tempo e para que tu o recobrasses para sempre, mas já não como servo, e sim, em vez de servo, como irmão caríssimo* (Fm 15-16).

Se, porém, o senhor for mau, ordenar alguma coisa contra a lei e forçar o escravo a transgredir os mandamentos do verdadeiro dono Nosso Senhor Jesus Cristo, será preciso combater para não ser blasfemado o nome de Deus, se o escravo tiver feito alguma coisa que não agrada a Deus. Será uma luta, ou do escravo que se há de preparar para sofrer com paciência o que lhe for infligido, obedecendo mais a Deus do que aos homens conforme está escrito (At 5,29); ou dos que o receberam, suportando de maneira agradável a Deus as provações que lhes advirão por causa dele.

Questão 12

Como devem ser recebidos os casados

Resposta

Aos vinculados em matrimônio e desejosos de abraçar tal gênero de vida, é preciso indagar se o fazem de comum acordo, segundo a ordem do Apóstolo, que diz: *Não pode dispor de seu corpo* (1Cor 7,4), e o recém-vindo seja assim recebido na presença de várias testemunhas. Nada se prefira à obediência devida a Deus. Se uma das partes não consente e se opõe, por ser menos solícita do que agrada a Deus, lembre-se da palavra do Apóstolo: *Deus nos chamou para viver em paz* (1Cor 7,15), e cumpra-se o preceito do Senhor, que disse: *Se alguém vem a mim, e não odeia seu pai, sua mãe, sua mulher, seus filhos etc., não pode ser meu discípulo* (Lc 14,26). Nada, portanto, se prefira à obediência a Deus. Sabemos nós que, frequentemente, a oração intensa e o jejum assíduo têm prevalecido para muitos, em relação ao escopo de uma vida casta, porque o Senhor induz os que se mostraram inteiramente obstinados, até mesmo por necessidade física, a cederem diante de um juízo reto.

Questão 13

Utilidade da prática do silêncio para os recém-vindos

Resposta

É bom para os noviços também a prática do silêncio. Se dominam a língua, darão simultaneamente boa prova de temperança. Com o silêncio aprenderão junto dos que sabem usar da palavra, com concisão e firmeza, como convém perguntar e responder a cada um. Há um tom de voz, uma palavra comedida, um tempo oportuno, uma propriedade no falar, peculiares e adequados aos que praticam a piedade. Não os aprende quem não tiver abandonado aquilo a que estiver acostumado. O silêncio traz consigo o esquecimento da vida anterior, em consequência da interrupção, e proporciona lazer para o aprendizado do bem.

Assim, a não ser por questão especial atinente ao bem de sua própria alma, ou por inevitável necessidade de um trabalho em mãos, ou por negócio urgente, guarde-se silêncio, excetuada, é claro, a salmodia.

Questão 14

Dos que se dedicaram a Deus e depois tentam anular sua profissão

Resposta

Se um dos que foram recebidos entre os irmãos faltar a sua profissão, deve se considerar que pecou contra Deus, diante de quem e a quem fez a declaração de seu pacto. *Se um homem pecar contra o Senhor, quem intervirá a seu favor?* (1Sm 2,25). Quem se deu a Deus e depois passa a outro gênero de vida é sacrílego, pois furta-se a si mesmo e rouba um dom consagrado a Deus. É justo não lhe abrir a porta dos irmãos, nem mesmo se, de passagem, pedir abrigo. É bem clara a regra do Apóstolo que ordena fugirmos do desordeiro e não termos comunicação com ele, a fim de que fique confundido (2Ts 3,14).

Questão 15

Qual a idade conveniente para a entrega a Deus e quando se torna irrevogável a profissão

Resposta

1. Como diz o Senhor: *Deixai vir a mim os pequeninos* (Mc 10,14), e o Apóstolo louva aquele que *desde a infância conheceu as Sagradas Escrituras* (2Tm 3,15) e preceitua que se eduquem os filhos na *disciplina e correção* (Ef 6,4) do Senhor, julgamos que qualquer tempo, mesmo o da primeira idade, convém para recebermos os que se apresentam.

Recebamos espontaneamente os que perderam os pais, a fim de, a exemplo de Jó, sermos pais para os órfãos (Jó 29,12).

Aqueles, porém, que estão sob os cuidados dos pais e foram trazidos por eles, sejam recebidos diante de muitas testemunhas, para não se dar uma ocasião aos que procuram um pretexto, mas feche-se a boca dos injustos que proferem calúnias contra nós. Recebamo-los, como foi dito; todavia não sejam logo contados e enumerados como pertencentes ao corpo dos irmãos, a fim de não suceder que, se eles se afastarem da meta, recaia a repreensão sobre a vida segundo a piedade.

Sejam piamente educados como filhos da comunidade inteira dos irmãos. Além disso, meninos e meninas tenham habitação e alimentação separados, para não adquirirem demasiada confiança ou ousadia desmedida para com os mais velhos. Encontros mais espaçados preservarão a reverência devida aos mais velhos, e as penas impostas aos mais perfeitos por causa de alguma negligência nos deveres (se, acaso, se afastarem deles), não farão surgir a facilidade de pecar, nem amiúde nascer sorrateiramente o orgulho, se os meninos virem, por vezes, os mais velhos falharem naquilo em que eles procedem bem.

Em nada difere do menino em idade, aquele que é de senso pueril. Não é de admirar que em ambos se encontrem, muitas vezes, os mesmos vícios. Se alguma coisa convém aos mais velhos, em vista da idade, nem por isso ousem os jovens, por conviverem com eles, fazê-la de modo inconveniente e prematuro.

2. Por causa desta disposição e da gravidade no mais, sejam distintas a habitação dos meninos e a dos mais velhos. Com isto, a casa dos ascetas não será perturbada pelo ruído do aprendizado necessário aos jovens.

As orações diárias determinadas sejam comuns aos meninos e aos velhos.

Os meninos habituam-se, vendo o zelo dos mais idosos, à compunção, e estes são bem auxiliados na oração pelos meninos.

Exercícios e regimes de vida peculiares sejam destinados de modo adequado aos meninos em relação ao sono, às vigílias e ao tempo, à medida e à qualidade da alimentação.

Quem deve dirigi-los seja de idade provecta, mais experiente que os demais, e tenha dado provas de longanimidade; visceralmente paterno, corrija com palavras cheias de sabedoria os pecados dos jovens e proporcione remédios convenientes a cada delito de tal modo que, ao repreender por causa do pecado, a correção se transforme em exercício para a aquisição da imperturbabilidade da alma. Se, por exemplo, alguém se irritou contra o companheiro, seja forçado a honrar e prestar serviço à proporção de sua ousadia. O hábito da humildade corta a cólera, ao passo que o orgulho com frequência leva à ira. Alguém tomou alimento fora de hora? Jejue quase o dia todo. Foi surpreendido comendo, de maneira desmedida e sem polidez? À hora da refeição seja privado de alimento e obrigado a observar como os outros comem com boas maneiras, a fim de ser castigado com a abstinência e aprender a boa educação. Proferiu alguém uma palavra ociosa, uma ofensa ao próximo, uma mentira ou outra coisa proibida? Aprenda a moderação pelo estômago vazio e pelo silêncio.

3. O estudo das letras seja adequado ao fim. Usem-se, até mesmo, nomes tirados das Escrituras; em vez de mitos, contem-se-lhes histórias de feitos admiráveis. Aprendam as sentenças dos Provérbios. Sejam-lhes prometidos prêmios se aprenderem de cor nomes e fatos, de modo que atinjam a meta com gosto e até distração, sem aborrecimentos e obstáculos.

Assim, bem-educados, facilmente obterão a atenção de espírito e o costume de não divagar, se os mestres perguntarem assiduamente onde têm o pensamento e o que revolvem na mente. Pois, aquela idade simples e sem dolo, incapaz de mentir, manifestará com facilidade os segredos da alma. Além disso, para não serem surpreendidos constantemente a pensar no que é proibido, fugirão dos pensamentos absurdos e continuamente, abandonando os despropósitos, cairão em si, receosos da vergonha das repreensões.

4. Sendo ainda o espírito do menino fácil de plasmar e delicado, como em cera amolecida, sem dificuldade, nele se gravam as formas que lhe são propostas; deve, pois, logo de início, ser conduzido ao exercício do bem. Chegando ao uso da razão e já possuindo o hábito de discernir, estabeleça-se uma linha de conduta feita dos elementos básicos e das formas tradicionais da piedade, porque, enquanto a razão sugere o que é útil, o hábito dá a facilidade de agir bem.

Pode, então, ser admitido à profissão da virgindade, que já será irrevogável, porque feita com o devido conhecimento e julgamento, com pleno uso da razão. Desde então, as recompensas ou os castigos dos que pecarem ou dos que agirem bem serão concedidos pelo justo juiz, segundo o mérito das obras. Sirvam de testemunhas desse propósito os prepósitos eclesiásticos.

Assim, por intermédio deles, até a santidade do corpo será considerada como uma coisa sagrada dedicada a Deus e a ação será ratificada por meio do testemunho, porque *pela boca de duas ou três testemunhas se decida toda a questão* (Mt 18,16). Desta forma, o zelo dos irmãos não será caluniado e aos que fizerem profissão na presença de Deus e depois tentam anulá-la, não se deixará ocasião de um ato vergonhoso.

Quem, contudo, não quiser a vida virginal, por não ter solicitude pelas coisas que são do Senhor, diante das mesmas testemunhas, seja demitido.

Quem professar, porém, após grande deliberação e exame (que lhe seja lícito fazer sozinho e por muito tempo para não parecer uma espécie de rapto), seja recebido e contado na comunidade dos irmãos, e participe da mesma habitação e idêntico regime dos mais velhos.

Mas, esquecemo-nos de dizer, e seria oportuno acrescentar aqui, que certos ofícios sejam aprendidos pelo menino e quando alguns dos meninos já se mostrarem capazes de aprendê-los, não é proibido que fiquem junto dos mestres desses mesmos ofícios. À noite, contudo, voltem para junto dos companheiros, com os quais igualmente devem tomar o alimento.

Questão 16

Se é necessária a temperança para os que desejam viver piamente

Resposta

1. É evidente ser necessária a temperança. Em primeiro lugar, porque o Apóstolo enumera a temperança entre os frutos do Espírito (Gl 5,23). Segundo porque declara tornar-se por meio dela imaculado nosso ministério, quando diz: *Nos trabalhos, nas vigílias, nos jejuns, pela castidade* (2Cor 6,5). E em outra passagem: ... *trabalhos e fadigas, repetidas vigílias, com fome e sede, frequentes jejuns* (2Cor 11,27). E de novo: *Todos os competidores se impõem a si toda a espécie de abstinência* (1Cor 9,25).

Nada reprime tanto o corpo e o reduz à servidão como a temperança. Contém o ardor da juventude e vence as dificuldades em reprimir-lhe os impulsos, como um freio. *Não convém ao insensato viver entre delícias*, diz Salomão (Pr 19,10). Que há de mais insensato do que a carne bem tratada e a juventude desencaminhada? Pelo que diz o Apóstolo: *Não vos preocupeis com a carne para satisfazer os seus desejos* (Rm 13,14). E: *Aquela que vive nos prazeres, está morta, embora pareça viva* (1Tm 5,6). O exemplo dos deleites do rico demonstra-nos que a temperança nos é necessidade para não ouvirmos a mesma sentença que ele: *Recebeste teus bens em vida* (Lc 16,25).

2. Quão temível é a intemperança, mostra o Apóstolo ao enumerá-la entre as propriedades da defecção: *Nos últimos dias haverá um período difícil. Os homens tornar-se-ão egoístas* (2Tm 3,1-2); e enunciando várias espécies de maldades, acrescenta: *caluniadores, intemperantes* (2Tm 3,3).

A intemperança de Esaú foi condenada como sendo o maior de seus males, porque vendeu a primogenitura por uma iguaria (Gn 25,33). E a primeira desobediência do homem proveio da intemperança. Foi testemunhado que todos os santos guardavam a temperança. Todas as vidas dos santos e bem-aventurados e o próprio exemplo do Senhor, em seu advento na carne, são de proveito para nós, neste sentido.

Moisés, por longa perseverança no jejum e na oração, recebeu a Lei e ouviu as palavras de Deus: *Como um homem fala com o seu amigo* (Ex 33,11).

Elias foi considerado digno da visão de Deus, quando também ele empregou de igual modo a temperança (1Rs 19,8).

E Daniel, como foi que viu maravilhas? Não foi depois dos 20 dias de jejum? (Dn 10,3). Como extinguiram os três jovens a violência do fogo? Não foi pela abstinência? (Dn 1,8). Igualmente João iniciou seu estado de vida pela abstinência (Mt 3,4; Lc 1,15).

Com ela o próprio Senhor começou sua manifestação (Mt 4,2).

Chamamos temperança não uma total abstenção de alimentos (seria violenta destruição da vida), mas a privação dos deleites para a destruição do senso carnal e obtenção do escopo da piedade.

3. Em resumo, nós que seguimos o ritmo da piedade, precisamos da abstinência daqueles prazeres, apetecíveis aos que vivem segundo as paixões.

Não somente na moderação do prazer do paladar se pratica a temperança, mas se estende à privação de tudo o que possa servir de obstáculo. O verdadeiro temperante não domina apenas o ventre, e deixa-se superar pela glória humana; não supera os desejos vergonhosos sem vencer igualmente as riquezas, ou qualquer outro sentimento ignóbil, como a ira, a tristeza ou os demais vícios que costumam escravizar as almas grosseiras.

Dá-se em relação à temperança quase o mesmo que verificamos nos mandamentos; de tal modo são conexos que é impossível cumprir um sem os outros. O temperante, quanto à glória, é também humilde. Cumpre a medida evangélica da pobreza quem é temperante diante das riquezas. Não se ira quem contém a indignação e a cólera. A temperança perfeita torna a língua comedida, os olhos recatados, os ouvidos não curiosos. Quem assim não se mantém, é intemperante e licencioso. Vês como ao redor deste único mandamento se reúnem os outros em coro?

Questão 17

Importa também conter o riso

Resposta

1. Digno da atenção cuidadosa dos ascetas é aquilo que muitos negligenciam. Ser dominado por um riso imoderado e imódico é sinal de intemperança, de movimentos de

intranquilidade e de que a razão severa não reprime o relaxamento do espírito. Não é inconveniente mostrar expansão da alma com um sorriso sereno, apenas para indicar o que foi escrito: *O coração contente alegra o semblante* (Pr 15,13). Mas rir-se alto e sacudir-se involuntariamente não é próprio de quem tem espírito tranquilo, probo e senhor de si.

O Eclesiastes, reprovando essa espécie de riso, porque prejudica a firmeza do espírito, declara: *Do riso eu disse: "Loucura!"* (Ecl 2,2). E: *Como o crepitar dos espinhos na caldeira, tal é o riso do insensato* (Ecl 7,7).

O próprio Senhor sujeitou-se a quanto afeta forçosamente a carne e serve de testemunho de virtude, tal o cansaço e a comiseração pelos aflitos; nunca, porém, se riu, ao menos quanto consta da história dos Evangelhos. Antes chama infelizes os que se riem (Lc 6,25).

Não nos engane a ambiguidade da palavra riso.

É comum que a Escritura denomine riso a alegria da alma e um sentimento alegre, proveniente de um bem, como disse Sara: *Deus me deu um motivo de riso* (Gn 21,6). E: *Bem-aventurados vós, que agora chorais, porque rireis* (Lc 6,21). Encontra-se em Jó: *A boca verdadeira se encherá de riso* (Jó 8,21). Tais termos são usados em lugar de hilaridade, que provém da alegria da alma.

Eis por que é perfeito temperante aquele que está acima de qualquer paixão e não sofre o estímulo da volúpia, nem o manifesta, mas permanece continente e forte contra todo deleite nocivo. Este, evidentemente, está livre de qualquer pecado.

Algumas vezes temos a obrigação de nos abster mesmo de coisas permitidas e necessárias à vida. Isto sucede quando, para o bem de nossos irmãos, a abstinência está prescrita. Assim, o Apóstolo: *Se a comida serve de ocasião de queda a meu irmão, jamais comerei carne* (1Cor 8,13). E tendo o direito de viver do Evangelho, não usou deste direito: *para não pôr algum obstáculo ao Evangelho de Cristo* (1Cor 9,12).

2. A temperança, pois, apaga os pecados, expulsa as paixões, mortifica o corpo e até as paixões e os desejos naturais; é início da vida espiritual, penhor dos bens eternos, extinguindo a volúpia em si mesma. Esta é sempre a grande sedução do mal que a nós homens inclina fortemente ao pecado. É uma espécie de anzol, que arrasta a alma à morte. Portanto, quem não se torna efeminado, nem se deixa dobrar por ela, evita todos os pecados por meio da temperança.

Se alguém evita a maior parte deles, mas se deixa vencer por um só, já não é mais continente, como quem sofre de uma só doença corporal já não está são. Quem se sujeita ao domínio de um só, seja de quem for, já não é mais livre.

As demais virtudes praticadas às ocultas raramente chamam a atenção dos homens; a temperança, porém, já no primeiro encontro revela quem a possui. Como a corpulência e a boa cor caracterizam o atleta, assim a magreza e a palidez proveniente da continência denotam que o cristão é, de fato, atleta dos mandamentos de Cristo. Na fraqueza do corpo vence o inimigo e evidencia sua força nos combates da piedade, segundo a palavra: *Quando me vejo em fraqueza, então é que sou forte* (2Cor 12,10).

Só em ver o continente tira-se grande proveito. Mal toca, e com parcimônia, nas coisas necessárias, como que cumprindo um ministério oneroso, devido à natureza, e lastima o tempo nisto gasto, levantando-se da mesa com prontidão para praticar as boas obras. Julgo que não há palavra que abale tanto o intemperante na comida e o leve à mudança como ver um homem temperante.

E isto é, ao que parece, comer e beber para a glória de Deus, de modo que até à mesa brilhem nossas boas obras para a glorificação de nosso Pai que está nos céus.

Questão 18

Se convém provar de tudo que põem diante de nós

Resposta

Para reprimir o corpo é necessário que se estabeleça, aos que combatem pela piedade, que a temperança lhes é indispensável, *pois todos os competidores a si impõem toda espécie de abstinência* (1Cor 9,25). Para não cairmos, contudo, como os inimigos de Deus, que têm cauterizada a própria consciência e por isso se abstêm dos alimentos que Deus criou para serem tomados com ações de graças pelos fiéis, convém provar de cada um, se houver ocasião, de sorte a mostrar aos que vêm que *tudo é puro para os que são puros* (Tt 1,15), que toda criatura de Deus é boa e que nada deve ser rejeitado do que se toma com ação de graças, *pois isso se torna santificado pela palavra de Deus e pela oração* (1Tm 4,4-5). Assim seja guardada a temperança:

Usem-se os alimentos mais simples e indispensáveis à vida, à medida que for necessário, e evite-se o mal da saciedade, abstendo-se inteiramente de todos os manjares deliciosos. Deste modo eliminaremos o vício do amor às delícias, e curaremos, à medida que depender de nós, aqueles que têm cauterizada a consciência; em ambos os casos, livrar-nos-emos de suspeitas. *Por que razão seria regulada a minha liberdade pela consciência alheia?* (1Cor 10,29).

A temperança indica aquele que morreu com Cristo e mortificou seus membros terrestres. Sabemos que ela é a mãe da castidade, protetora da saúde, e que elimina perfeitamente os obstáculos às obras fecundas em Cristo; porque, segundo a palavra do Senhor, os cuidados do mundo, os prazeres da vida e as demais concupiscências sufocam a palavra e a tornam infrutuosa (Mt 13,22). Dela fogem os demônios, como nos ensinou o Senhor: *Quanto a esta espécie de demônios, só se pode expulsar à força de oração e de jejum* (Mt 17,21).

Questão 19

Qual a medida da continência

Resposta

1. Em relação aos vícios da alma, uma só é a medida da continência: a total abstenção do que produz um prazer culpado. Quanto aos alimentos, como diferem as necessidades de cada um, conforme a idade, o gênero de vida e a saúde corporal, também a medida e o modo de os empregar são diversos. É, portanto, impossível abranger numa só regra todos os que exercitam a piedade.

Permitimos aos prepósitos à administração modificarem prudentemente a medida estabelecida para os ascetas em gozo de boa saúde, adaptando-a às condições de cada um. Não é possível abarcar tudo nestas disposições, mas somente quanto depende de princípios comuns e gerais. Quanto à alimentação, os superiores proporcionem sempre o alívio conforme a necessidade aos enfermos, ou reconforto aos fatigados de outro modo por trabalhos intensos, ou aos que vão enfrentar uma fadiga, por exemplo, uma viagem ou outro árduo labor. Façam o que foi dito: *Dividia-se por todos segundo a necessidade de cada um* (At 2,45).

Não se pode determinar para todos a mesma hora, o mesmo modo, nem igual medida para a alimentação. Mas haja um só escopo: satisfazer às necessidades. Sobrecarregar o estômago ou fartar-se de alimentos é digno de maldição, pois diz o Senhor: *Ai de vós os que agora estais fartos!* (Lc 6,25). A saciedade torna também o corpo incapaz para o trabalho, propenso ao sono e predisposto aos distúrbios. A alimentação não tem por finalidade a satisfação do paladar, mas é indispensável à vida, devendo ser contida a intemperança do prazer. Servir aos prazeres nada mais é do que fazer do ventre o seu deus. Desde que nosso corpo continuamente se esvai e diflui, precisa de refeição; é por isto que o apetite é natural. A razão equilibrada exige o uso de alimentos sólidos ou líquidos para a conservação do ser vivo, suprindo o que foi consumido.

2. Assim devemos proceder se, com simplicidade, queremos atender às necessidades. Foi o que o próprio Senhor demonstrou quando alimentou a multidão cansada, para não desfalecer no caminho, conforme está escrito (Mt 15,32). Embora pudesse acentuar o milagre no deserto excogitando um lauto banquete, preparou-lhes um alimento leve e frugal, isto é, pão de cevada, e, com o pão, um pedaço de peixe (Jo 6,9). Não mencionou a bebida, porque a água que brota naturalmente e basta para o necessário está ao alcance de todos. A menos que, por doença, esta bebida seja prejudicial; então dever-se-ia evitá-la, como Paulo aconselha a Timóteo (1Tm 5,23).

De igual modo, tudo quanto certamente faz mal, seja recusado. Seria incongruente tomar para sustentar o corpo um alimento que lhe suscitasse incômodos, obstaculizando-lhe o cumprimento dos mandamentos. Este exemplo habitua a alma à fuga do que é prejudicial, mesmo se agradável.

Em todo o lugar, tenha preferência o que é mais fácil de se adquirir, a fim de que, sob pretexto de temperança, não procuremos ansiosamente as coisas mais caras e custosas, nem temperemos os alimentos com os mais apreciados condimentos; mas, em cada região, seja preferido o que for mais fácil de obter, mais vulgar e mais acessível a todos.

Dentre os alimentos importados usemos somente os mais indispensáveis à vida, como o óleo e outros semelhantes, e o que for conveniente para alívio dos debilitados; e que possa ser arranjado sem muito trabalho, perturbação e solicitude.

Questão 20

Como há de ser a refeição dos hóspedes

Resposta

1. A vanglória, o desejo de agradar aos homens e a ostentação são completamente proibidos ao cristão, em todos os seus atos. Quem praticar o mandamento para ser visto e exaltado pelos homens, perderá a sua recompensa. Aqueles que abraçaram, por causa do mandamento do Senhor, toda a espécie de humildade, fujam absolutamente de qualquer gênero de vanglória.

Se vemos os de fora envergonharem-se da humilhação da pobreza e ao receber um hóspede porem com cuidado lauta e suntuosa mesa, receemos ser também nós, sorrateiramente, atingidos de idêntico mal e venhamos a ser surpreendidos corando da pobreza que Cristo chamou bem-aventurada (Mt 5,3). Como não nos convém adquirir fora vasos de prata, véus de púrpura, leitos macios ou vestes brilhantes, assim também não devemos excogitar alimentos muito em desacordo com nosso regime de vida.

Não só é vergonhoso, e dissonante do fim que nos propusemos, correr à busca do supérfluo, criado para um mísero prazer ou vanglória prejudicial, mas ainda causa enorme prejuízo, se os que vivem nas delícias e limitam sua felicidade aos prazeres do estômago, veem-nos também voltados para os mesmos cuidados que os apaixonam. Se os deleites são ilícitos, temos de evitá-los e nunca os aceitar. Nada do que foi reprovado pode, em tempo algum, ser oportuno.

A Escritura condena os que vivem em delícias, que se untam com os melhores unguentos, que bebem os vinhos mais finos (Am 6,6). Diz-se que *a viúva que vive em deleites, embora viva, está morta* (1Tm 5,6).

O rico foi privado do paraíso por causa desses banquetes (Lc 16,22). Que temos nós a ver com as mesas suntuosas? Chegou um hóspede? Se é um irmão e segue a mesma vida, reconheça na nossa a sua própria mesa. Encontrará junto de nós o que deixou em casa. Mas está cansado da viagem? Oferecer-lhe-emos quanto for exigido para aliviar-lhe a fadiga.

2. Veio alguma pessoa de fora? Aprenda pelas obras aquilo a respeito de que por meio da palavra não se conseguiu persuadi-la. Veja o exemplo, o modelo da frugalidade. Guarde a lembrança da mesa dos cristãos e da pobreza suportada sem rubor por causa de Cristo. Se

não se impressiona com isto e antes ridiculariza, não nos incomodará segunda vez.

Quando vemos alguns ricos que consideram como bens precípuos o gozo das delícias, lastimamo-los muito, porque desperdiçam a vida em vaidades e divinizam os prazeres. Sem o perceberem, recebem sua parte de bens nesta vida e pelas delícias presentes precipitam-se no fogo ardente que lhes está preparado. Se tivermos oportunidade, não hesitemos em dizê-lo a eles mesmos. Se, porém, para nos pormos a sua altura, à medida de nossos meios, procurarmos as iguarias e lhas prepararmos por ostentação, receio que estejamos a destruir o que, na aparência, construímos, e sejamos condenados pelo que julgamos mal nos outros. Constituiria simulação em nossa vida, à qual damos variadas formas; a não ser que mudemos também de hábito, quando vamos nos encontrar com os orgulhosos. Se é vergonhoso agir assim, mais ainda o seria preparar diversamente nossa mesa por causa dos glutões.

A vida do cristão é constante e igual a si mesma, porque tem um só escopo, a glória de Deus: *Quer comais, quer bebais, ou façais qualquer outra coisa, fazei tudo para a glória de Deus* (1Cor 10,31), diz São Paulo, que falava em Cristo. A vida dos de fora é multiforme e vária, passando de um a outro estilo, ao sabor dos visitantes.

3. Se preparas com variedade e excessivo apuro os alimentos para dar prazer a teu irmão, tu o acusas de apego às delícias e lhe exprobras a gula pelo que lhe ofereces, censurando-lhe este prazer. Não se pode, acaso, muitas vezes conjecturar quem é, ou como é, o visitante esperado, só de lançar um olhar à apresentação e ao preparo da mesa? O Senhor não elogiou a Marta, dispersa na contínua lida, mas disse: *Andas muito inquieta e te preocupas*

com muitas coisas (Lc 10,41-42); no entanto, poucas ou antes uma só coisa é necessária. Poucas, refere-se ao preparo; uma, ao fim, isto é, atender à necessidade.

Ninguém ignora qual alimento ofereceu o próprio Senhor aos cinco mil.

E Jacó fez a Deus o seguinte voto: *Se me der*, disse, *pão para comer e roupa para me vestir*... (Gn 28,20). Não disse: Se me deres delícias e suntuosidade.

O que diz o sábio Salomão? *Não me dês nem pobreza, nem riqueza; concede-me o pão que me é necessário, para que, saciado, eu não te renegue e não diga: Quem me vê? Ou que, pobre, eu não roube e não perjure o nome de meu Deus* (Pr 30,8-9). Chama riqueza à saciedade, e pobreza à penúria completa do indispensável à vida. Indicou, simultaneamente, que a suficiência não é nem indigência, nem superabundância do necessário.

O grau de suficiência difere de um a outro, conforme o estado de saúde e a necessidade do momento. Um precisa de alimento mais forte e em maior quantidade, devido ao labor; outro, de mais fraco e mais leve, de acordo em tudo com a própria fraqueza; mas, em geral, necessitam todos do mais simples e mais fácil de adquirir. Em tudo, no entanto, é preciso cuidado e farta mesa sem que nunca se excedam os limites da necessidade. A norma da hospitalidade seja procurar atender às necessidades de cada um dos recém-vindos.

Diz-se: *Os que usam deste mundo, mas sem abuso* (1Cor 7,31). Abuso seria a prodigalidade, além da necessidade. Mas se temos riquezas? Oxalá não as tenhamos. Mas não estão repletos os nossos celeiros? Vivemos o dia a dia e o sustento provém do trabalho de nossas mãos. Por que, então, desperdiçar em iguarias para os de paladar delicado o alimento que Deus dá para os famintos? Pecaríamos duplamente, aumentando de um lado as tribulações da miséria e, de outro, os incômodos da saciedade.

Questão 21

Como nos sentamos ou nos reclinamos por ocasião do jantar ou da ceia

Resposta

Uma vez que o Senhor, para nos acostumar à humildade em toda a parte, ordenou que, ao nos reclinarmos para o jantar, ocupássemos o último lugar (Lc 14,10), é dever daquele que se empenha em fazer tudo de acordo com o mandamento não desdenhar este preceito. Se alguns seculares se reclinarem em nossa companhia, convém dar-lhes o exemplo de não se ensoberbecerem, nem procurarem o primeiro lugar. Como todos têm, de comum acordo, o escopo de darem sempre provas de humildade, convém que, segundo o mandamento do Senhor, procure cada qual o último lugar: no entanto, se houvesse rivalidade para obtê-lo, este modo de agir seria reprovável, porque causaria desordem e agitação. Se mutuamente não quisermos ceder e discutirmos por isso, assemelhar-nos-emos aos que disputam o primeiro lugar. Eis por que, discernindo e procurando prudentemente também nisso o que nos convém, deixamos a ordem dos lugares a cargo do hospedeiro. O Senhor sugeriu dizendo que cabe ao dono da casa. Portar-nos-emos assim com caridade mútua, fazendo tudo com dignidade e ordem. Demonstraremos que não é por ostentação na presença de muitos, nem para alcançar popularidade, que buscamos a humildade com teimosia obstinada e veemente; antes será pela obediência que exerceremos a humildade. Disputar seria maior indício de orgulho do que aceitar o primeiro lugar quando nos ordenarem que o tomemos.

Questão 22

Qual a veste conveniente para o cristão

Resposta

1. Acima ficou demonstrado serem indispensáveis a humildade, a simplicidade, a aceitação em tudo do que é barato, pouco dispendioso, para diminuirmos as ocasiões de nos dispersarmos por causa das exigências do corpo. Assim convém seguir o mesmo em relação às vestes.

Se devem todos procurar ser os últimos, também quanto ao vestuário é evidente ser preferível o de pior qualidade. Os que ambicionam a glória, andam à sua caça até pelas vestes e buscam atrair os olhares e a consideração mediante a magnificência dos vestidos; por esta razão, quem pela humildade reduziu sua vida a ínfima condição, também quanto a isto deve aceitar o que é de qualidade inferior.

Como os coríntios, na ceia em comum (1Cor 11,22), foram repreendidos porque envergonhavam com sua suntuosidade os que nada tinham, assim, no emprego habitual e externo das vestes, quem ultrapassar o modo de trajar vulgar, por uma espécie de comparação, incute vergonha ao pobre. Diz o Apóstolo: *Não aspireis a coisas altas, mas acomodai-vos às humildes* (Rm 12,16). Considere cada um consigo mesmo se convém mais aos cristãos assemelharem-se aos que vivem nos palácios dos reis e vestem roupas luxuosas ou ao anjo e arauto da vinda do Senhor: entre os filhos das mulheres não surgiu outro maior. Digo João, o *filho de Zacarias* (Mt 11,8-11), cuja vestimenta era de peles de camelo (Mt 3,4). Também antigamente os santos andaram errantes, vestidos de peles de ovelhas e de cabra (Hb 11,37).

2. O Apóstolo indicou qual a finalidade das vestes, numa palavra: *Tendo alimento e vestuário, contentemo-nos com isto* (1Tm 6,8). Sugere ser necessário apenas com que nos cobrirmos. Não caiamos, pois, na vaidade proibida da variedade e dos adornos que dela se originam, para não dizer coisa pior. Foram, finalmente, algumas artes ociosas e vãs que as introduziram na vida. Conhece-se quais foram as primeiras vestes dadas por Deus aos necessitados. *Fez-lhes*, diz-se, *Deus veste de peles* (Gn 3,21). Para cobrir as partes menos honrosas, bastavam essas túnicas. Mas como há simultaneamente um outro fim, o de nos agasalharmos, forçoso foi aplicá-las para ambas as finalidades: revestir as partes menos decentes e servir de proteção contra as intempéries.

E se entre as vestes, umas são mais úteis e outras menos, prefiram-se as que prestem maior número de serviços, sem lesar a pobreza. Não devemos arranjar algumas para ostentação e outras para uso diário; nem umas diurnas e outras noturnas. Mas procuremos uma roupa que sirva para tudo: manto decente para o dia e coberta necessária para a noite. Assim teremos todos o mesmo hábito.

Dê-se a conhecer o cristão por uma nota peculiar, até na maneira de vestir. Todos os que visam ao mesmo fim, têm em muitas coisas idêntico cunho.

3. É bom ainda que as vestes sejam características, porque servem de prévio anúncio e atestado da profissão de viver para Deus. Assim, os que nos encontram exigirão de nós ações condizentes com tal promessa.

Difere em grau o que é inconveniente ou vergonhoso num homem da plebe ou numa pessoa de compromissos mais elevados. Um homem do povo ou de origem obscura, se apanha ou bate em público, se diz palavras inconvenientes, se frequenta tabernas ou pratica ações vergonhosas semelhantes a essas, não chama logo a atenção, pois compreende-se que age de maneira consequente com seu modo de viver. Mas, se o que professa perfeição negligenciar, por mínimo que seja, suas obrigações, todos o observam e lançam-lhe em rosto este opróbrio, fazendo conforme foi dito: *Voltando-se contra vós, vos despedacem* (Mt 7,6). O compromisso que o hábito constitui por si só é uma espécie de pedagogia para os fracos, que os afasta dos vícios, mesmo contra a vontade.

Como a farda é própria do soldado, diversa é a veste do senador e outros usam roupa característica da respectiva dignidade, assim é plausível e conveniente haver uma veste peculiar ao cristão, que conserve o modo de trajar recomendado pelo Apóstolo. Determinou que o bispo ande bem-arranjado (1Tm 3,2), que a roupa das mulheres seja adornada (1Tm 2,9), de modo que se entenda a palavra ornato segundo o sentido próprio no cristianismo. O mesmo digo dos sapatos; sempre se prefira o menos extravagante, mais barato e que satisfaça à necessidade.

Questão 23

O cinto

Resposta

Os santos das épocas anteriores manifestam ser necessário o cinto.

João cingia os rins com um cinto de couro (Mt 3,4); já antes dele, Elias. Está escrito como característica sua: *Era um homem coberto de peles e que trazia um cinto em volta dos rins* (2Rs 1,8).

Pedro também usava cinto, o que se evidencia das palavras do anjo: *Cinge-te e calça as tuas sandálias* (At 12,8). Igualmente se pode verificar que São Paulo usava cinto, pela profecia de Ágabo a seu respeito: *Assim, em Jerusalém, ligarão o homem a quem pertence este cinto* (At 21,11).

E o Senhor ordena a Jó que se cinja, como símbolo de ânimo viril e pronto para obrar, ao dizer: *Cinge os teus rins como um homem* (Jó 38,3).

É evidente ter sido habitual a todos os discípulos do Senhor usar cinto, pois foi-lhes proibido levar dinheiro nos cintos (Mt 10,9).

Aliás, é indispensável a quem quer por si fazer um trabalho cingir-se e ter movimentos livres. Daí vem a necessidade do cinto, para a túnica se ajustar ao corpo. Se forem bem distribuídas as pregas, isto ajudá-lo-á a ter movimentos desimpedidos.

Por esta razão, também o Senhor, quando se preparava para prestar o ministério aos discípulos, pegando duma toalha, cingiu-se (Jo 13,4).

Acerca da quantidade das vestes nada precisamos dizer, uma vez que dispusemos o suficiente ao tratarmos da pobreza. Se, pois, ordena-se a quem tem duas túnicas dar uma a quem não tem (Lc 3,11), é claro ser proibido ter muitas só para si. Para aquele a quem é vedado ter duas túnicas, de que serve legislar sobre o uso delas?

Questão 24

Tudo isso nos foi bem transmitido. Conviria agora aprendermos como conviver

Resposta

Tendo dito o Apóstolo: *Mas faça-se tudo com decência e ordem* (1Cor 14,40), julgamos ser honesto e bem-ordenado um modo de viver na sociedade dos fiéis que salvaguarde a relação de membros de um só corpo. Que a um se faculte ser olho, entregando-se-lhe o cuidado dos bens comuns; examinará o que já tiver sido feito e preverá e considerará o que há de fazer. Um outro fará de ouvidos ou de mãos: ouvirá ou fará o que convier; e assim por diante, cada um terá a sua atribuição. Saibam que, entre os membros, é perigoso para um descuidar-se do que lhe compete ou usar de um outro membro para fim diverso daquele em vista do qual Deus o fez. Se a mão ou o pé não obedecerem à direção do olho, a primeira tocará forçosamente em coisas perniciosas para a ruína do todo; o segundo tropeçará ou mesmo se precipitará num abismo. Se o olho se fechar para não ver, necessariamente também ele perecerá com os demais membros, que sofrerem o que foi dito. Assim, ao prepósito é perigoso qualquer descuido, porque ao ser julgado dará contas de todos. Ao súdito, a desobediência é detrimento e dano. Pior ainda, se ele escandalizar os outros.

Todo aquele que, em seu próprio lugar, mostrar um zelo incansável e cumprir o preceito do Apóstolo que diz: *Não relaxeis o vosso zelo* (Rm 12,11), receberá o louvor devido à sua solicitude; se, ao invés, for negligente, será denominado infeliz e merecerá aquele ai: *Maldito*, diz-se, *aquele que fez com negligência a obra do Senhor* (Jr 48,10).

Questão 25

Terrível o juízo do superior que não repreender os que pecam

Resposta

1. Por esta razão, aquele ao qual foi confiada a direção de todos, considere que terá de certo modo de dar contas de cada um. Na verdade, se um dos irmãos cair em pecado por não lhe haver ele antes anunciado os juízos de Deus, ou se permanecer na queda por não lhe ter o superior ensinado o modo de se corrigir, o sangue dele será requerido das suas mãos (Ez 3,20), como está escrito; mas, principalmente, se negligenciar, não por ignorância, alguma das coisas que agradam a Deus, mas se, por conivência com os vícios de cada um, arruinar a austeridade da vida comum. *Os que te chamam bem-aventurado*, diz-se, *esses mesmos te enganam e destroem o caminho por onde tu passas* (Is 3,12). *Aquele que vos perturbar, responderá por isto; seja quem for, sofrerá a condenação* (Gl 5,10). Para não sofrermos tal coisa, cabe-nos seguir a regra apostólica nos colóquios com os irmãos. Nunca usamos de adulação, como sabeis, nem fomos levados por interesse algum. Deus é testemunha. *Não buscamos as glórias humanas, nem de vós, nem de outros* (1Ts 2,5-6).

2. Quem está livre desses vícios, poderá, talvez, sem erro, orientar, de maneira proveitosa para si, e salutar para os que o seguirem. Aquele que está verdadeiramente estabelecido na caridade e não age no intuito de obter honras humanas, nem para evitar ofender aos delinquentes e ser-lhes suave e grato, anunciará a palavra com liberdade, sinceridade e pureza, porque em nada quer adulterar a verdade. São-lhe bem aplicáveis as seguintes palavras: *Fizemo-nos discretos no meio de vós. Qual mãe*

que com ternura cuida dos filhos, assim em nossa ternura por vós desejávamos não só comunicar-vos o Evangelho de Deus, mas até a nossa própria vida (1Ts 2,8). Quem assim não proceder, é um guia cego e lança-se no precipício, arrastando juntamente consigo os que o seguem.

Do acima referido se vê o grande mal em ser para o irmão, em vez de direção segura, causa de erro. Além do mais, é sinal de que o mandamento da caridade não foi cumprido. Não há pai que veja o filho em perigo de cair numa fossa, ou já caído, e o abandone na queda. Quem pode dizer quanto é pior abandonar na perdição a alma que caiu no abismo dos males?

É dever, portanto, vigiar pelas almas dos irmãos e preocupar-se com a salvação de cada um deles, pois disso há de prestar contas. Preocupar-se, até à morte mostrar solicitude para com eles, não só seguindo a palavra do Senhor sobre a caridade, dirigida a todos geralmente: *Que cada um dê a sua vida por seus amigos* (Jo 15,13), mas também aquela especial dita pelo Apóstolo: *Em nossa ternura por vós desejávamos não só comunicar-vos o Evangelho de Deus, mas até a nossa própria vida* (1Ts 2,8).

Questão 26

De que tudo, até mesmo os segredos do coração, deve ser manifestado ao superior

Resposta

O súdito que quiser fazer grande progresso e permanecer num estado de vida segundo os preceitos de Nosso Senhor Jesus Cristo, não oculte nenhum dos sentimentos da alma, nem profira palavras inconsideradas, mas descubra os segredos do coração aos irmãos aos quais foi confiado o cuidado de curar os fracos com misericórdia e compaixão. Deste modo consolida-se o que é louvável e ao que é reprovável aplicam-se remédios apropriados. Esta mútua ascese, por um progresso lento, leva-nos a adquirir a perfeição.

Questão 27

O próprio superior, se errar, seja advertido pelos irmãos mais antigos da comunidade

Resposta

Como o superior em tudo deve ser o guia da comunidade dos irmãos, assim, vice-versa, aos demais toca adverti-lo, se o superior foi suspeito de um delito. Para não arruinar a disciplina, a advertência compete aos mais avançados tanto em idade quanto em prudência. Se houver algo merecedor de correção, auxiliaremos a um irmão e por meio dele, a nós mesmos, fazendo voltar ao bom caminho aquele que é uma espécie de regra de nossa própria vida e que deve redarguir os nossos desvios com sua retidão. Se, porém, foi em vão que se perturbaram alguns, persuadidos, pela evidência, da falsidade de sua suspeita, ver-se-ão livres da suposição.

Questão 28

Como se comportarão todos em relação a um desobediente

Resposta

1. Em primeiro lugar, todos se compadeçam, como de um membro doente, de quem obedece aos manda-

mentos do Senhor com negligência. O superior tente curar esta doença com exortações oportunas. Mas, se ele perseverar na sua obstinação, e não aceitar a correção, seja repreendido mais severamente diante de toda a comunidade dos irmãos, e tratado com toda a espécie de admoestações. Se não se emendar após muitas advertências e não quiser por si sanar seu modo de agir, sendo para si mesmo uma peste, como diz o provérbio, com muitas lágrimas e gemidos, seja amputado do corpo como um membro gangrenado e completamente inútil, à imitação do que fazem os médicos. Se estes encontram um membro atingido de doença incurável, para que a infecção não se alastre muito e não contagie as partes contíguas e próximas, costumam tirá-lo, cortando ou cauterizando.

Assim façamos também nós, com os que odeiam e impedem os mandamentos do Senhor, segundo o preceito do Senhor, que diz: *Se o teu olho direito é para ti causa de queda, arranca-o e lança-o longe de ti* (Mt 5,29). Quem lhes mostra amizade, imita a bondade desordenada de Heli, arguida por não ter sido empregada para com os filhos de modo agradável a Deus (1Sm 3,13). Fingir bondade para com os maus seria trair a verdade, armar insídias à comunidade e facilitar a indiferença diante do pecado. De modo algum realiza o que foi escrito: *Nem tendes manifestado tristeza para que seja tirado dentre vós o que cometeu tal ação?* (1Cor 5,2). Forçosamente acontece o que se segue: *Um pouco de fermento leveda a massa toda* (1Cor 5,6). *Aos faltosos*, diz o Apóstolo, *repreende-os diante de todos* (1Tm 5,20), e acrescenta imediatamente a causa, quando diz: *Para que também os demais se atemorizem*.

2. Em resumo, aquele que não aceita bem o corretivo ministrado pelo superior, é inconsequente consigo mesmo. Se recusa submeter-se e defende sua própria

vontade, por que permanece em companhia dele? Por que o declara preposto à sua vida?

Uma vez que consentiu em ser agregado ao corpo da comunidade dos irmãos, se foi considerado instrumento idôneo para um serviço, mesmo no caso de julgar que a ordem está acima de suas forças, deixará a responsabilidade a quem ordena o que ultrapassa suas forças e mostrar-se-á dócil e obediente até à morte, lembrado do Senhor que se tornou *obediente até à morte e morte de cruz* (Fl 2,8).

Rebelar-se e contradizer seria demonstrar muitos males: doença na fé, dúvida na esperança, orgulho e soberba nos costumes. Ninguém desobedece sem ter antes menosprezado quem tal determinou. Se alguém acredita nas promessas de Deus e deposita nelas firme esperança, não hesitará nem ainda quando as ordens são árduas, sabendo que *os sofrimentos da presente vida não têm proporção alguma com a glória futura que deve ser manifestada* (Rm 8,18). E, persuadido de que quem se humilhar, será exaltado (Mt 23,12), mostrará maior prontidão ainda do que espera quem manda, ciente de que *a nossa presente tribulação, momentânea e ligeira, produz em nós um peso eterno de glória incomensurável* (2Cor 4,17).

Questão 29

Orgulho ou murmuração no trabalho

Resposta

Não se junte a obra de quem murmurar ou que for surpreendido a se orgulhar às dos humildes de coração e de espírito contrito; os piedosos não a utilizem de modo algum. *Porque o que é elevado aos olhos dos homens é abominável aos olhos de Deus* (Lc 16,15). Há outro preceito do Apóstolo assim formulado: *Nem murmureis, como murmuraram alguns deles e foram mortos pelo exterminador* (1Cor 10,10). E: *Sem tristeza nem constrangimento cada um dê segundo propôs em seu coração, pois Deus ama ao que dá com alegria* (2Cor 9,7). Não se aceite sua obra como sendo um sacrifício abominável. Não convém misturá-la às obras dos demais. Se os que ofereceram ao altar um fogo estranho experimentaram tal ira (Lv 10,1-2), como seria inofensivo utilizar na prática dos mandamentos o trabalho resultante de um ânimo infenso a Deus? *Que união pode haver entre a justiça e a iniquidade? Ou que parte tem o fiel com o infiel?* (2Cor 6,14-15). Por esta razão se diz: *O iníquo que imola um boi é como o que parte a nuca de um cão e o que apresenta a oblação é o que derrama sangue de porco* (Is 66,3). Daí ser mister remover da comunidade dos irmãos as obras do preguiçoso e do rebelde. É preciso que os superiores zelem muito por isto. Que não se destrua o preceito daquele que disse: *Será meu ministro o que segue o caminho reto. O soberbo não há de morar jamais em minha casa* (Sl 100,6-7). Não consintam permaneça em sua perversidade aquele que junta ao preceito o pecado, ou contamina a obra por unir ao trabalho a preguiça ou o orgulho da própria suficiência, porque os que o acolherem tornam-no insensível aos próprios males.

Persuada-se o superior de que se não dirigir a seu irmão como convém, atrairá sobre si ira grave e inevitável. Pedir-se-á conta de seu sangue a este (Ez 3,18), segundo está escrito.

O súdito se disponha a cumprir sem preguiça qualquer ordem, mesmo se dificílima, certo de que sua recompensa será grande nos céus. Rejubile ao obediente a esperança da glória, a fim de realizar a obra do Senhor com grande alegria e paciência.

Questão 30

Qual deve ser a atitude dos superiores ao cuidarem dos irmãos

Resposta

Não se exalte o superior por causa da dignidade, para não perder a bem-aventurança prometida à humildade (Mt 5,3), nem envaidecido venha a cair na mesma condenação do demônio (1Tm 3,6); mas esteja persuadido de que ter muitos a seu cuidado é servir a muitos. Como aquele que serve a muitos feridos, tira o pus de cada ferida, aplica remédios de acordo com a natureza do mal e não faz deste ministério ocasião de soberba, mas antes de humildade, de solicitude e de luta, assim, e até mais, o encarregado de tratar das doenças dos irmãos, servo de todos e que de todos há de prestar contas, deve ser refletido e solícito. Deste modo atingirá o termo, porque diz o Senhor: *Se alguém quer ser o primeiro, será o último de todos e o servo de todos* (Mc 9,35).

Questão 31

Deve ser recebido o serviço prestado pelo superior

Resposta

Seja aceito até mesmo o serviço material prestado por aqueles que são considerados como tendo precedência na comunidade. A humildade que sugere ao maior pôr-se a serviço mostra ao menos que não é fora de propósito ser servido.

A tal nos induz o exemplo do Senhor que se dignou lavar os pés de seus discípulos, sem que esses ousassem resistir-lhe. Até Pedro que, por grande reverência, de início recusara, logo voltou à obediência, instruído acerca do perigo da desobediência.

Não haja receio da parte do súdito de perder a humildade se for servido pelo maior. Este serviço, muitas vezes, é prestado menos por necessidade premente do que para ministrar-lhe um ensinamento, ou antes, um exemplo eficaz. Evidencie, portanto, a humildade pela obediência e a imitação. E não relute, por falsa humildade, enquanto de fato está agindo por orgulho e arrogância. A contradição manifesta independência e insubmissão. Dá assim mais exemplo de orgulho e de desprezo do que de humildade, de obediência em tudo. Necessário, portanto, se torna obedecer ao que disse: *Suportai-vos caridosamente uns aos outros* (Ef 4,2).

Questão 32

Relações com os parentes

Resposta

1. Uma vez admitido na comunidade dos irmãos, ninguém obterá permissão do superior para vagar por qualquer motivo que seja; nem, sob pretexto de visitar os parentes, afaste-se dos irmãos, levando uma vida longe de testemunhas, ou se envolva em negócios, por solicitude de patrocinar os consanguíneos.

A palavra de Deus veta absolutamente usarem-se na comunidade dos irmãos as expressões: meu e teu. *A multidão dos fiéis*, diz-se, *era um só coração e uma só alma. Nenhum dizia que eram suas as coisas que possuía* (At 4,32).

Sejam, portanto, os pais segundo a carne ou os irmãos, se vivem segundo o que Deus ordena, venerados por todos da comunidade como se fossem pais ou parentes. *Todo aquele que fizer a vontade de meu Pai, que está nos céus, diz o Senhor, este é meu irmão e minha irmã e mãe* (Mt 12,50). Julgamos, no entanto, caber ao superior da comunidade cuidar deles.

Se, porém, estão implicados na vida profana, nada há de comum entre eles e nós, que nos esforçamos por manter a honestidade e a fidelidade ininterrupta a Deus. Além de lhes sermos inúteis, ainda enchemos nossa vida de perturbação e de agitação e procuramos ocasião de pecado. Todavia não é conveniente receber a visita dos que outrora nos eram familiares, se desprezam os mandamentos de Deus e não fazem caso da obra da piedade, porque não amam o Senhor, que disse: *Aquele que não me ama, não guarda as minhas palavras* (Jo 14,24). *Que união pode haver entre a justiça e a iniquidade? Ou de comum entre o fiel e o infiel?* (2Cor 6,14-15).

2. Antes de tudo, é preciso, de todos os modos, ter empenho em afastar qualquer ocasião de pecado dos que ainda se exercitam no bem; a maior destas ocasiões é a recordação da vida passada. Não lhes suceda o que foi dito: *Em seus corações voltaram para o Egito* (Nm 14,4). Em geral, tal acontece quando têm frequentes e assíduos encontros com os parentes. Não se permita absolutamente que parentes ou estranhos falem com os irmãos, se não estivermos seguros de que as conversas tratam da edificação e do aperfeiçoamento das almas.

Se houver necessidade de falar com os que alguma vez vêm visitar, façam-no aqueles aos quais foi confiado o dom da palavra, como os que podem, com sabedoria, falar e ouvir, para a edificação da fé; o Apóstolo manifestamente ensina que nem todos possuem a capacidade de falar, mas poucos são dotados desse carisma, dizendo: *Porque a um é dada pelo Espírito a linguagem da sabedoria, a outro, porém, a linguagem da ciência* (1Cor 12,8). E em outro lugar: *Para que possa exortar na sã doutrina e rebater os que a contradizem* (Tt 1,9).

Questão 33

Relações com as irmãs

Resposta

1. Quem renunciou às núpcias, evidentemente renunciou mais ainda aos cuidados que, diz o Apóstolo, atribulam o casado, isto é, como há de dar gosto à sua mulher (1Cor 7,33), e se libertará totalmente do desejo de agradar a uma mulher, receoso do juízo daquele que disse: *Deus dispersa os ossos dos que procuram agradar aos homens* (Sl 52,6). Com o fito de obter favor, nem mesmo com um homem quer encontrar-se, mas vai conversar com ele pelo zelo que se deve ao próximo, segundo o mandamento de Deus, quando houver necessidade.

Não se dê licença de conversar, indistintamente, a quem o desejar, nem qualquer tempo ou lugar para tal fim se presta. Mas se, de acordo com o preceito do Apóstolo, não queremos ser *motivo de escândalo nem para os judeus, nem para os gentios, nem para a Igreja de Deus* (1Cor 10,32), e sim fazer tudo com respeito, ordem e para a edificação, será necessário escolher devidamente as pessoas, o tempo, a utilidade e o lugar. Com isto, afugentar-se-á até mesmo a sombra de uma suspeita.

Em tudo constituirá uma manifestação de gravidade e de prudência a atitude dos que foram escolhidos para se verem e conferenciarem acerca do que agrada a Deus, quer em vista das exigências do corpo, quer da cura das almas. Não sejam menos de dois, de cada lado. Sobre uma pessoa só facilmente recaem suspeitas, para não dizer coisa pior. Além disso, teria ela menos vigor para confirmar o que foi dito, pois a Escritura declara nitidamente que toda questão se resolva diante de duas ou três testemunhas (Dt 19,15; Mt 18,16). Não mais de três, porém, para não se tolher o zelo ardente que o mandamento de Nosso Senhor Jesus Cristo suscita.

2. Se houver necessidade de que outros da comunidade falem ou ouçam qualquer coisa particular a respeito de alguém, não venham pessoalmente conversar, mas alguns anciões escolhidos tratem do assunto com anciãs determinadas e assim, por seu intermédio, faça-se o que for mister. Seja mantida esta ordem não só das mulheres para com os homens, ou dos homens para com as mulheres, mas até entre os do mesmo sexo. Estes, por conseguinte, além da piedade e da gravidade em tudo, sejam cautelosos nas perguntas e respostas, fiéis e prudentes no proferir as palavras, cumprindo o que foi dito: *Disporá seus discursos com juízo* (Sl 111,5), de modo que se cuide simultaneamente do bem daqueles que lhes confiaram o negócio e fique resolvida a questão ventilada. Atendam outros às necessidades corporais; sejam experimentados, de idade provecta e de hábitos e costumes graves, a fim de não se ferir a consciência de outrem com qualquer suspeita de mal. *Por que razão seria regulada a minha liberdade pela consciência alheia?* (1Cor 10,29).

Questão 34

Como devem ser os que dispensam o necessário à comunidade

Resposta

1. Entre os que, dentro, distribuem o necessário, é preciso absolutamente que haja alguns em cada ofício que imitem o que narram os Atos: *Repartia-se, então, a cada um deles conforme a necessidade* (At 4,35). Tenham principalmente a preocupação de ser misericordiosos e pacientes para com todos, sem provocarem suspeitas de simpatia ou parcialidade, segundo a ordem do Apóstolo que diz: *Nada fazendo por espírito de parcialidade* (1Tm 5,21), ou ainda de contestação, que ele rejeita como inconveniente aos cristãos, ao dizer: *Se, no entanto, alguém quiser contestar, nós não temos tal costume, nem as Igrejas de Deus* (1Cor 11,16). Alguns subtraem o necessário àqueles com os quais estão em desacordo e dão excessivamente àqueles por quem sentem simpatia. O primeiro modo de agir é ódio fraterno, o segundo, simpatia muito repreensível por afugentar da comunidade a concórdia, originária da caridade, que é substituída pelas suspeitas, as emulações, as disputas e a preguiça para o trabalho.

2. Têm a máxima obrigação, aqueles que distribuem à comunidade o necessário, de libertarem-se das simpatias e antipatias, tanto pelo suprarreferido quanto por muitas outras circunstâncias semelhantes. Devem estar cônscios dessa disposição de ânimo e mostrar tal zelo, eles e os que exercem outros ofícios a serviço da comunidade, como quem serve não aos homens, mas ao próprio Senhor que, em sua grande bondade, toma como prestadas a si mesmo a consideração e a solicitude para com os

que lhe são consagrados e promete em vista disto a herança do reino dos céus. *Vinde*, disse, *benditos do meu Pai, tomai posse do reino que vos está preparado desde a criação do mundo. Todas as vezes que fizestes isto a um destes meus irmãos mais pequeninos, foi a mim mesmo que o fizestes* (Mt 25,34.40). Ao contrário, reconheçam o perigo da negligência, lembrados daquele que disse: *Maldito aquele que faz com negligência a obra do Senhor* (Jr 48,10). Porque não só serão expulsos do reino, mas espera-os aquela sentença tremenda e terrível, proferida contra tais homens: *Retirai-vos de mim, malditos! Ide para o fogo eterno, destinado ao demônio e a seus anjos* (Mt 25,41).

Se aqueles que assumem as preocupações e o serviço recebem tal recompensa do zelo, e se tamanho juízo aguarda a negligência, que solicitude não devem empregar os que têm de servir, para se tornarem dignos da denominação de irmãos do Senhor! Ensina-o o Senhor ao dizer: *Todo aquele que faz a vontade de meu Pai que está nos céus, este é meu irmão e minha irmã e minha mãe* (Mt 12,50).

3. Incorre em perigo quem não propuser a vontade de Deus como escopo de toda a vida; assim, se na saúde não mostrar o labor da caridade pelo zelo nas obras do Senhor e na doença alegremente não demonstrar grande paciência e tolerância.

O primeiro e o maior de todos os perigos, porém, é distanciar-se do Senhor e do convívio dos irmãos, porque separa-se por si mesmo quem não faz a vontade de Deus.

O segundo consiste em que, sendo indigno, ousa participar das coisas preparadas para os que são dignos.

Neste ponto mister se faz lembrar-se do Apóstolo que diz: *Sendo seus colaboradores, exortamo-vos a que não recebais a graça de Deus em vão* (2Cor 6,1). Aqueles que foram chamados para serem irmãos do Senhor, não desonrem tamanha graça de Deus, nem traiam tal dignidade, descuidando-se da vontade de Deus, mas antes obedeçam ao Apóstolo, quando diz: *Exorto-vos, pois – prisioneiro que sou pela causa do Senhor –, que leveis uma vida digna da vocação à qual fostes chamados* (Ef 4,1).

Questão 35

Se convém estabelecer numa aldeia mais de uma comunidade de irmãos

Resposta

1. O exemplo dos membros já muito empregado é de utilidade para explanar esta questão. Como foi declarado acima, um corpo que queira ser belo e devidamente capaz de qualquer ação, precisa de olhos, língua e dos restantes órgãos, todos indispensáveis e bem importantes. Mas, de fato, é dificílimo e árduo encontrar uma pessoa que possa servir de olhos para muitos. Pois, se a disciplina exige que o superior da comunidade dos irmãos seja previdente, perito na palavra, sóbrio, misericordioso e procure com um coração perfeito os juízos de Deus, como seria possível encontrar numa mesma aldeia muitos com estas qualidades? Se acaso acontecer que haja dois ou três, o que não é fácil – e nunca tivemos conhecimento que tenha havido –, muito melhor seria partilharem juntos estas preocupações, aliviando-se mutuamente no labor, de modo que, em caso de viagem, ocupação ou outras circunstâncias, por exemplo, se acontecer que um superior deixe a comunidade, haja outro para consolar deste abandono, a menos que parta para socorrer outra comunidade desprovida de guia.

A experiência obtida nos negócios de fora pode ser de grande vantagem para o escopo a que visamos. Como os peritos do mesmo ofício invejam seus rivais e a emulação no mesmo artesanato surge ocultamente, assim, na maioria dos casos, acontece nesse tipo de vida.

De início, rivalizam-se no bem e esforçam-se por superar uns aos outros, quer na recepção dos hóspedes, no aumento do número dos ascetas, ou em outras obras deste gênero. Vão avante e caem em contendas. Se advêm irmãos peregrinos, sentem estes muitas dúvidas e dificuldades, em vez da tranquilidade desejada, divididos pelo pensamento de onde se hospedar. É difícil preferir uns a outros e impossível satisfazer a ambos, principalmente quando têm pressa. Aqueles que de início vêm para abraçar a mesma vida, ficam em grande perplexidade, porque devem escolher os superiores para os dirigirem e, na verdade, se preferem uns, reprovam os outros.

2. Então, já desde o primeiro dia, são prejudicados pelo orgulho, porque não se dispõem a aprender, mas acostumam-se a ser juízes e censores da comunidade.

Desde que não há bem evidente algum em existirem casas separadas e são tais os inconvenientes, é completamente despropositado separarem-se uns dos outros. Se acontecer que alguém haja presumido fazê-lo, urge uma mudança, principalmente após a experiência dos prejuízos decorrentes desta situação. Manter a própria opinião seria contestação manifesta. *Se, no entanto, alguém quiser contestar*, diz o Apóstolo, *nós não temos tal costume, nem as Igrejas de Deus* (1Cor 11,16).

Que motivo hão de alegar como impedimento à união? Será por causa do necessário? Mas é muito mais fácil adquiri-lo para uma casa comum, onde há uma só lâmpada, um só fogo; estas e outras coisas semelhantes são suficientes para todos. Importa, pois, nestas e outras questões ir ao encalço da facilidade maior, de todos os modos, a fim de se reduzir a quantidade das coisas necessárias. Além disso, casas separadas necessitam de maior fornecimento vindo de fora para a comunidade; da metade, se numa só casa. Sem que o diga, sabeis como é difícil encontrar alguém que não ocasione opróbrio ao nome de Cristo, mas que se porte com os de fora nas viagens de modo digno de sua profissão.

Ademais, como poderão os que se mantêm separados edificar os que levam a vida comum, quer impelindo-os à paz, se for o caso, quer exortando-os ao cumprimento de outros mandamentos, uma vez que, não se unindo, suscitam suspeitas contra si mesmos?

Ouvimos também que o Apóstolo escreveu aos filipenses: *Completai a minha alegria permanecendo unidos. Tende um mesmo amor, uma só alma, e os mesmos pensamentos. Nada façais por espírito de partido ou vanglória, mas com humildade, considerando os outros superiores a vós mesmos, visando cada um não aos seus próprios interesses, senão aos dos outros* (Fl 2,2-4).

3. Pode haver maior demonstração de humildade do que a sujeição dos superiores das comunidades entre si? Se são iguais em carismas espirituais, é belo vê-los unidos no combate. Conforme o próprio Senhor nos mostrou, enviando dois a dois (Mc 6,7), assim cada um deles se submeterá com alegria ao outro em tudo, lembrado do Senhor, que disse: *Quem se humilha, será exaltado* (Lc 18,14). Se acontecer que um tenha menos e outro mais, será melhor que o mais fraco seja assumido

pelo mais forte. E como não seria uma desobediência aberta ao preceito apostólico que diz: *Visando cada um não aos próprios interesses, senão aos dos outros* (Fl 2,4)? Julgo que não é possível realizar isto com a divisão, porque cada uma das turmas cuidará em particular dos seus componentes, alheando-se das solicitudes para com os outros, o que, como disse, claramente se opõe ao preceito apostólico.

Também nos Atos, muitas vezes é atestado dos santos a que se referem: *A multidão dos fiéis era um só coração e uma só alma* (At 4,32), ou: *E todos os fiéis viviam unidos e tinham tudo em comum* (At 2,44). É evidente não ter havido separação entre eles. Ninguém vivia por própria conta, mas todos eram regidos por um só e mesmo governo; e sendo em número de cinco mil, haveria, talvez, não poucas razões, segundo as cogitações humanas, que poderiam obstar à concórdia. Quando o total dos que se acham numa aldeia é muito menor, que motivo haverá de se separarem uns dos outros? Oxalá fosse possível não só aos de uma mesma aldeia conservarem-se reunidos, mas que muitas comunidades, constituídas em lugares diferentes, fossem regidas por um só daqueles que sabem governar a todos com equidade e sabedoria, na unidade do Espírito e nos vínculos da paz.

Questão 36

Os que se retiram da comunidade dos irmãos

Resposta

Não é lícito àqueles que uma vez prometeram viver unidos a outros, num mesmo lugar, retirarem-se facultativamente. Duas seriam as causas de não manterem o propósito: ou o prejuízo proveniente da vida determinada numa comunidade, ou a instabilidade do ânimo de quem muda de parecer. Quem se separa dos irmãos por ter sofrido dano, não guarde para si o conhecimento da causa, mas acuse o prejuízo infligido, segundo o ensinamento do Senhor: *Se teu irmão tiver pecado, vai e repreende-o entre ti e ele somente* etc. (Mt 18,15). Se houver a emenda desejada, lucra o irmão sem infligir afronta à comunidade. Se, porém, ele observar que persistem no mal e não aceitam a correção, comunicá-lo-á aos que são competentes para julgar tais decisões, e com o testemunho de muitos, afaste-se. Retira-se, porém, não mais da companhia de irmãos, mas de estranhos, porque o Senhor compara aquele que se obstina no mal a um pagão e um publicano. *Seja, para ti,* disse, *como um pagão e um publicano* (Mt 18,17). Se, contudo, é por própria leviandade que se retira da companhia dos irmãos, cure-se de sua fraqueza; se não o quiser, seja considerado indesejável à comunidade. Se, porém, por causa do mandamento do Senhor, alguém for atraído a outra parte, ele não se retira, mas realiza um desígnio.

Razoavelmente não se admite outra causa de saída; primeiro, porque é afronta ao nome de Nosso Senhor Jesus Cristo que os reuniu; segundo, porque a consciência de um não está pura diante do outro, mas haverá mútuas suspeitas, o que é evidentemente contra o preceito do Senhor, que diz: *Se estás, portanto, por fazer a tua oferta diante do altar e te lembrares que teu irmão tem alguma coisa contra ti, deixa lá a tua oferta diante do altar e vai primeiro reconciliar-te com teu irmão e só então vem fazer a tua oferta* (Mt 5,23-24).

Questão 37

Se é lícito, sob pretexto de oração e de salmodia, descuidar-se do trabalho. Qual o tempo apropriado para as orações? Em primeiro lugar, é dever trabalhar?

Resposta

1. Como Nosso Senhor Jesus Cristo diz que *o operário merece o seu sustento* (Mt 10,10), e não simplesmente sem discriminação, qualquer um, e o Apóstolo ordena trabalhar e executar com as suas próprias mãos o que é bom, para se ter com que socorrer aos necessitados (Ef 4,28), evidencia-se que devemos trabalhar com diligência. A piedade não seja considerada pretexto de preguiça, nem fuga do esforço, mas ocasião de luta e de labor maior, como de paciência nas tribulações, de maneira que possamos dizer: *Trabalhos e fadigas, repetidas vigílias, com fome e sede* (2Cor 11,27).

Este modo de viver é proveitoso não só para subjugar o corpo, mas ainda por causa da caridade para com o próximo, a fim de que, por nosso intermédio, Deus forneça o bastante aos irmãos mais fracos, segundo o modelo apresentado nos Atos pelo Apóstolo que diz: *Em tudo vos tenho mostrado que, assim trabalhando, convém acudir aos fracos* (At 20,35). E de novo: *Para terdes com que socorrer aos necessitados* (Ef 4,28). Assim seremos dignos de ouvir: *Vinde, benditos de meu Pai, possuí o reino que vos está preparado desde o princípio do mundo. Porque tive fome e me destes de comer; tive sede, e me destes de beber* (Mt 25,34-35).

2. Qual a necessidade de dizer que constitui grande mal a ociosidade, quando o Apóstolo claramente preceitua: *Quem não quiser trabalhar, não tem direito de comer*

(2Ts 3,10)? Como é indispensável para todos o alimento cotidiano, assim também é necessário o trabalho, à medida das forças. Não foi em vão que Salomão escreveu em elogio: *Não comeu o pão da ociosidade* (Pr 31,27). E ainda o Apóstolo, falando de si mesmo: *Não temos comido de graça o pão de ninguém, mas, com trabalho e fadiga, labutamos noite e dia* (2Ts 3,8), embora pudesse, porque pregava o Evangelho, viver do Evangelho.

Também o Senhor associou a preguiça à malícia, dizendo: *Servo mau e preguiçoso* (Mt 25,26).

E o sábio Salomão não só louva o trabalhador pelas causas já citadas, mas igualmente censura o preguiçoso, comparando-o a animais minúsculos, ao dizer: *Vai o preguiçoso ter com a formiga* (Pr 6,6).

Por isso é de temer que no dia do juízo nos seja isto lançado em rosto, pois quem nos deu forças para o trabalho, exigirá obras proporcionadas a elas. Porque: *Quanto mais se confiar a alguém, dele mais se há de exigir* (Lc 12,48).

Desde que alguns, sob o pretexto de orações e salmodia, furtam-se ao trabalho, convém saber que há um tempo próprio para cada coisa, segundo o Eclesiastes, que diz: *Para tudo há um tempo* (Ecl 3,1). Mas, para a oração e a salmodia, como para muitas outras ocupações, serve qualquer tempo, porque enquanto as mãos trabalham, talvez seja possível, ou ao menos proveitoso para a edificação da fé, com a língua, ou ao menos de coração, louvar a Deus *com salmos, hinos e cânticos espirituais* (Cl 3,16), como está escrito, entregando-nos assim à oração no meio do trabalho.

Demos graças àquele que deu forças às mãos para o trabalho e inteligência para adquirirmos a ciência, fornecendo-nos ainda a matéria, tanto a dos instrumentos quanto a matéria-prima para as artes que cultivamos. Supliquemos que as obras de nossas mãos tenham a finalidade de agradar a Deus.

3. Afastamos a divagação do espírito quando, em cada ação, impetramos de Deus o bom andamento da obra, agradecemos àquele que nos concede a energia para a ação e conservamos o propósito de lhe agradar, conforme foi dito acima. Porque, de outro modo, como se conciliarão as duas palavras do Apóstolo: *Orai sem cessar* (1Ts 5,17), e: *Labutando noite e dia* (2Ts 3,8)?

Se também a lei determina se dê graças em todo o tempo e a natureza e a razão demonstram a necessidade desta ação de graças em nossa vida, nem por isso podemos omitir as horas determinadas, que escolhemos por necessidade, para a oração nas comunidades dos irmãos, pois cada uma constitui uma espécie de memória dos bens recebidos de Deus.

A hora matutina, para dedicarmos a Deus os primeiros movimentos da alma e da mente e nada cuidarmos antes de nos alegrarmos com o pensamento de Deus, como está escrito: *Lembrei-me de Deus e senti-me cheio de gozo* (Sl 76,4). Que o corpo não se mova para o trabalho antes de fazer o que foi dito: *É a vós que eu invoco, Senhor, desde a manhã; escutai-me. Porque, desde o raiar do dia, a vós apresento minhas súplicas e espero* (Sl 5,3-4).

De novo, à hora terça, levantem-se para a oração, convoque-se a comunidade, mesmo se acontecer que alguns estejam ocupados em diversos trabalhos. Lembrados do dom do Espírito, concedido aos apóstolos na hora terceira, unânimes, prostrem-se todos, para se tornarem dignos também de receber a santificação. Peçam que Ele os dirija no caminho e lhes ensine o que é proveitoso. Façam como aquele que disse: *Ó meu Deus, criai em mim um coração puro. E renovai-me o espírito de firmeza. De vossa presença não me rejeiteis. E nem me priveis de vosso santo espírito. Restituí-me a alegria da salvação. E sustentai-me com uma vontade generosa* (Sl 50,12-14). E alhures: *Que o vosso espírito de bondade me conduza pelo caminho reto* (Sl 142,10). E assim, voltem ao trabalho.

4. Se alguns se afastarem para mais longe, por causa de trabalho, ou da natureza do lugar, cumpram obrigatoriamente ali, sem hesitações, tudo o que foi estabelecido em comum, porque: *Onde dois ou três estão reunidos em meu nome, aí estou eu em meio deles* (Mt 18,20).

À hora sexta, julgamos necessária a oração, à imitação dos santos, que dizem: *Pela tarde, de manhã e ao meio-dia, narrarei e anunciarei. E Ele ouvirá minha voz* (Sl 54,18). E para nos livrarmos do ataque e do demônio meridiano (Sl 90,6), também se diga o Salmo 90.

À hora nona é dever rezar, como nos ensinaram os apóstolos nos Atos, onde se narra que *Pedro e João iam subindo ao templo para rezar à hora nona* (At 3,1).

Já completo o dia, damos graças pelo que nos foi concedido neste dia, ou pelo bem que fizemos, e também confessamos nossas omissões, a saber, falta voluntária ou involuntária, ou qualquer pecado oculto, por palavras, obras, ou só no coração, aplacando a Deus por tudo com a oração. É de grande utilidade examinar o passado, para não recairmos nas mesmas faltas. Por isso foi dito: *Refleti em vossos corações, quando estiverdes em vossos leitos, e calai* (Sl 4,5).

5. Ainda, ao cair da noite, vem a prece para que o repouso seja inofensivo e livre de pesadelos. Recite-se nessa hora, obrigatoriamente, o Salmo 90. Paulo e Silas nos transmitiram ser preciso orar no meio da noite, conforme os Atos declaram: *Pela meia-noite, Paulo e Silas rezavam e cantavam um hino a Deus* (At 16,25). E o salmista diz: *Em meio à noite levanto-me para vos louvar pelos vossos decretos cheios de justiça* (Sl 118,62). E de novo, antecipando-nos à aurora, levantamo-nos para a oração para não sermos surpreendidos pelo dia ainda adormecidos no leito, segundo a palavra: *Meus olhos se antecipam à vigília da noite, para meditarem em vossa palavra* (Sl 118,148).

Nenhuma dessas horas seja esquecida por aqueles que se decidiram a viver com fervor para a glória de Deus e de seu Cristo. Julgo ser de vantagem a diversidade e a variedade nas preces e na salmodia, nas horas estabelecidas, e nestas últimas, porque pela monotonia muitas vezes a alma se entorpece e se distrai; a mudança e a variedade da salmodia, como também o sentido de cada hora, renovam o desejo e a atenção se refaz.

Questão 38

A explicação nos mostrou suficientemente que a oração não pode ser omitida e que o trabalho é indispensável. Seria lógico aprendermos agora quais os ofícios adequados a nossa profissão

Resposta

Não é fácil especificar os ofícios, porque devem ser adaptados à natureza do lugar e às peculiaridades mercantis de cada região. Em geral, podem ser designados à escolha os que salvaguardam nossa vida pacífica e tranquila, sem muitas dificuldades de aquisição de matéria-prima, nem muitas preocupações com a venda dos produtos e os que não acarretam aglomerações inconvenientes ou prejudiciais de homens ou mulheres. Mas precisamos considerar que em tudo nos é proposto um fim peculiar: as coisas simples e baratas. Evitemos servir à cupidez desarrazoada e danosa dos homens, produzindo o que eles mais ambicionam.

À arte têxtil peçamos o que entrou na vida corrente e não o que foi excogitado por homens desregrados para captar os jovens e apanhá-los no laço. De modo semelhante procuremos a fabricação de sapatos, a fim de obtermos desta arte o necessário. Quanto à arquitetura, à carpintaria e à ferraria, à agricultura são por si indispensáveis e muito úteis; portanto, não há motivo especial de serem rejeitadas. Se, contudo, nos cercam de agitação ou quebram a unidade da vida comum dos irmãos, então, forçosamente, evitemo-las.

Demos preferência aos ofícios que mantêm nossa vida sem distrações, continuamente fiel ao Senhor, e que não reclamam os que perseveram nos exercícios de piedade, no tempo da salmodia, da oração ou de outras iniciativas louváveis. Portanto, se neles nada há que prejudique o essencial de nossa vida, sejam preferidos entre muitos especialmente a agricultura que produz por si o necessário e livra os agricultores de muitas saídas e de correrem para cá e para lá; contanto, como o dissemos, que não nos envolva, da parte dos vizinhos, ou dos que moram conosco, em tumultos ou confusão.

Questão 39

Como vender os produtos e como viajar

Resposta

Faz-se mister não colocar os produtos muito longe, nem sair para vender. Seria mais conveniente, mais útil ficar no próprio lugar, tanto para a edificação mútua como para a perfeita conservação do alimento cotidiano. Por isto, é preferível abaixar um pouco o preço a sair de casa por causa de pequenos lucros. Se a experiência mostrar ser isto impossível, escolham-se, para que a viagem seja de proveito, lugares e cidades de homens piedosos; e vários irmãos juntos, cada qual carregando o próprio produto, partam para o mercado designado. Partam em grupo a fim de perfazerem o caminho com salmos e orações para edificação mútua. Quando chegarem ao termo, procurem obter uma só hospedagem, tanto para a preservação de todos quanto para não lhes escapar hora alguma de oração, diurna ou noturna. Deste modo sofrerão menos do que se estivessem sós, ao contato com homens intratáveis e avaros. Mesmo os mais violentos não querem ter muitas testemunhas de sua injustiça.

Questão 40

Das transações feitas com assembleias religiosas

Resposta

Não nos convêm nem mesmo as transações feitas nos lugares onde se veneram os mártires, como no-lo declara a palavra. Não compareçam os cristãos nos locais onde são venerados os mártires ou nas suas adjacências, a não ser para a oração e a fim de que, pela comemoração da piedosa firmeza dos santos até à morte, incitem-se a idêntico zelo. Lembrem-se da terrível ira do Senhor que, embora mostrando-se sempre e em toda a parte manso e humilde de coração, conforme está escrito (Mt 11,29), tomou energicamente do flagelo só contra aqueles que vendiam e compravam no templo (Jo 2,15), porque transformavam pela mercancia a casa de oração em covil de ladrões. Alguns perderam o costume em vigor entre os santos, fazendo desse tempo e lugar uma praça pública e um empório, em vez de se entregarem à oração uns pelos outros, à adoração de Deus com os demais, às lágrimas em comum diante dele, à propiciação pelos pecados, à Eucaristia por seus benefícios, à edificação com palavras de exortação. (Conforme sabemos de conhecimento próprio, isto era praticado.) Nem por isso seria consequente que os seguíssemos e confirmássemos seus absurdos por nossa participação; mas imitemos as assembleias reunidas em torno de Nosso Senhor Jesus Cristo e descritas nos Evangelhos. Pratiquemos os preceitos do Apóstolo, bem conformes a este modelo, ao escrever: *Quando vos reunis, cada um de vós tem um cântico, uma revelação, um discurso em línguas, uma interpretação: que tudo se faça de modo a edificar* (1Cor 14,26).

Questão 41

Autoridade e obediência

Resposta

1. Mesmo ao se tratar de ofícios lícitos, não se permita a cada um exercer o que sabe ou o que quer aprender, e sim aquele para o qual for julgado capaz. Quem

renunciou a si mesmo e abandonou todas as suas vontades, não faça o que quer, mas o que lhe ensinarem. Não é razoável escolher por si mesmo o que é útil, uma vez que se entregou à direção de outros; estes o encaminharão para aquilo que reconhecerem, em nome do Senhor, ser-lhe conveniente.

Quem escolhe um trabalho seguindo seu próprio desejo, expõe-se a censuras: primeiro, porque procura o que lhe agrada; em segundo lugar, porque tem propensão para tal ofício por glória mundana e esperança de lucro ou coisa semelhante; ou ainda, porque escolhe o mais leve por preguiça e negligência. Agir assim é dar provas de ainda não se ter libertado das más paixões. Não se renegou a si mesmo quem quer seguir as próprias inclinações, nem renunciou aos negócios do século, se ainda se deixa prender pelo desejo de lucro e de glória. Não mortificou os membros terrenos quem não suporta o peso do trabalho, mas mostra-se arrogante, achando o próprio juízo mais acertado do que o parecer de muitos.

Se alguém tiver um ofício bem-aceito pela comunidade, não o abandone. Denota inconstância e vacilação quem despreza o que tem em mão. Se não tiver ofício, não o arranje por si mesmo, mas aceite o que os maiores aprovarem, para em tudo se salvaguardar a obediência. Como foi demonstrado, se não convém escolher por si mesmo, é repreensível recusar o que outros aprovaram. Se alguém tiver ocupação que desagrade à comunidade dos irmãos, largue-a prontamente, dando provas de que em nada atraem-no as coisas mundanas. Satisfazer às próprias inclinações é peculiar de quem não tem esperança, segundo a palavra do Apóstolo (1Ts 4,13);

uma obediência em tudo, porém, é digna de louvor, pois o Apóstolo louva os que se deram a si mesmos primeiro ao Senhor, depois a nós, pela vontade de Deus (2Cor 8,5).

2. Cada um cuide do próprio trabalho, solícito e de boa vontade. Como se Deus o vigiasse, de modo irrepreensível, com zelo incansável e a mais atenta diligência, realize-o de modo a poder dizer sempre com toda confiança: *Como os olhos dos servos estão fixos nas mãos de seus senhores, assim nossos olhos estão voltados para o Senhor, nosso Deus* (Sl 122,2), e não mude de serviço. Nossa natureza não pode ao mesmo tempo preencher várias funções; por conseguinte, é melhor exercer com apuro uma do que imperfeitamente muitas. A grande dispersão e a troca de uma para outra não permitem se termine trabalho algum; igualmente denota leviandade já existente ou a produz onde ainda não existe.

Se acaso houver necessidade de auxílio em outros ofícios, é justo ajude quem for capaz. Não, contudo, por iniciativa própria, mas se for chamado. Façamo-lo, sem nos anteciparmos, se houver urgência, à semelhança do que sucede com os membros do corpo; se o pé tropeça, firmamo-nos com as mãos. Ainda uma vez, abraçar um ofício por iniciativa própria é inútil, assim como é repreensível recusar-se ao que foi mandado.

Não se alimente, portanto, a autossuficiência nem se ultrapassem os limites da obediência e da docilidade.

A conservação dos instrumentos de trabalho compete, principalmente, ao artífice de determinada obra. Se acontecer que fique jogado um objeto de uso comum, o primeiro que o notar dê-lhe a devida atenção. Se o uso é particular, a utilidade que ele traz, contudo, é comum. Descuidar-se alguém dos instrumentos de outro ofício, como nada tendo que ver com eles, é sinal de que os considera bens alheios. Não convém àqueles que exercem os ofícios reivindicarem a posse dos instrumentos, de modo que o superior da comunidade não tenha a faculdade de dar-lhes o destino que lhe aprouver, ou de vendê-los, trocá-los, colocá-los de qualquer outro modo, ou comprar outros, além dos que já têm. Quem decidiu não ser senhor nem de suas próprias mãos, mas entregou a outrem a disposição de suas atividades, agiria de modo consequente se tivesse todos os direitos sobre os instrumentos de seu ofício e usasse deles a título de propriedade?

Questão 42

Qual o fim e a atitude dos que trabalham

Resposta

1. Saiba-se que não se deve trabalhar para atender às próprias necessidades por meio do trabalho, mas a fim de cumprir o mandamento do Senhor, que disse: *Tive fome e me destes de comer* etc. (Mt 25,35). Foi totalmente proibida pelo Senhor a inquietação a respeito de si mesmo, ao dizer: *Não vos preocupeis por vossa vida, pelo que comereis, nem por vosso corpo, como vos vestireis* (Mt 6,25), e ajuntou: *São os pagãos que se preocupam com tudo isso* (Mt 6,32). Deve, portanto, cada um ter por escopo do trabalho servir aos necessitados e não às próprias vantagens. Assim também não será censurado de egoísmo e receberá a bênção atribuída pelo Senhor ao amor fraterno, quando disse: *Todas as vezes que fi-*

zestes isto a um destes meus irmãos mais pequeninos, foi a mim mesmo que o fizestes (Mt 25,40). Ninguém pense que nossa palavra contradiz à do Apóstolo que ordena: *trabalhando comam o pão* (2Ts 3,12). Isto se aplica aos desordeiros e preguiçosos, porque é preferível cada um prover-se a si mesmo, não ser pesado aos outros, a viver na ociosidade. *Ora, nós temos ouvido dizer que há entre vós pessoas desregradas. Em lugar de trabalharem, ocupam-se com futilidades. Nós lhes ordenamos e os exortamos a trabalhar pacificamente. Comam assim o pão* (2Ts 3,11-12). E afirmamos: *Labutamos noite e dia para não sermos pesados a nenhum de vós* (2Ts 3,8), tem idêntico significado. O Apóstolo, por amor fraterno, sujeitava-se a trabalhos além dos que lhe foram prescritos, para eliminar os desordeiros. É próprio daquele que se apressa em busca da perfeição trabalhar noite e dia, *para ter com que socorrer os necessitados* (Ef 4,28).

2. Quem, porém, põe sua esperança em si mesmo ou no encarregado da distribuição das coisas necessárias, quem pensa que o próprio trabalho, ou o de um companheiro, é suficiente para a subsistência, enquanto espera num homem, incorre no perigo da maldição: *Maldito o homem que em outro confia, que da carne faz o seu apoio e cujo coração vive distante do Senhor* (Jr 17,5). A palavra de Deus, com a expressão "quem em outro confia", proíbe confiar em outrem, e com esta: "da carne faz o seu apoio" veta a confiança em si mesmo. Ambas se denominam apostasia do Senhor. E acrescenta o resultado de ambas: *Assemelha-se ao cardo da charneca e nem percebe a chegada do bom tempo* (Jr 17,6). Mostra a Escritura que esperar em si ou em um outro é apostatar do Senhor.

Questão 43

Foi suficientemente explicado o modo de trabalhar. Se algo faltar, aprenderemos pela praxe a encontrar a boa solução. Pedimos agora nos seja exposto como devem ser os superiores da comunidade dos irmãos e de que maneira hão de governar os discípulos

Resposta

1. Também esses assuntos já foram tratados resumidamente. Mas como quereis que esta questão vos seja melhor explicada – e fazeis muito bem –, pois qual o superior e chefe, tal, na maioria, costumam ser os súditos, é preciso não a omitir sem motivo. Deve, portanto, o superior lembrar-se do preceito do Apóstolo que diz: *Sê tu um exemplo para os fiéis* (1Tm 4,12), fazendo de sua vida um modelo evidente de todos os mandamentos do Senhor, de modo que não reste pretexto algum aos discípulos de suporem ser o mandamento do Senhor impossível de cumprir ou desprezível.

Vem em primeiro lugar, pois, o que é principal, isto é, que ele, na caridade de Cristo, pratique a humildade, de modo que mesmo em silêncio o exemplo de suas obras seja ensinamento mais forte do que qualquer palavra.

Se a meta do cristianismo é a imitação de Cristo em medida humana, à proporção da vocação de cada um, é dever daqueles aos quais foi confiada a direção de muitos estimular por sua ação até os mais fracos à imitação de Cristo, conforme o bem-aventurado Paulo, que disse: *Tornai-vos meus imitadores, como eu o sou de Cristo* (1Cor 11,1).

2. Convém sejam os primeiros a dar exemplo perfeito de realização da forma de humildade que Nosso

Senhor Jesus Cristo nos ensinou: *Recebei minha doutrina, porque eu sou manso e humilde de coração* (Mt 11,29). A mansidão dos costumes e a humildade de coração caracterizem o superior. Se o Senhor não se ruborizou de prestar ministério a seus servos, mas quis mostrar-se servo da terra e do barro, que Ele plasmou para formar o homem (*Estou*, disse, *no meio de vós como aquele que serve* – Lc 22,27), que não devemos nós fazer a nossos semelhantes, para pretendermos imitá-lo? Disto, pois, acima de tudo seja dotado o superior.

Em seguida, seja misericordioso e suporte pacientemente os que omitirem alguma coisa das obrigações, por inexperiência. Não dissimule os pecados pelo silêncio, mas tolere com mansidão os rebeldes e aplique-lhes o remédio com toda a misericórdia e moderação. Seja, pois, capaz de encontrar o tratamento adequado à doença, não censurando com arrogância, mas corrigindo e instruindo com mansidão, conforme está escrito (2Tm 2,25).

Seja vigilante no presente, previdente do futuro, capaz de lutar em companhia dos fortes, de carregar as enfermidades dos fracos e de tudo fazer e dizer para a perfeição dos discípulos.

Não assuma por si mesmo o governo, mas seja escolhido pelos que dirigem outras comunidades de irmãos, depois de ter dado suficientes provas de seus costumes na vida anterior. *Antes de exercer o ministério*, diz-se, *sejam provados para que haja segurança de que são irrepreensíveis* (1Tm 3,10).

Quem tiver tais qualidades aceite o governo, estabeleça a disciplina na comunidade dos irmãos e distribua o trabalho, conforme as capacidades de cada um.

Questão 44

A quem se deve permitir as viagens e como será interrogado, à volta

Resposta

1. Licença de viajar receba aquele que possa fazer a viagem sem prejudicar a própria alma e para o bem dos que o acompanham. Se não houver alguém idôneo, é melhor sofrer todas as aflições pela penúria do necessário e angústias até à morte do que, a fim de aliviar o corpo, arrostar um perigo certo para a alma. *Preferiria*, diz o Apóstolo, *morrer a...: mas ninguém me tirará este título de glória* (1Cor 9,15). Isto, em questões indiferentes; quanto mais ao se tratar de mandamentos.

Mas aqui também a lei da caridade não nos deixa desamparados. Se acontecer que numa comunidade não haja quem esteja em condições de ser mandado, os mais próximos supri-lo-ão, viajando em grupos, sem jamais se separarem, de modo que tanto os fracos relativamente ao espírito quanto os débeis também de corpo, nesta sociedade com os mais fortes, fiquem incólumes. Com antecedência seja isto previsto pelo superior, para não suceder que no momento da necessidade, por impossibilidade de tempo, não haja mais recurso.

À volta, o superior interrogue o viajante acerca do que fez, com quem se encontrou, as palavras que lhes disse, quais as cogitações do espírito, se passou dias e noites no temor de Deus, ou se prevaricou e transgrediu alguma prescrição, levado pelas circunstâncias externas, ou se caiu por própria frivolidade.

2. Confirme com sua aprovação o que se fez bem e corrija com exortações cuidadosas e prudentes o delito.

Assim, os que partirem de viagem serão mais vigilantes, receosos das contas que hão de prestar e nós mostraremos que, nem separados, nos desinteressamos da vida que levam.

Narram os Atos que assim costumavam agir os santos, ao nos ensinarem como Pedro, voltando a Jerusalém, prestou contas de sua sociedade com os pagãos aos que lá estavam (At 11,5s.). De modo semelhante, Paulo e Barnabé, à volta, tendo reunido a assembleia, anunciaram-lhe quanto Deus havia feito por seu intermédio (At 15,12); e ainda, que toda a multidão se calou para ouvir Barnabé e Paulo contarem quanto Deus havia feito.

Importa, contudo, saber que os circuitos, os negócios maiores e pequenos lucros devem ser absolutamente evitados pelas comunidades dos irmãos.

Questão 45

Haja, quando o superior estiver ausente ou ocupado, outra pessoa para cuidar dos irmãos

Resposta

1. Como frequentemente acontece que, por fraqueza do corpo, por necessidade de viagem, ou por qualquer outra circunstância tenha o superior da comunidade dos irmãos de se ausentar, seja escolhido um outro, experimentado por ele e por outros capazes de examinar, a fim de que, em sua ausência, cuide dos irmãos, e assim também exorte os que ficaram. Na ausência do superior, a comunidade deste modo não tomará aspecto democrático, com dissolução da regra e da disciplina, estabelecidas por tradição. Observem-se, porém, as práticas aprova-

das, para a glória de Deus. Responda prudentemente aos hóspedes que chegam, de modo que os que buscam uma palavra edifiquem-se com a elevação do assunto e a comunidade dos irmãos não tenha de que se envergonhar. Se todos juntos acorrem para falar, é causa de tumulto e sinal de desordem. O Apóstolo, nem mesmo aos que receberam o carisma de ensinar permite falem muitos ao mesmo tempo, dizendo: *Se for feita uma revelação a algum dos assistentes, cale-se o que falava primeiro* (1Cor 14,30). E de novo redargui a inconveniência de tal desordem, quando diz: *Se, pois, numa assembleia da Igreja inteira, todos falarem em línguas e se entrarem homens simples ou infiéis, não dirão que estais loucos?* (1Cor 14,23).

2. Se por ignorância o hóspede interrogar a um outro, mesmo se quem foi interpelado por engano tiver respostas prontas, cale-se por disciplina e informe a qual foi confiada tal tarefa, como fizeram os apóstolos diante do Senhor; deste modo, o uso da palavra seja disciplinado e apto.

Se no tratamento corporal não aplica qualquer um aos doentes os remédios ou os ferros, e sim aquele que adquiriu a arte, durante longo tempo, com a experiência, o exercício e o ensino dos peritos, como será razoável qualquer um, de improviso, ministrar o tratamento da palavra? Neste ponto, o menor descuido provoca enorme dano.

Entre os que não permitem que faça qualquer pessoa a distribuição do pão, mas reservam esse ministério a um só, bem experimentado, como não deve entre eles, e com muito mais razão, receber uma só pessoa, e das mais idôneas, o encargo de oferecer cuidadosa e escolhidamente o alimento espiritual aos que o pedem? Por isso, não seria arrogância vulgar alguém, interrogado sobre os juízos de Deus, ousar com audácia e temeridade responder e não indicar aquele a quem foi confiado o serviço da palavra, por ser em tudo fiel e dispenseiro prudente, escolhido para repartir em tempo oportuno o alimento espiritual e, como está escrito, para *dispor os seus discursos com juízo* (Sl 111,5)? E se algo escapar àquele que tem de responder e outro o souber, não lho recorde imediatamente, mas em particular sugira o que lhe parece. Este fato vem a ser ocasião de se exaltarem os inferiores contra os superiores. Portanto, se alguém responder bem, sem, contudo, disto estar encarregado, é réu de penas por perturbação da disciplina.

Questão 46

Não se ocultem os pecados de um irmão ou os seus próprios

Resposta

Declare ao superior qualquer pecado, seja quem pecou, ou quem deste pecado tiver conhecimento, se não o puder curar, como foi ordenado pelo Senhor. O mal encoberto pelo silêncio é uma doença mal cicatrizada na alma. Não denominaríamos benfeitor quem guardasse num corpo males fatais, e sim, ao contrário, aquele que mesmo com dores e incisões manifestasse a ferida, ou provocando vômito eliminasse o que era molesto, ou finalmente, pelo diagnóstico desse a conhecer facilmente a terapia. Assim, é evidente que ocultar o pecado é predispor o doente para a morte. *Ora*, diz-se, *o aguilhão da morte é o pecado* (1Cor 15,56). *Melhor é a correção manifesta do que uma amizade escondida* (Pr 27,5). Portanto, que um não esconda o pecado de outro, para não se tornar fratricida, ao invés de amigo de seu irmão; nem proceda assim em relação a si mesmo. *Aquele que é descuidado em seu trabalho, é irmão do que vai à perdição* (Pr 18,9).

Questão 47

Os que não aceitam o que o superior estabeleceu

Resposta

Quem não concordar com as decisões do superior deve abertamente ou em particular dizê-lo, se tiver alguma razão válida, apoiada no sentido das Escrituras, ou cumpra, calado, o que foi ordenado. Se tiver acanhamento, empregue outros como intermediários, de modo que, se a ordem for contra a Escritura, evite o mal para si e para os irmãos; se, porém, ficar demonstrado que não é contra a Escritura, livre-se de um juízo vão e perigoso. *Mas aquele que come, apesar de suas dúvidas, é condenado, porque não se guia pela convicção* (Rm 14,23). Não se dê aos mais simples ocasião resvaladiça de desobediência. *Mas se alguém fizer cair em pecado um destes pequeninos, melhor fora que lhe atassem ao pescoço a mó que um asno faz girar e o lançassem no fundo do mar* (Mt 18,6). Se alguns perseverarem na desobediência, sem revelarem tristeza, mas murmurarem às ocultas, pelo fato de serem causa de divisão na comunidade e abalarem a autoridade certa das ordens, tornando-se mestres de rebelião e de desobediência, sejam expulsos da comunidade dos irmãos. *Expulsa o mofador do conselho e cessará a discórdia* (Pr 22,10). E ainda: *Um pouco de fermento leveda a massa toda* (1Cor 5,6).

Questão 48

Não se deve investigar curiosamente o governo do superior, mas antes estar atento a seu próprio dever

Resposta

Além do mais, para não acontecer que facilmente caia alguém no vício da contestação, com prejuízo próprio e alheio, que de modo absoluto nenhum dos irmãos, de início, investigue curiosamente o governo do superior, nem se preocupe com o que se faz, exceto os mais próximos dele, tanto pelo grau quanto pela prudência. O superior chamará a esses necessariamente a conselho e deliberação sobre as questões de interesse comum, obediente à exortação do que disse: *Não faças coisa alguma sem conselho* (Eclo 32,24).

Se, pois, lhe confiamos o governo das nossas almas, como quem há de prestar contas a Deus, seria completamente ilógico desconfiar nas coisas mais vis e enchermo-nos de suspeitas absurdas contra um irmão, dando aos demais também ocasião de fazerem o mesmo. Para isto não acontecer, cada um fique no lugar onde foi chamado e dê-se completamente ao que lhe foi entregue, sem indagar curiosamente dos negócios dos outros, imitando os santos discípulos do Senhor, entre os quais a questão da samaritana podia ter suscitado uma suspeita. *Nenhum, todavia, lhe perguntou: Que desejas? ou: Que falas com ela?* (Jo 4,27).

Questão 49

Controvérsias entre os irmãos

Resposta

Quanto às controvérsias entre os irmãos, se alguns discordarem a respeito de alguma questão, não devem de modo contencioso se defrontarem, mas deixem o julgamento aos mais idôneos. Para não se perturbar a ordem, perguntando todos sempre, nem dar ocasião a zombarias e bagatelas, é preciso haver uma pessoa bem experiente, que possa propor o ponto duvidoso à deliberação comum dos irmãos ou referi-la ao superior. Assim, o exame da questão será mais exato e mais prudente. Se em qualquer negócio são precisas ciência e experiência, nesses muito mais ainda. E se ninguém entrega instrumentos a inexpertos, com maior razão, só se conceda o manejo da palavra a peritos, que sabem discernir o lugar, a ocasião e o modo de interrogar, perguntam sem contradição e com prudência, ouvem com sabedoria, e com diligência dão a solução desejada, para a edificação da comunidade.

Questão 50

De que modo deve o superior corrigir

Resposta

Mesmo nas correções, não aja o superior para com os delinquentes sob o impulso da emoção. Repreender encolerizado e irado a um irmão não é livrá-lo do pecado e sim envolver-se a si mesmo em falta. Por isso se diz: *É com mansidão que deve corrigir os adversários* (2Tm 2,25).

Não seja violento, nem mesmo contra aqueles que, acaso, o desprezarem, e ao invés, se vir um outro menosprezado, seja indulgente para com o pecador, mas revele maior indignação contra o pecado. Assim evitará suspeita de egoísmo, por agir diversamente em relação a si ou aos outros; não mostre ódio ao pecador e sim aversão ao pecado. Se ele se indignar contra o que foi dito, é evidente que não se irrita por causa de Deus, ou do perigo em que incorre o pecador, mas por ambição de glória e de domínio. Revele, pois, zelo pela glória de Deus, ofendida pela transgressão do mandamento, de dois modos: mediante a misericórdia fraterna que quer salvar o irmão em perigo por causa do pecado (porque: *É o culpado que morrerá* – Ez 18,4), e mediante o ataque que move contra qualquer pecado enquanto pecado, patenteando o ardor do espírito na severidade da pena.

Questão 51

A maneira de corrigir as faltas de quem pecou

Resposta

Proceda-se nas correções à maneira da medicina em relação aos pacientes: não se irrita contra os doentes, mas combate a doença. Ataque os vícios e, se necessário, com meios mais penosos, cure as doenças da alma. A vanglória, por exemplo, com exercícios de humildade; as palavras ociosas com o silêncio; o sono exagerado com vigílias de oração; a preguiça corporal com o labor; a imoderação no comer com o jejum; a murmuração com o retiro.

Nenhum dos irmãos trabalhe com o murmurador, nem o produto de seu trabalho seja englobado com os dos outros, como foi dito acima, a não ser que, pela penitência, da qual não se core, mostre que se libertou deste vício. Então, também a obra que fez murmurando pode ser aceita; no entanto, não seja usada para serviço dos irmãos, mas destinada a outra finalidade. A razão disto foi suficientemente exposta acima.

Questão 52

Com que disposição serão recebidos os castigos

Resposta

Dissemos que o superior deve aplicar os tratamentos aos doentes de modo desapaixonado; assim também os pacientes recebam os castigos sem ódio, sem considerar tirania o cuidado que lhes é prestado por misericórdia, para a salvação de suas almas. É vergonhoso que os fisicamente doentes confiem nos médicos a tal ponto que, se cortam, queimam ou receitam remédios amargos, são considerados benfeitores e nós não mantenhamos idêntica atitude para com os médicos das almas, quando por meios severos agem em prol de nossa salvação, conforme diz o Apóstolo: *Porque, se eu vos entristeço, como poderia esperar alegria daqueles que por mim foram entristecidos?* (2Cor 2,2). E ainda: *Vede, pois, que disposições operou em vós a tristeza segundo Deus! Que zelo! Que ardor!* (2Cor 7,11). Se olharmos para o fim, consideraremos benfeitor quem nos entristece, segundo Deus.

Questão 53

Como os mestres dos ofícios hão de corrigir as faltas dos meninos

Resposta

Os mestres dos ofícios, no caso de os discípulos cometerem erros contra a própria arte, corrijam em particular a falta e emendem os erros. Todos os pecados, porém, que denotarem perversidade nos costumes, como sejam contumácia e contradição, preguiça no trabalho, ou palavras ociosas, ou mentira, ou qualquer outra coisa proibida aos que praticam a piedade, devem ser denunciados junto do responsável pela disciplina comum e repreendidos. Excogite ele a medida e o modo a empregar a fim de curar os pecados. Se a repreensão é o tratamento da alma, não compete a qualquer um repreender ou curar, senão àquele a quem o superior, após maduro exame, o permitir.

Questão 54

Conveniência de terem os superiores das comunidades diálogos a respeito dos respectivos interesses

Resposta

É bom que haja, em tempos e lugares determinados, reuniões dos superiores das comunidades dos irmãos. Exponham eles mutuamente as questões fortuitas, os pontos morais mais difíceis e o que cada um estabeleceu, de modo que, se houver erro, pelo julgamento de muitos se esclareça devidamente, e se foi acertado, seja confirmado pelo testemunho de muitos.

Questão 55

Se o uso da medicina convém às finalidades da piedade

Resposta

1. Deus nos concedeu o auxílio das artes para suprir às debilidades de nossa natureza. A agricultura, por exemplo, porque os produtos espontâneos da terra não seriam suficientes para satisfazer às nossas necessidades;

a têxtil, porque as vestes são indispensáveis, tanto para o decoro quanto para defesa contra as intempéries; e igualmente a arte da construção das casas. Assim também a medicina. Como o corpo passível está sujeito a vários males, quer sobrevindos de fora, quer intrínsecos ocasionados pelos alimentos, e ora é afligido pelo excesso, ora pela insuficiência, a medicina, cortando o supérfluo e suprindo as deficiências, foi-nos concedida por Deus, que governa a nossa vida, como tipo do tratamento a ser empregado para sanar a alma.

Se estivéssemos ainda no paraíso de delícias, não precisaríamos das invenções e do labor agrícola; assim também, se tivéssemos ainda o dom da imunidade como antes da queda, quando as coisas foram criadas, não necessitaríamos do alívio da medicina. Mas depois de expulsos para a terra e ouvirmos a palavra: *Comerás o teu pão com o suor de teu rosto* (Gn 3,19), após uma longa experiência e muito labor no cultivo da terra, para suavizar as tristezas desta maldição, descobrimos a agricultura, da qual Deus nos deu a inteligência e o conhecimento. Igualmente, tendo recebido ordem de voltar à terra de onde fomos tirados, e ligados à carne molesta, condenada à corrupção e sujeita às doenças em consequência do pecado, foi-nos oferecida também a ajuda da medicina, para proporcionar aos doentes certa assistência.

2. Não foi fortuitamente que as ervas apropriadas à cura de cada uma das doenças germinaram da terra. Ao contrário, foram produzidas de acordo com a vontade do Criador, para prover às nossas necessidades. A descoberta de força natural que há nas raízes e nas flores, nas folhas e nos frutos, nas substâncias, no que há nas minas ou no que existe no mar presta-se ao bem do corpo.

Assemelha-se aos outros inventos, referentes à comida e à bebida. Os cristãos, no entanto, têm o dever de evitar o que foi excogitado supérflua e minuciosamente, é obtido com grande trabalho e absorve de certo modo nossa vida nos cuidados com o corpo.

Esforcemo-nos por usar desta arte, se precisarmos, sem lhe atribuir a causa da boa ou má saúde, mas empreguemo-la a fim de manifestar a glória de Deus e enquanto imagem do tratamento da alma.

Se precisarmos dos socorros da medicina de modo nenhum ponhamos a esperança da melhora dos males somente nessa arte. Devemos saber que o Senhor não permitirá sermos tentados além do que podemos suportar (1Cor 10,13), ou fará como outrora, quando fez um pouco de lodo, ungiu (o cego) e ordenou-lhe se fosse lavar em Siloé (Jo 9,6-7), ou quando se limitou a manifestar a própria vontade, dizendo: *Quero, sê purificado* (Mt 8,3). Na verdade, permite que alguns combatam em meio de aflições, tornando-os mais recomendáveis por meio da prova. Assim também agora quer agir conosco, algumas vezes curando de maneira invisível e escondida, quando julga proveitoso para nossas almas; de outras vezes, porém, determina que usemos dos socorros materiais em nossas doenças, a fim de ser duradoura a lembrança do benefício recebido pela demora da cura, ou ainda, como disse, dá-nos um exemplo de terapêutica espiritual. Como é forçoso para o corpo eliminar os elementos estranhos e suprir as deficiências, assim convém remover de nossas almas o que lhes é alheio e tomar o que é de acordo com sua natureza. Na verdade, Deus criou o homem reto e nos fez para a prática das boas obras (Ecl 7,30).

3. E se aceitamos para curar o corpo os cortes, as cauterizações, os medicamentos amargos, de igual modo importa suportar para a cura da alma as palavras cortantes da censura e os remédios amargos das repreensões. A palavra profética exprobra os que assim não se emendam, ao dizer: *Não haverá bálsamo em Galaad? Nem se poderá encontrar um médico? Por que, então, a ferida da filha de meu povo não se há de cicatrizar?* (Jr 8,22). Se nas doenças crônicas procura-se por muito tempo obter a saúde, empregando recursos vários e dolorosos, isto indica que devemos corrigir os pecados da alma também com orações prolongadas, diuturna penitência e regime mais severo, talvez mais ainda do que a razão sugere como suficiente para a cura.

Se alguns não usam convenientemente da medicina, nem por isso somos obrigados a recusar todas as suas vantagens. Se os intemperantes, à busca de delícias, abusam da arte culinária, da panificação, da arte têxtil, excedendo os limites da necessidade, não rejeitamos logo todos esses ofícios; ao contrário, pelo bom uso deles, corrigiremos o seu abuso. Assim também quanto à medicina é ilógico opor-se a um dom de Deus, porque alguns a empregam mal. Seria irracional colocar nas mãos do médico a esperança da saúde; no entanto, vemos que alguns infelizes o fazem, não se corando de denominá-los seus salvadores. Seria, porém, obstinação ser inteiramente avesso aos bens que a medicina traz. Como Ezequias não tinha a massa de figos na conta da causa primeira de sua saúde (2Rs 20,7), nem lhe atribuía a cura do corpo, mas acrescentou à glorificação de Deus a ação de graças por ter criado os figos, assim também nós, se feridos por Deus, que governa de maneira boa e sábia a nossa vida, peçamos-lhe, em primeiro lugar, conhecimento da razão por que deste modo nos flagela; em segundo, que nos livre dessas dores e nos dê a paciência, de modo que com a tentação nos conceda também os meios de sairmos dela, dando-nos poder de suportá-la (1Cor 10,13).

4. Recebamos com ações de graças a concessão da graça da saúde, seja por meio de um misto de vinho com óleo (Lc 10,34), como sucedeu ao que caiu nas mãos dos ladrões, seja por meio dos figos, como aconteceu a Ezequias (2Rs 20,7). Não há diferença se Deus nos trata de um modo invisível ou emprega elementos corpóreos; estes, com frequência, nos levam mais eficazmente a entender o dom do Senhor.

Muitas vezes, por castigo caímos doentes e somos condenados a tratamento duro e pesado, em substituição da pena. A reta razão nos persuade a não repudiarmos nem os cortes, nem as cauterizações, nem a acerbidade dos remédios acres e molestos, nem os regimes, nem a dieta estrita, nem a abstinência de coisas mortíferas; salvo, repito-o, o bem da alma, à qual é proposto este exemplo para seu próprio tratamento.

Perigo não pequeno há em cair no erro de pensar que toda doença reclama os subsídios da medicina. Nem todas as doenças provêm da natureza, ou de uma alimentação imprópria, ou de outra causa somática, para cuja terapia vemos, por vezes, ser útil a medicina. Frequentemente, porém, as doenças são flagelos por causa dos pecados, para nos convertermos. *O Senhor castiga aquele que Ele ama* (Pr 3,12); e: *Esta é a razão por que entre vós há muitos adoentados e fracos e muitos mortos. Se nos examinássemos a nós mesmos, nós não seríamos julgados. Mas, sendo julgados pelo Senhor, Ele nos castiga para não sermos condenados com este mundo* (1Cor 11,30-32). Por isso, em tais casos, logo que reconhecermos nossos delitos, desistindo da medicina, soframos em silêncio nossas penas, segundo a palavra: *Suportei a cólera do Senhor porque tenho pecado contra Ele* (Mq 7,9). E assim, emendemo-nos, produzindo dignos frutos de penitência, lembrados do Senhor que disse: *Eis que ficaste são; já não peques, para não te acontecer coisa pior* (Jo 5,14).

Às vezes, as doenças nos advêm a pedido do maligno, quando o Senhor, amigo dos homens, lhe apresenta para combate um grande lutador e deprime sua jactância com a suma tolerância de seus servos, conforme sabemos ter sucedido a Jó (Jó 2,6). Deus propõe aos intolerantes de seus próprios males o exemplo de alguns que suportaram com perseverança as adversidades até à morte, como Lázaro do qual, afligido por profundas úlceras (Lc 16,20), não está escrito que tivesse pedido alguma coisa ao rico ou se mostrasse impaciente por causa da própria situação. Por isso alcançou o repouso no seio de Abraão (Lc 16,22.25), tendo recebido males em sua vida.

Encontramos ainda outra causa das doenças que atacam os santos, como se deu com o Apóstolo. Para não parecer ultrapassar os limites da natureza humana, nem julgasse alguém ter ele naturalmente algo de extraordinário (como sucedeu aos licaônios, que lhe trouxeram coroas e touros – At 14,12) e a fim de comprovar que tinha natureza humana, pelejava continuamente com a doença.

5. Que vantagens, portanto, pode trazer a medicina a tais homens? Ou antes, que perigo não será se os desviar da reta razão para cuidarem do corpo? Os que contraíram uma enfermidade devida a uma dieta prejudicial devem servir de modelo, pelo tratamento do corpo, ao da alma, como se disse mais acima. Pois, convém-nos

também, de acordo com a medicina, abster-nos do que é nocivo, escolher o que é útil, observar as prescrições. Analogamente, a passagem da enfermidade corporal à saúde serve-nos de consolo, para não desanimarmos a respeito da alma, como se não pudesse voltar, pela penitência, dos pecados à própria integridade.

Não evitemos, portanto, inteiramente esta arte, nem tampouco coloquemos nela toda a nossa esperança. Mas, como usamos da agricultura, suplicando a Deus os frutos, e como entregamos o leme ao piloto, rogando a Deus escapemos incólumes do mar, assim também se chamamos o médico, quando razoável, não perdemos a esperança que devemos colocar em Deus.

Parece-me também que esta arte auxilia não pouco à continência. Vejo como corta os prazeres, condena a saciedade e variedade dos alimentos, rejeita como inconveniente o excessivo apuro no preparo da alimentação; em resumo, chama à sobriedade mãe da saúde, e assim, até por esse ponto de vista, seus conselhos não são vãos.

Quer, portanto, respeitemos algumas vezes as prescrições medicinais, quer não as sigamos por alguma das causas acima enumeradas, preservado fique o escopo de agradar a Deus e buscar o bem da alma, cumprindo o mandamento do Apóstolo: *Quer comais ou bebais ou façais qualquer outra coisa, fazei tudo para a glória de Deus* (1Cor 10,31).

As Regras Menos Extensas

Introdução

Deus, dos homens amigo, que ensina a ciência ao homem (Sl 93,10), de um lado ordena por intermédio do Apóstolo (1Tm 1,3) aos que receberam o carisma de ensinar perseverarem no magistério, e de outro, exorta, por meio de Moisés, aos necessitados da edificação dos ensinamentos divinos, dizendo: *Interroga teu pai, e ele te contará, teus avós, e eles te dirão* (Dt 32,7). Por isto, nós, a quem foi confiado o ministério da palavra, devemos em qualquer tempo estar desejosos de orientar as almas; e não só testemunhar publicamente diante de toda a Igreja, mas também em particular permitir a cada um dos que nos procuram interrogarem à vontade o que interessa à integridade da fé e à autenticidade deste gênero de vida, segundo o Evangelho de Nosso Senhor Jesus Cristo. As duas coisas constantemente completam o homem de Deus.

Vós, porém, nada deixeis sem fruto, nada ocioso; mas, além do que aprendeis em comum, fazei perguntas em particular sobre assuntos proveitosos e empregai utilmente todos os lazeres da vida. Se Deus nos reuniu para este fim e gozamos de muita tranquilidade, sem ruídos do exterior, não nos afastemos para fazer outro trabalho, nem entreguemos novamente o corpo ao sono, mas passemos o restante da noite na meditação e exame de nossas necessidades, cumprindo a palavra do bem-aventurado Davi: *Na Lei do Senhor medita dia e noite* (Sl 1,2).

Interrogação 1

É lícito ou útil a alguém fazer ou dizer o que pensa ser bom, sem ter o testemunho das Escrituras divinas?

Resposta

Se Nosso Senhor Jesus Cristo afirma do Espírito Santo: *Não falará por si mesmo, mas dirá o que ouvir* (Jo 16,13) e de si mesmo: *O Filho por si mesmo não pode fazer coisa alguma* (Jo 5,19) e ainda: *Não falei por mim mesmo, mas o Pai, que me enviou, Ele mesmo me prescreveu o que devo dizer e o que devo ensinar. E sei que o seu mandamento é vida eterna. Portanto, o que digo, digo-o segundo me falou o Pai* (Jo 12,49-50), quem chegará a tamanha loucura que ouse por si mesmo até cogitar alguma coisa, quando necessita ter por guia o santo e bom Espírito para dirigi-lo no caminho da verdade, em relação a pensamentos, palavras e obras, e se é cego e anda nas trevas, sem o sol de justiça, Nosso Senhor Jesus Cristo, que ilumina por raios de luz, os seus mandamentos? *O mandamento do Senhor é luminoso*, diz-se, *esclarece os olhos* (Sl 18,9).

Quanto às questões ou palavras habituais, umas são determinadas pelo mandamento de Deus na Sagrada Escritura, outras são passadas em silêncio. Das escritas, ninguém absolutamente pode fazer o que foi proibido ou omitir o que foi prescrito, uma vez que o Senhor ordenou: *Não ajuntareis nada a tudo o que vos prescrevo, nem tirareis nada daí, mas guardareis os mandamentos como hoje vos prescrevo* (Dt 4,2). Terrível ameaça do juízo aguarda os que têm tal ousadia e o ardor do fogo há de devorá-los (Hb 10,27). Quanto às passadas em silêncio, o Apóstolo Paulo estabeleceu uma regra, dizendo: *Tudo é permitido, mas nem tudo é oportuno. Tudo me é permitido, mas nem tudo edifica. Ninguém busque o seu interesse, mas o de outrem* (1Cor 10,22s.). Por isso, é indispensável submeter-se a Deus, segundo seu mandamento, ou aos outros por causa de seu mandamento, porque está escrito: *Sujeitai-vos uns aos outros no temor de Cristo* (Ef 5,21); e o Senhor disse: *Se alguém quer ser o primeiro, seja o último de todos e o servo de todos* (Mc 9,35), contrariando as próprias vontades, à imitação do Senhor que disse: *Desci do céu, não para fazer minha vontade, mas a vontade daquele que me enviou (o Pai)* (Jo 6,38).

Interrogação 2

Que espécie de profissão devem exigir uns dos outros, os que querem viver em comum segundo Deus?

Resposta

A proposta pelo Senhor a todos os que dele se aproximavam, ao dizer: *Se alguém quiser vir após mim, renuncie-se a si mesmo, tome sua cruz e me siga* (Mt 16,24). Na pergunta que trata do assunto referiu-se sobre o sentido de cada uma destas afirmações.

Interrogação 3

Como converter um pecador? Ou se não se converter, como agir?

Resposta

Como ordena o Senhor que disse: *Se teu irmão tiver pecado contra ti, vai e repreende-o entre ti e ele somente;*

se te ouvir, terás ganho teu irmão. Se não te escutar, toma contigo uma ou duas pessoas, a fim de que toda a questão se resolva pela decisão de duas ou três testemunhas. Se recusa ouvi-los, dize-o à Igreja. E se recusar ouvir também a Igreja, seja ele para ti como um pagão e um publicano (Mt 18,15-17). Se isto acontecer, basta a esse homem o castigo que a maioria lhe infligiu (2Cor 2,6), conforme o Apóstolo escreveu: *Repreende, ameaça, exorta, mas sempre com paciência e não cesses de instruir* (2Tm 4,2). E ainda: *Se alguém não obedecer ao que ordenamos por esta carta, notai-o, e para confundi-lo, não tenhais comunicação com ele, a fim de que fique confundido* (2Ts 3,14).

Interrogação 4

Se alguém, mesmo por causa de pecados leves, insiste com seus irmãos, dizendo: "Deveis fazer penitência", acaso é sem misericórdia e destrói a caridade?

Resposta

Como o Senhor assegurou que tudo se cumprirá *antes que desapareça um iota, um traço da Lei* (Mt 5,18) e afirmou: *No dia do juízo os homens prestarão contas de toda palavra vã que tiverem proferido* (Mt 12,36), nada se menospreze, como se fosse pequeno. *Quem menospreza a palavra será por ela menosprezado* (Pr 13,13). Aliás, quem ousará dizer que um pecado é pequeno, se o Apóstolo asseverou: *Desonras a Deus pela transgressão da Lei* (Rm 2,23)? Se o estímulo da morte é o pecado, não este ou aquele, mas qualquer pecado sem distinção, é sem misericórdia quem se cala, não quem censura, assim como o é quem deixa o veneno em alguém que foi mordido por um animal peçonhento, não quem o extrai. Aquele destrói a caridade. Pois está escrito: *Quem poupa a vara, odeia seu filho; quem o ama, castiga-o na hora precisa* (Pr 13,24).

Interrogação 5

Como fazer penitência de cada pecado e mostrar dignos frutos de penitência?

Resposta

Tendo a disposição daquele que disse: *Odeio o mal e o detesto* (Sl 118,163) e praticando o que foi referido no Salmo 6 e em muitos outros, bem como seguindo o testemunho do Apóstolo acerca dos que se contristaram, conforme quer Deus, por causa do pecado alheio. *Vede, pois, que disposições operou em vós a tristeza segundo Deus! Que digo eu? Que escusas, que indignação, que temor, que ardor, que zelo, que severidade! Mostrastes em tudo que não tínheis culpa neste assunto* (2Cor 7,11). E ainda como Zaqueu, tendo um procedimento multiplicadamente oposto ao anterior.

Interrogação 6

Que pensar de quem confessa seu arrependimento por palavras, mas não se corrige do pecado?

Resposta

Julgo ter sido por causa dele que foi escrito: *Quando o inimigo te falar com amabilidade, não te fies nele, porque há sete abominações em seu coração* (Pr 26,25). E em outra passagem: *Um cão que volta a seu vômito: tal é o louco que reitera suas loucuras* (Pr 26,11).

Interrogação 7

Qual a sentença dos defensores daqueles que pecaram?

Resposta

Julgo ser mais grave do que a pronunciada contra aquele, do qual se disse: *Melhor lhe seria que se lhe atasse em volta do pescoço uma pedra de moinho e que fosse lançado ao mar, do que levar para o mal a um só destes pequeninos* (Lc 17,2). Pois o pecador não é admoestado para sua emenda, mas encontra defesa para confirmá-lo no pecado, sendo outros incitados a vícios semelhantes. Por isso, se não mostrar dignos frutos de penitência, a tal defensor aplica-se a palavra do Senhor: *Se teu olho direito é para ti causa de queda, arranca-o e lança-o longe de ti, porque te é preferível perder-se um só de teus membros, a que o teu corpo inteiro seja lançado na geena* (Mt 5,29).

Interrogação 8

Como receber quem está verdadeiramente arrependido?

Resposta

Como ensinou o Senhor: *Reúne os amigos e vizinhos, dizendo-lhes: Regozijai-vos comigo, achei a minha ovelha que se havia perdido* (Lc 15,6).

Interrogação 9

Que atitude tomaremos para com o pecador não contrito?

Resposta

A que ordena o Senhor ao dizer: *Se recusar ouvir também a Igreja, seja ele para ti como um pagão e um pu-*

blicano (Mt 18,17) e a que ensinou o Apóstolo, quando escreveu: *Que vos aparteis de qualquer irmão que vive na preguiça, sem observar as instruções que de nós tendes recebido* (2Ts 3,6).

Interrogação 10

Com que temor e com quantas lágrimas deve a mísera alma que muito pecou abandonar os pecados e possuída de que esperança e sentimentos há de se aproximar de Deus?

Resposta

Em primeiro lugar, deve odiar a reprovável vida anterior e execrar e detestar até mesmo a sua lembrança, pois está escrito: *Odeio o mal, e o detesto, mas amo a vossa Lei* (Sl 118,163). Em seguida, ter como mestra do temor a ameaça do juízo e do suplício eterno; também reconheça ser o tempo de penitência um tempo de lágrimas, como Davi o ensinou no Salmo 6. Creia firmemente na remissão dos pecados pelo Sangue de Cristo, devido à grandeza da misericórdia e à multidão das comiserações de Deus, que disse: *Se vossos pecados forem escarlates, tornar-se-ão brancos como a neve! Se forem vermelhos como a púrpura, ficarão brancos como a lã!* (Is 1,18). Então, tendo recebido faculdade e força para agradar a Deus, diz: *Pela tarde, vem o pranto, mas de manhã, volta a alegria* (Sl 29,6)! *Vós convertestes o meu pranto em prazer; tirastes minhas vestes de penitência e me cingistes de alegria. E assim minha glória vos louvará* (Sl 29,12-13). Aproximando-se assim, salmodia diante de Deus: *Eu vos exaltarei, Senhor, porque me livrastes. Não permitistes que exultassem sobre mim meus inimigos* (Sl 29,2).

Interrogação 11

Como odiará alguém os pecados?

Resposta

Sempre um acontecimento triste e penoso provoca ódio contra os que o ocasionaram. Se, pois, alguém está convencido de quantos e quão grandes males causam os pecados, espontânea e animosamente os odeia, como o demonstrou aquele que disse: *Odeio o mal, e o detesto* (Sl 118,163).

Interrogação 12

Como pode a alma persuadir-se de que Deus lhe perdoou os pecados?

Resposta

Se vir que está com os sentimentos daquele que disse: *Odeio o mal, e o detesto* (Sl 118,163). Pois Deus, tendo enviado seu Filho Unigênito para a remissão dos nossos pecados, na medida em que dependia dele, de antemão perdoou a todos. Mas o santo Davi canta (Sl 100,1) a misericórdia e a justiça e atesta ser Deus misericordioso e justo; portanto, é necessário realizarmos as palavras dos profetas e dos apóstolos nos lugares em que falam de penitência, a fim de que os juízos da justiça de Deus se manifestem e se exerça a sua misericórdia na remissão dos pecados.

Interrogação 13

Quem pecou depois do Batismo deve desesperar de sua salvação, por se achar envolvido numa multidão de pecados, ou até que quantidade de pecados deve confiar na benignidade de Deus, por meio da penitência?

Resposta

Se for possível enumerar a multidão das comiserações de Deus e medir a grandeza das suas misericórdias, em confronto com a quantidade e a grandeza dos pecados, então, perca-se a esperança. Se as últimas, porém, como se sabe, estão sujeitas a medida e número, e se é impossível medir a misericórdia de Deus e calcular as suas comiserações, não é tempo de desesperar, e sim de reconhecer a misericórdia e de detestar os pecados, cuja remissão é proposta por meio do Sangue de Cristo, como está escrito.

Aprendemos que não se deve desesperar, de muitos lugares e de muitas maneiras, principalmente da parábola de Nosso Senhor Jesus Cristo acerca do filho que, tendo recebido as riquezas paternas, desperdiçou-as em pecados (Lc 15,13s.). Instruem-nos as próprias palavras do Senhor sobre que grande festa mereceu a penitência.

Também por Isaías diz Deus: *Se vossos pecados forem escarlates, tornar-se-ão brancos como a neve! Se forem vermelhos como a púrpura, ficarão brancos como a lã!* (Is 1,18). Devemos saber que isto só será verdade, se for adequado o modo de penitência, procedente de uma disposição de horror ao pecado, conforme está escrito no Antigo e no Novo Testamento; e se der dignos frutos, como foi dito na interrogação que trata deste assunto.

Interrogação 14

Com que espécie de frutos se há de comprovar a verdadeira penitência?

Resposta

A atitude dos próprios penitentes, a disposição dos que abandonam o pecado e o zelo pelos dignos frutos de penitência foram descritos no devido lugar.

Interrogação 15

Que significa a palavra: Quantas vezes devo perdoar a meu irmão, quando ele pecar contra mim? (Mt 18,21). E quais os pecados que devo perdoar?

Resposta

O poder de perdoar não foi dado de modo absoluto, mas depende da obediência do pecador arrependido e de sua concórdia com aquele que está cuidando de sua alma. Pois está escrito a respeito desses: *Se dois de vós se unirem sobre a terra para pedir, seja o que for, consegui-lo-ão de meu Pai que está nos céus* (Mt 18,19).

Quanto à espécie de pecados, nem se deve perguntar. O Novo Testamento não faz diferença alguma, mas promete a remissão de todos os pecados aos que se penitenciam devidamente; e, principalmente, porque o Senhor em pessoa o prometeu a respeito de todos.

Interrogação 16

Por que é que às vezes a alma sem esforço sente compunção por um pesar espontâneo que dela de repente se apossa; e por vezes de tal modo não sente contrição que, mesmo fazendo-se violência, não pode se compungir?

Resposta

Tal compunção é dom de Deus, ou para excitar o desejo, de modo que a alma, tendo provado a doçura de tal pesar, empenha-se em cultivá-lo, ou para demonstrar que o espírito pode, por meio de uma aplicação mais diligente, ter sempre a compunção, de maneira que não há desculpas para os que a perdem por negligência; mas o fato de esforçar-se e não poder acusa nosso desleixo no passado (pois não é possível alguém de repente enfrentar uma tarefa e conseguir fazê-la, sem aplicação e muitos e assíduos exercícios), e simultaneamente mostra que a alma está dominada por outros vícios, que não a deixam livre de fazer o que quer, segundo a sentença proferida pelo Apóstolo: *Mas eu sou carnal, vendido ao pecado. Não faço o que quero, mas faço o que aborreço* (Rm 7,14-15). E ainda: *Mas então, não sou eu que o faço, mas o pecado que em mim habita* (Rm 7,17). Deus permite que isto aconteça para nosso bem, a fim de que, talvez, possa a alma, pelo que sofre a contragosto, sentir qual o poder que a subjuga e conhecer em que ponto involuntariamente serve ao pecado, e assim rejeitar as ciladas do diabo e encontrar a misericórdia de Deus, pronta a receber os que se arrependem sinceramente.

Interrogação 17

Se alguém pensar em comer, depois censurar-se a si mesmo, deve ser acusado de ter sido inquieto?

Resposta

Se vem a lembrança da fome antes da hora, sem que a natureza o moleste, é claro que foi um desvio da mente, onde se trai a propensão para as coisas presentes e a negligência pelas coisas que agradam a Deus. Mesmo assim lhe está reservada a misericórdia de Deus. Porque, ao acusar-se alguém, é absolvido do crime pela penitência e se para o futuro se precaver da queda, lembrado do Senhor que disse: *Eis que ficaste são; já não peques, para não te acontecer coisa pior* (Jo 5,14). Se, porém, por necessidade natural, a fome aumentar, a sensação de fato mover a memória, mas a razão vencê-la por meio de zelo, ou ocupação com coisas melhores, esta lembrança não é condenável, e sim a vitória louvável.

Interrogação 18

Se deve um membro da comunidade, que pecou, depois de muitos exercícios, receber um ofício. E se deve, qual?

Resposta

Lembrados do Apóstolo que disse: *Não vos torneis causa de escândalo, nem para os judeus, nem para os gentios, nem para a Igreja de Deus. Fazei como eu: em todas as circunstâncias procuro agradar a todos, não buscando o meu interesse próprio, mas o de muitos, para que sejam salvos* (1Cor 10,32-33), devemos empregar grande cuidado em não sermos obstáculo ao Evangelho de Cristo e um impedimento para os fracos, nem instruirmos a alguns no mal. Nestas questões, considere-se e julgue-se o que contribui para a edificação da fé e o progresso das virtudes em Cristo.

Interrogação 19

Se incorrer em suspeita de pecado alguém que não o comete às claras, deve ser vigiado a fim de que se depreenda o que se suspeitou?

Resposta

As suspeitas más e as provenientes de um preconceito malévolo são condenadas pelo Apóstolo. O encarregado de cuidar de todos deve observar a todos na caridade de Cristo, desejando a cura do suspeito, a fim de que se realize a palavra do Apóstolo: *Para tornar todo o homem perfeito em Cristo* (Cl 1,28).

Interrogação 20

Se deve o que viveu no pecado fugir da companhia dos heterodoxos ou também evitar a dos que vivem mal.

Resposta

Tendo dito o Apóstolo: *Que vos aparteis de qualquer irmão que viva na preguiça, sem observar as instruções que de nós tendes recebido* (2Ts 3,6), de modo geral é muito perigoso e prejudicial para todos qualquer participação em pontos proibidos, seja por pensamento, palavra ou obra.

Os que viveram no pecado devem ter ainda mais cautela. Primeiro, porque a alma acostumada ao pecado é na maior parte das vezes mais inclinada a ele; em seguida, porque, como o tratamento dos corpos enfermos exige a maior atenção, a ponto de, muitas vezes, se lhes proibir o que é útil aos sãos, assim também os doentes de espírito necessitam de muito maior vigilância e cuidado. O próprio Apóstolo declara como é grande o prejuízo da sociedade com os pecadores, com o seguinte argumento: *Um pouco de fermento leveda a massa toda* (1Cor 5,6).

Se é tamanho o dano causado pelos que erram moralmente, que dizer dos que opinam falsamente de Deus? Seu parecer malvado não lhes permite terem juízo reto no restante, porque ele os entrega, de uma vez, às paixões ignominiosas; isto se evidencia em muitas passagens e principalmente no trecho da Epístola aos Romanos: *Como se recusaram a procurar uma noção exata de Deus, Deus entregou-os a um sentimento depravado, e daí seu procedimento indigno. Então, cheios de toda espécie de malícia, perversidade, cobiça, maldade; cheios de inveja, homicídio, contenda, engano, malignidade, são difamadores, maldizentes, inimigos de Deus, insolentes, soberbos, altivos, inventores de maldades, desobedientes aos pais. São insensatos, imodestos, sem afeição, sem palavra e sem misericórdia. Apesar de conhecerem o justo decreto de Deus que considera dignos de morte aqueles que fazem tais coisas, eles não somente as fazem, mas também aplaudem os que as cometem* (Rm 1,28-32).

Interrogação 21

Donde vêm as divagações e as cogitações e como corrigi-las?

Resposta

A divagação se origina na ociosidade da mente, que não se ocupa do necessário. A mente torna-se ociosa e descuidada, porque não crê estar presente Deus, que perscruta os corações e os rins. Se acreditasse nisto, realizaria plenamente a palavra: *Ponho sempre o Senhor diante dos olhos; pois que Ele está à minha direita, não vacilarei* (Sl 15,8). Quem faz isto e outras coisas semelhantes, jamais ousará, nem terá tempo para cogitar algo que não se destine à edificação da fé, mesmo que pareça bom, e muito menos o que é proibido e não agrada a Deus.

Interrogação 22

Donde provêm os sonhos indecorosos?

Resposta

Vêm dos impulsos desordenados da alma durante o dia. Se, porém, a alma ocupada com os juízos de Deus se purifica e medita continuamente coisas boas e agradáveis a Deus, também sonhará com isto.

Interrogação 23

Que espécie de palavras torna ociosa uma conversa?

Resposta

Em suma, qualquer palavra que não vise a um fim útil, no Senhor, é ociosa. É tão grande o perigo de tal palavra que, embora seja bom o que for dito, se não servir para a edificação da fé, a bondade da palavra não afasta do perigo a quem falou, mas porque este não a empregou para edificar, contrista o Espírito Santo de Deus. O Apóstolo ensinou-o claramente: *Nenhuma palavra má saia da vossa boca, mas só boas palavras que eventualmente sirvam para a edificação da fé, e sejam benfazejas aos que as ouvem* (Ef 4,29), e acrescentou: *Não contristeis o Espírito Santo de Deus, com o qual estais selados* (Ef 4,30). Será preciso dizer que é grande mal entristecer o Espírito Santo de Deus?

Interrogação 24

O que é a injúria?

Resposta

Toda palavra dita com o propósito de insultar é injúria, mesmo se a palavra não parecer ofensiva. Evidencia-se pelo Evangelho, que diz dos judeus: *Então eles o cobriram de injúrias e lhe disseram: Tu que és discípulo dele!* (Jo 9,28).

Interrogação 25

O que é a detração?

Resposta

Há duas ocasiões, a meu ver, em que é lícito falar mal de outrem: quando alguém precisa aconselhar-se com pessoas idôneas, sobre como corrigir o pecador; e ainda quando for necessário prevenir a alguns que, por ignorância, poderiam associar-se a um mau, julgando-o bom, pois o Apóstolo proíbe (2Ts 3,14) unir-se a eles, a fim de que ninguém arme laços para a própria alma. Vemos que o Apóstolo agiu assim, pelo que escreveu a Timóteo: *Alexandre, o ferreiro, tem-me feito muito mal. Evita-o também tu, porque faz grande oposição às nossas palavras* (2Tm 4,14-15). Exceto esses casos necessários, quem fala qualquer coisa contra alguém, para incriminá-lo ou denegri-lo, é maldizente, mesmo se falar a verdade.

Interrogação 26

Que merece quem fala mal de seu irmão ou escuta a um detrator e o tolera?

Resposta

Ambos sejam excluídos da companhia dos demais. *Exterminarei o que em segredo caluniar seu próximo* (Sl 100,5). E em outra passagem foi dito: *Não ouças com agrado um falador* (Pr 20,19), para não seres derrubado.

Interrogação 27

Como receberemos alguém que fale mal do superior?

Resposta

Manifesta-se o seu julgamento pela ira de Deus contra Maria, quando falou mal de Moisés. Deus não deixou sem castigo este pecado, nem mesmo a pedido de Moisés.

Interrogação 28

Deve-se acreditar, quando alguém com palavras ousadas e tom insolente responder a outrem e, advertido, disser que nada de mau tem no coração?

Resposta

Nem todos os vícios da alma são conhecidos de todos, mesmo daquele que deles sofre, como acontece com os males corporais. Os peritos descobrem no corpo certos sinais de doenças ocultas que escapam à percepção do próprio doente; assim também, mesmo se o pecador não sentir a doença da alma, deve crer no Senhor ao lhe dizer e a seus sequazes que o mau retira males do mau tesouro de seu coração. Pois o mau, algumas vezes, simula o bem em palavras e obras; o bom, porém, não pode simular mal algum. *Aplicai-vos a fazer o bem, não só diante de Deus, mas também diante de todos os homens* (Rm 12,17).

Interrogação 29

Como pode alguém evitar a ira?

Resposta

Se julgar estar sempre sendo visto por Deus que o observa, pelo Senhor presente. Qual o súdito que, diante dos olhos de seu príncipe, ousará fazer qualquer coisa que lhe desagrade? E mesmo se não esperar obediência da parte dos outros, esteja pronto a obedecer, considerando os demais como acima de si. Se procura ser obedecido por sua própria causa, saiba que a palavra do Senhor ensina a cada um a servir aos outros; se, porém, castiga a transgressão a um mandamento do Senhor, não há necessidade de ira e sim de misericórdia e de compaixão, segundo a palavra: *Quem é fraco, que eu também não seja fraco?* (2Cor 11,29).

Interrogação 30

Como eliminaremos o vício da concupiscência má?

Resposta

Com o desejo ardente da vontade de Deus, tal como demonstrou possuir aquele que disse: *Os juízos do Senhor são verdadeiros, todos igualmente justos. Mais desejáveis que o ouro, que muito ouro fino. Mais doces que o mel, que o puro mel dos favos* (Sl 18,10-11). O desejo das coisas melhores, quando se tem a capacidade e a força de fruir do que se deseja, sempre impõe o desprezo e o afastamento das mais insignificantes, como o ensinaram todos os santos; com quanto maior razão das coisas más e vergonhosas!

Interrogação 31

Se não é lícito, absolutamente, rir-se.

Resposta

Como o Senhor condena os que riem agora (Lc 6,25), é evidente não haver para o fiel tempo algum próprio ao riso, principalmente sendo tão grande a multidão dos que ofendem a Deus (Rm 2,23), por violação da Lei, e morrem no pecado; por todos eles devemos contristar-nos e gemer.

Interrogação 32

Donde vem o torpor inoportuno e excessivo e como o repeliremos?

Resposta

Este torpor sobrevém ao se tornar a alma mais indolente quanto aos pensamentos de Deus, menosprezando os juízos divinos. Sacudimo-lo se pensarmos sincera e dignamente na grandeza de Deus e desejarmos sua vontade, conforme aquele que disse: *Não darei sono aos meus olhos, nem repouso às minhas pálpebras, nem descanso às minhas têmporas, até que encontre residência para o Senhor, uma morada ao Poderoso de Jacó* (Sl 131,4-5).

Interrogação 33

Como se descobre que alguém está procurando agradar aos homens?

Resposta

Quando mostra solicitude pelos que o louvam e indolência para com os que o censuram. Se quer agradar a Deus, sempre e em toda a parte será o mesmo, realizando a palavra: *Pelas armas da justiça ofensivas e defensivas; através da honra e da desonra, da boa e da má fama; embora sejamos tidos como impostores, somos, no entanto, sinceros* (2Cor 6,7-8).

Interrogação 34

Como fugir do vício de agradar aos homens e como menoscabar os louvores dos homens?

Resposta

Com a convicção firme da presença de Deus, com a solicitude contínua de agradar a Deus, com o desejo ardente das bem-aventuranças prometidas pelo Senhor. Ninguém, sob o olhar de seu senhor, oscila, buscando agradar a um companheiro de servidão, com desacato a seu senhor e condenação para si mesmo.

Interrogação 35

Como se conhecerá o soberbo e como ficará curado?

Resposta

Conhecer-se-á pelo fato de procurar o predomínio; curar-se-á, se tiver fé no julgamento daquele que disse: *O Senhor resiste aos soberbos, mas dá sua graça aos humildes* (Tg 4,6). Convém saber que, apesar do receio de ser julgado soberbo, ninguém se curará desse vício se não abandonar inteiramente a ambição de prevalecer, como não poderá esquecer uma língua ou uma arte, quem não deixar completamente não só de fazer ou de falar a respeito de tal arte, mas até de ouvir os que falam, e de olhar os que fazem, o mesmo seja observado em relação a qualquer vício.

Interrogação 36

Se as honras devem ser ambicionadas.

Resposta

Foi-nos ensinado que devemos prestar honras a quem a honra é devida (Rm 13,7); ambicioná-la, porém, foi proibido pelo Senhor que disse: *Como podeis crer, vós que recebeis a glória uns dos outros e não buscais a glória que é só de Deus?* (Jo 5,44). Portanto, buscar a glória que vem dos homens é demonstração de infidelidade e oposição à piedade, pois diz o Apóstolo: *Se quisesse ainda agradar aos homens, não seria servo de Cristo* (Gl 1,10). Se de tal modo são condenados os que aceitam a glória que os homens lhes dão, os que procuram a que lhes não é oferecida sofrerão um juízo indizível.

Interrogação 37

De que modo o preguiçoso em cumprir o mandamento poderá recuperar a diligência?

Resposta

Se estiver firmemente persuadido da presença do Senhor Deus que tudo vê, das ameaças contra o preguiçoso, da esperança da grande recompensa por parte do Senhor que prometeu por meio do Apóstolo Paulo haver de alcançar cada qual a própria recompensa de acordo com o labor (1Cor 3,8); e ainda quanto de semelhante foi escrito para suscitar o zelo de cada um, ou a paciência para a glória de Deus.

Interrogação 38

Se um irmão receber uma ordem e contradisser, mas depois for espontaneamente.

Resposta

Pelo fato de contradizer, enquanto é contumaz e provoca os outros a agirem de igual modo, saiba que é réu daquela sentença: *O perverso só busca a rebeldia* (Pr 17,11). Persuada-se bem de não ser a um homem que contradiz ou obedece, mas ao próprio Senhor, que disse: *Quem vos ouve, a mim ouve; e quem vos rejeita, a mim rejeita* (Lc 10,16). E arrependido primeiro, apresente escusas, e assim, se lho permitirem, faça o trabalho.

Interrogação 39

Se alguém obedecer murmurando.

Resposta

Uma vez que disse o Apóstolo: *Fazei todas as coisas sem murmurações e sem hesitações* (Fl 2,14), quem murmura aliena-se da unidade dos irmãos e o seu trabalho é excluído do uso deles. Evidencia-se estar enfermo de incredulidade e hesitação na esperança.

Interrogação 40

Se um irmão contrista a outro, como deve ser corrigido?

Resposta

Se o entristeceu da mesma forma que o Apóstolo, quando diz: *Fostes entristecidos segundo Deus, de modo que nenhum dano sofrestes de nossa parte* (2Cor 7,9), não é quem entristece que necessita de correção, e sim o entristecido é quem deve mostrar as propriedades da tristeza, segundo Deus. Se o entristeceu em coisas indiferentes, quem contristou lembre-se do Apóstolo que diz: *Se, por uma questão de comida, entristeces o teu ir-*

mão, já não vives segundo a caridade (Rm 14,15), e tendo reconhecido o seu pecado, cumpra o que foi dito pelo Senhor: *Se estás, portanto, para fazer a tua oferta diante do altar e te lembrares que teu irmão tem alguma coisa contra ti, deixa lá a tua oferta diante do altar e vai primeiro reconciliar-te com teu irmão; só então vem fazer a tua oferta* (Mt 5,23-24).

Interrogação 41

Se aquele que contristou se recusar a pedir desculpas.

Resposta

Cumpram-se as palavras do Senhor sobre o pecador impenitente: *Se recusar ouvir a Igreja, seja ele para ti como um pagão ou um publicano* (Mt 18,17).

Interrogação 42

Se quem contristou pedir desculpas, mas o entristecido recusar reconciliar-se.

Resposta

É clara a sentença do Senhor a seu respeito, na parábola do servo em relação a seu companheiro de serviço; o primeiro, rogado, não quis ter paciência: *Vendo isto, os outros servos vieram contar a seu senhor o que se tinha passado. E o senhor, encolerizado, retirou-lhe o seu favor, entregou-o aos algozes, até que pagasse toda a dívida* (Mt 18,31.34).

Interrogação 43

Como atender àquele que nos desperta para a oração?

Resposta

Quem reconhece o detrimento proveniente do sono, já que a alma perde até a percepção de si mesma, e compreende a vantagem das vigílias, especialmente como é excelente e glorioso aproximar-se de Deus para rezar, atenderá àquele que o desperta, seja para a oração, seja para cumprir uma ordem, como a alguém que lhe presta os maiores benefícios, acima de todos os desejos.

Interrogação 44

Que merece quem ficar de mau humor ou mesmo se irritar, ao ser despertado?

Resposta

Seja, por algum tempo, castigado com o isolamento e o jejum; se for capaz de compreender, arrependido, de quantos e de quais bens se privou imperceptivelmente e, assim, convertido, alegre-se de receber idêntico benefício ao daquele que afirmou: *Alegra-me a lembrança de Deus* (Sl 76,4). Se, porém, continuar insensível, seja cortado do corpo como um membro gangrenado e corrupto. Está escrito, em verdade: *É preferível perder-se um só dos teus membros a que o teu corpo inteiro seja atirado na geena* (Mt 5,30).

Interrogação 45

Se alguém, tendo ouvido do Senhor que: O servo que, apesar de conhecer a vontade de seu Senhor, não a fez, nada preparou e lhe desobedeceu, será açoitado com muitos golpes, e aquele que a ignorou e fez coisas repreensíveis será açoitado com poucos golpes (Lc 12,47-48), negligencia, no entanto, conhecer a vontade do Senhor, terá ele alguma desculpa?

Resposta

É evidente que simula ignorância e não pode fugir à condenação do seu pecado. *Se eu não viesse*, diz o Senhor, *e não lhes tivesse falado, não teriam pecado, mas agora não há desculpa para o seu pecado* (Jo 15,22), porque a Sagrada Escritura em toda parte e a todos anuncia a vontade de Deus. Esse, portanto, não sofrerá menor condenação em companhia dos ignorantes, mas ao contrário será condenado mais severamente com aqueles, dos quais está escrito: *Semelhante ao veneno da víbora que fecha os ouvidos, para não ouvir a voz dos fascinadores, do mágico que enfeitiça habilmente* (Sl 57,5-6). Se, porém, o encarregado do ministério da palavra negligenciar anunciá-la, será condenado como homicida, conforme está escrito (Ez 33,8).

Interrogação 46

Se é réu de pecado quem permite a outrem pecar.

Resposta

Sua sentença evidencia-se das palavras do Senhor a Pilatos: *Quem me entregou a ti tem pecado maior* (Jo 19,11).

Daí se deduz que também Pilatos, ao tolerar os que o entregaram, tornou-se réu de pecado, embora mais leve. Vemo-lo igualmente em Adão que suportou a Eva; em Eva, que tolerou a serpente. Nenhum deles ficou impune, como se fosse inocente. A própria indignação de Deus contra eles, ponderada bem a questão, o demonstra, pois quando Adão, à guisa de escusa, disse aquela palavra: *A mulher que me deste apresentou-me deste fruto e eu comi* (Gn 3,12), Deus respondeu: *Porque ouviste a voz de tua mulher e comeste do fruto da árvore que eu te havia proibido comer, a terra será maldita por tua causa* (Gn 3,17) etc.

Interrogação 47

Se convém calar diante dos que pecam.

Resposta

Verifica-se pelos preceitos do Senhor que não convém; disse Ele no Antigo Testamento: *Repreende publicamente o teu irmão, para que não incorras em pecado por sua causa* (Lv 19,17). No Evangelho, porém: *Se teu irmão tiver pecado contra ti, vai e repreende-o entre ti e ele somente: se te ouvir, terás ganho teu irmão. Se não te escutar, toma contigo uma ou duas pessoas, a fim de que toda a questão se resolva pela decisão de duas ou três testemunhas. Se recusa ouvi-los, dize-o à Igreja. E se recusar também ouvir a Igreja, seja ele para ti como um pagão e um publicano* (Mt 18,15-17).

Depreende-se a gravidade da sentença desse pecado, primeiro da palavra do Senhor, quando afirmou, em geral: *Quem não crê no Filho, não verá a vida, mas sobre ele pesa a ira de Deus* (Jo 3,36). A seguir, das histórias narradas na Escritura, antiga e nova.

Eis, por exemplo, quando Acã roubou o lingote de ouro e a veste, a ira do Senhor recaiu sobre todo o povo, embora este ignorasse o autor do pecado e o próprio pecado, até que o acima mencionado fosse descoberto e sofresse, com todos os seus, aquela horrível ruína (Js 7,21-26).

Heli, ainda que não tivesse guardado silêncio para com seus filhos, que eram pestilentos, mas frequentemente os admoestasse, dizendo: *Não façais assim, meus filhos, não são boas as informações que me chegam a vosso respeito* (1Sm 2,24) e ainda, com outras palavras, mostrasse o absurdo do pecado e sua inevitável condenação, porque não os punira devidamente, nem demonstrara a energia conveniente contra eles, de tal modo exasperou a ira de Deus que o povo pereceu com os filhos, a própria arca foi tomada pelos estrangeiros e ele mesmo teve um fim miserável.

Se tamanha ira se inflamou contra aqueles que não estavam cientes do autor do pecado e contra os que proibiram o pecado e testemunharam contra ele, que se dirá dos que sabem, contudo se calam? A não ser que façam o que recomendou o Apóstolo aos coríntios com as seguintes palavras: *Nem tendes manifestado tristeza, para que seja tirado dentre vós o que cometeu tal ação* (1Cor 5,2). Ele mesmo atesta como os coríntios agiram a seguir, escrevendo: *Vede, pois, que disposições operou em vós a tristeza segundo Deus! Que digo eu? Que escusas! Que indignação! Que temor! Que ardor! Que zelo! Que severidade! Mostrastes em tudo que não tínheis culpa neste assunto* (2Cor 7,11).

Mesmo agora existe em geral o perigo para todos juntos de serem sujeitos à mesma ruína, ou até mais grave, na medida em que é pior do que aquele que despreza a Lei de Moisés, quem despreza o Senhor (Hb 10,29) e ousa cometer o mesmo pecado que aquele que anteriormente pecou e foi condenado. *Se Caim será vingado sete vezes, Lamec, que cometeu pecado semelhante, o será setenta vezes sete* (Gn 4,24).

Interrogação 48

Como se define a avareza?

Resposta

Consiste em transgredir os limites da Lei. De acordo com o Antigo Testamento, isto se dá quando alguém cuida mais de si do que do próximo, porque está escrito: *Amarás o teu próximo como a ti mesmo* (Lv 19,18). Segundo o Evangelho, está em buscar para si mais do que o necessário ao dia de hoje, como aquele que ouviu a palavra: *Insensato! Nesta noite ainda exigirão de ti a tua alma. E as coisas que ajuntaste, de quem serão?* (Lc 12,20). A isto acrescenta, de modo geral: *Assim acontece ao homem que entesoura para si mesmo e não é rico para Deus* (Lc 12,21).

Interrogação 49

Que é agir com leviandade?

Resposta

A acusação de agir com leviandade recai sobre tudo aquilo que não se toma por necessidade e sim para adorno.

Interrogação 50

Se alguém rejeita vestes mais preciosas, mas quer para si coisa vulgar, um manto ou um calçado que lhe fique bem, peca? Ou de que mal sofre?

Resposta

Todo aquele que, para agradar aos homens, procurar uma veste que lhe fique bem, sofre do mal de querer aprazer aos homens, e se afasta de Deus. Tem o vício de ostentação, mesmo nas coisas vis.

Interrogação 51

Que é raca (Mt 5,22)?

Resposta

É uma expressão regional que significa um insulto mais leve, usado para com os familiares.

Interrogação 52

O Apóstolo ora diz: Não sejamos ávidos de vanglória; ora: sem servilismo, como para vos fazerdes bem-vistos (Ef 6,6). Quem é ávido da vanglória e quem é que busca o beneplácito dos homens?

Resposta

Julgo que é ávido de vanglória quem faz ou diz alguma coisa tendo em vista uma frágil glória mundana, da parte de espectadores ou de ouvintes. Busca o beneplácito dos homens, quem faz alguma coisa, até mesmo ignominiosa, conforme o arbítrio de outrem e no fito de lhe agradar.

Interrogação 53

Que é mancha da carne e nódoa do espírito e como delas nos manteremos puros ou que é a santidade e como a alcançaremos?

Resposta

Mancha da carne é juntar-se àqueles que cometem o que é proibido; nódoa do espírito, porém, é mostrar-se indiferente para com os que assim pensam, ou agem. Mantém-se puro quem obedece ao Apóstolo que diz (1Cor 5,11) nem mesmo se dever tomar alimento com tal homem e com quantos se lhe assemelham; ou quando sente em si o que disse Davi: *Revolto-me à vista dos pecadores, que abandonam a vossa Lei* (Sl 118,53) e demonstra ter a tristeza de que ficaram possuídos os coríntios, quando acusados de indiferença diante do pecador (2Cor 7,11), e na verdade mostraram-se totalmente puros naquela questão.

A santidade, porém, é unir-se ao Deus santo, integralmente, sem cessar, em todo o tempo, com diligência e solicitude pelas coisas que lhe agradam. Pois coisa mutilada não é aceita como dom sagrado e o que foi uma vez dedicado a Deus, seria ímpio e intolerável reduzi-lo a um uso comum e humano.

Interrogação 54

Que é o egoísmo e como se conhecerá o egoísta?

Resposta

Muitas coisas são impropriamente ditas, como, por exemplo, a palavra: *Quem ama a sua vida, perdê-la-á; mas quem odeia a sua vida neste mundo, conservá-la-á para a vida eterna* (Jo 12,25). Egoísta é evidentemente quem se ama a si mesmo. Reconhece-se a si mesmo como tal, se age por causa de si mesmo, ainda quando de acordo com os mandamentos. Se, por comodidade, omitir qualquer coisa de útil a um irmão, em relação à alma ou ao corpo, manifesta-se até aos outros que está com o vício do egoísmo, cujo fim é a perdição.

Interrogação 55

Qual a diferença entre amargura, furor, ira e exasperação?

Resposta

A diferença entre furor e ira consiste no sentimento e no impulso. Às vezes, quem se irrita perturba-se só pelo sentimento, conforme indica aquele que disse: *Tremei, pois, e não pequeis mais* (Sl 4,5); o furioso vai mais longe, pois: *Semelhante ao das serpentes é o seu veneno* (Sl 57,5), E: *Estava Herodes em conflito com os habitantes de Tiro e de Sidônia* (At 12,20). Uma comoção mais veemente de furor chama-se exasperação. Amargura demonstra mais terrível duração do mal.

Interrogação 56

Tendo proferido o Senhor que: Todo o que se exalta será humilhado (Lc 18,14), e como preceituou o Apóstolo: Não te ensoberbeças (Rm 11,20), e em outro lugar: Arrogantes, soberbos, altivos (2Tm 3,2), e de novo: A caridade não se ensoberbece (1Cor 13,4), quem é que se ensoberbece, quem o arrogante, quem o orgulhoso, quem o presunçoso, quem o inchado?

Resposta

Ensoberbece-se quem se gloria, tem alto conceito de si mesmo por causa das boas obras, exalta-se como aquele fariseu (Lc 18,11) e não se abaixa às coisas humildes. Merece igualmente o nome de soberbo, como foram acusados os coríntios.

Arrogante é quem não anda de acordo com as normas, nem procura seguir a mesma regra e o mesmo modo de pensar, mas traça o próprio caminho de justiça e de piedade.

Orgulhoso é quem se jacta do que possui e procura parecer mais do que é.

Presunçoso talvez seja idêntico a orgulhoso, ou pouco difere, segundo o dito do Apóstolo: *É um homem orgulhoso, um ignorante* (1Tm 6,4).

Interrogação 57

Se alguém tiver um vício incorrigível, depois de frequentemente repreendido, deve ser batido ou é preferível despedi-lo?

Resposta

Já foi dito em outro lugar que os pecadores sejam levados à conversão pela paciência, conforme o exemplo do Senhor. Se a condenação e a correção de muitos não bastar para sua conversão, como aconteceu ao coríntio, seja tido como pagão. A ninguém é seguro reter junto de si aquele que foi condenado pelo Senhor, porque o Senhor disse (Mt 5,29-30) que é melhor alguém entrar no reino com um olho só, com uma só mão, ou tendo perdido um pé do que poupar um só deles e ser lançado todo na geena de fogo, onde há choro e ranger de dentes. E o Apóstolo testifica que um pouco de fermento faz levedar toda a massa (Gl 5,9).

Interrogação 58

Se é condenado apenas quem mentiu conscientemente ou se também aquele que, por ignorância, afirmou absolutamente alguma coisa contra a verdade.

Resposta

É claro que a condenação do Senhor recai mesmo sobre os que pecam por ignorância, quando diz: *Aquele que, ignorando a vontade de seu Senhor, fizer coisas repreensíveis, será açoitado com poucos golpes* (Lc 12,48). Sempre, pois, uma penitência condigna produz esperança segura de perdão.

Interrogação 59

Se alguém planejar uma coisa e não a fizer, será condenado como mentiroso?

Resposta

Se o que projetava fazer é preceituado, não só será condenado enquanto mentiroso, mas ainda como contumaz, porque Deus sonda os corações e os rins (Sl 7,10).

Interrogação 60

Se alguém teve a ideia de fazer algo que desagradasse a Deus, e decidiu fazê-lo, será melhor desistir do mau propósito ou cometer pecado, por receio de se desmentir?

Resposta

Como diz o Apóstolo: *Não que sejamos capazes por nós mesmos de ter algum pensamento, como de nós mesmos* (2Cor 3,5), e o próprio Senhor confessa que: *Nada posso fazer de mim mesmo* (Jo 5,19) e: *As palavras que eu vos digo não as digo de mim mesmo* (Jo 14,10), e em outro lugar: *Desci do céu não para fazer a minha vontade, mas a vontade daquele que me enviou* (Jo 6,38), o Pai; portanto deve penitenciar-se, em primeiro lugar, porque ousou decidir uma coisa qualquer por si mesmo, uma vez que nem mesmo o bem deve ser feito por própria autoridade. Em segundo lugar, sobretudo, porque não hesitou em decidir contra o que agrada a Deus.

Vemos claramente que devemos voltar atrás, quando a decisão deliberada vai contra o mandamento do Senhor, pelo Apóstolo Pedro que deliberadamente decidiu: *Jamais me lavarás os pés*, mas após o Senhor asseverar: *Se eu não te lavar, não terás parte comigo*, logo mudou de opinião e disse: *Senhor, não somente os meus pés, mas também as mãos e a cabeça* (Jo 13,8-9).

Interrogação 61

Se alguém não pode trabalhar, nem quer aprender os salmos, que fazer dele?

Resposta

O Senhor disse da figueira estéril na parábola: *Corta-a; para que ainda ocupa inutilmente o terreno?* (Lc 13,7); é preciso, pois, providenciar a seu respeito com todo o cuidado; se não aceitar, aplique-se-lhe o que foi prescrito acerca daquele que persiste no pecado. Pois o inativo para o bem será julgado com o diabo e seus anjos.

Interrogação 62

Que é preciso que alguém faça para ser condenado por ocultar o talento?

Resposta

Quem detém qualquer espécie de graça de Deus, para dela fruir e não para beneficiar os outros, é condenado por ocultar o talento.

Interrogação 63

Que é preciso que alguém faça para ser condenado como os murmuradores contra os últimos?

Resposta

Cada qual é condenado por seu próprio pecado; os murmuradores por causa da murmuração. Vários são muitas vezes os motivos por que murmuram. Uns dizem que lhes faltam alimentos, porque são gulosos e fazem do ventre o seu deus; outros, que só receberam honras iguais aos últimos, dando assim mostras de inveja, que é a companheira do homicídio; outros, enfim, por quaisquer outras razões.

Interrogação 64

Como Nosso Senhor Jesus Cristo disse: Mas, se alguém fizer cair em pecado um destes pequenos, melhor fora que lhe atassem ao pescoço a mó de um moinho e o lançassem no fundo do mar (Mt 18,6), que é escandalizar? E como nos acautelaremos a fim de não sofrermos esta horrível condenação?

Resposta

Alguém escandaliza quando transgride a Lei, por palavra ou obra, induzindo a outros a transgredi-la, como a serpente a Eva e Eva a Adão; ou ainda quando impede a realização da vontade de Deus, como Pedro ao Senhor, dizendo: *Que Deus não permita isso, Senhor* (Mt 16,22), e ouviu: *Afasta-te de mim, Satanás, tu és para mim um escândalo; teus pensamentos não são de Deus, mas dos homens!* (Mt 16,23), ou quando incita o ânimo de um fraco para alguma coisa proibida, segundo o que escreveu o Apóstolo, com as palavras: *Se alguém te vê a ti, que és esclarecido, sentado à mesa no templo dos ídolos, não se sentirá ele em sua consciência fraca autorizado a comer do sacrifício aos ídolos?* (1Cor 8,10) e acrescentou: *Se a comida serve de ocasião de queda a meu irmão, jamais comerei carne, para não ser para o meu irmão uma ocasião de queda* (1Cor 8,13).

O escândalo tem muitas causas. Ou provém de quem escandaliza, ou é da parte do escandalizado que se origina o escândalo. E ainda aqui há outras diferenças; algumas vezes vem da malícia, outras da inexperiência deste ou daquele. Por vezes, numa conversa sincera, evidencia-se a maldade dos que se escandalizam; assim como nas ações.

Se alguém, pois, pratica o mandamento de Deus, ou usa livremente do que está em seu poder, escandaliza-se quem se escandalizar. Quando, porém, os homens se ofendem e se escandalizam com o que é feito ou dito de acordo com o mandamento (como no Evangelho alguns, acerca do que o Senhor fazia ou dizia, segundo a vontade do Pai), então é bom lembrar-se de que o Senhor, quando se aproximaram os discípulos e disseram-lhe: *Sabes que os fariseus se escandalizaram destas palavras que ouviram*, respondeu-lhes: *Toda a planta que meu Pai celeste não plantou, será arrancada pela raiz. Deixai-os; são cegos e guias de cegos. Ora, se um cego conduz a outro, tombarão ambos na mesma vala* (Mt 15,12-14). Muitas coisas semelhantes encontram-se nos Evangelhos e foram ditas pelo Apóstolo.

Quando, porém, alguém se ofende ou se escandaliza por coisas que estão em nosso poder, devem então vir à lembrança as palavras do Senhor a Pedro: *Os filhos, então, estão isentos. Mas não convém escandalizá-los. Vai ao mar e lança o anzol, e ao primeiro peixe que pegares, abrirás a boca e encontrarás um estáter. Toma-o e dá-o por mim e por ti* (Mt 17,26-27); e também estas palavras que o Apóstolo escreveu aos coríntios: *Jamais comerei carne, para não escandalizar o meu irmão* (1Cor 8,13), e ainda: *Bom é não comer carne, nem beber vinho, nem outra coisa que para teu irmão possa ser uma ocasião de queda* (Rm 14,21), de escândalo, de fraqueza. O preceito do Senhor mostra quão terrível é, no que parece estar em nosso poder, desprezar o irmão, que por isto se escandaliza; proíbe completamente qualquer espécie de escândalo, dizendo: *Guardai-vos de menosprezar um só destes pequenos! Porque eu vos digo que seus anjos no céu contemplam sem cessar a face de meu Pai que está nos céus* (Mt 18,10).

O Apóstolo também o atesta, dizendo: *Cuidai em não pôr um tropeço diante de vosso irmão ou dar-lhe uma ocasião de queda* (Rm 14,13); ou reprime com maior veemência e palavras mais abundantes este absurdo, dizendo: *Se alguém te vê a ti, que és esclarecido, sentado à mesa no templo dos ídolos, não se sentirá ele em sua consciência fraca autorizado a comer do sacrifício aos ídolos? Assim a tua consciência fará cair o fraco, um irmão pelo qual morreu Cristo* (1Cor 8,10-11). E acrescentou: *Assim, pecando vós contra os irmãos e ferindo a sua débil consciência, pecais contra Cristo. Pelo que, se a comida serve de ocasião de queda a meu irmão, jamais comerei carne, para não ser para o meu irmão uma ocasião de queda* (1Cor 8,12-13). Em outro lugar diz: *Ou só eu e Barnabé não temos direito de deixar o trabalho?* (1Cor 9,6), e acrescenta a seguir: *Não temos feito uso deste direito; sofremos tudo para não pôr algum obstáculo ao Evangelho de Cristo* (1Cor 9,12).

Se foi demonstrado como é terrível nas coisas que dependem de nós escandalizar um irmão, que dizer dos que escandalizam fazendo ou falando coisas proibidas? Principalmente, quando o que dá escândalo parece ter uma ciência mais vasta ou está estabelecido num grau sacerdotal. Deverá então estar à frente dos outros como regra e modelo; se negligenciar o mínimo que seja do que está escrito ou fizer uma coisa proibida, ou omitir algum preceito, ou, em resumo, deixar passar em silêncio quaisquer coisas destas, é o bastante para ser severamente julgado, de modo que do sangue do que pecou, como foi dito, ser-lhe-á pedida conta (Ez 3,18).

Interrogação 65

Como alguém injustamente detém a verdade?

Resposta

Quando abusa dos bens dados por Deus para realizar suas próprias vontades. Desaprova-o o Apóstolo, dizendo: *Não somos, como tantos outros, falsificadores da palavra de Deus* (2Cor 2,17). E ainda: *Nunca usamos de adulação, como sabeis, nem fomos levados por interesse algum. Não buscamos glórias humanas, nem de vós nem de outros* (1Ts 2,5-6).

Interrogação 66

Que é emulação e que é rivalidade?

Resposta

A emulação consiste em se esforçar alguém por fazer determinada coisa, a fim de não parecer inferior a outrem; a rivalidade, porém, em excitar e provocar os outros a fazerem obras semelhantes às suas, com ostentação e vanglória. Por isso, o Apóstolo, ora menciona a rivalidade e acrescenta a vanglória, dizendo: *Nada façais por espírito de partido ou de vanglória* (Fl 2,3), ora, tendo feito menção da vanglória, a seguir proíbe a rivalidade, sob outra denominação, dizendo: *Não sejamos ávidos de vanglória. Nada de provocação entre nós* (Gl 5,26).

Interrogação 67

Que é imundície e que é impureza?

Resposta

A lei alude à imundície, usando esta expressão para os acidentes necessários e involuntários da natureza. Parece-me que o sábio Salomão designa a impureza quando fala do voluptuoso e do que não suporta a dor, de modo que impureza seria uma disposição de ânimo que não sofre ou não suporta a dor inerente ao combate, como incontinência é não ter o domínio sobre os prazeres que nos infestam.

Interrogação 68

Que é próprio do furor ou da justa indignação? Como é que, frequentemente, começando pela indignação, encontramo-nos enfurecidos?

Resposta

É próprio do furor o ímpeto da alma com a intenção de fazer mal àquele que nos irritou; é próprio da indignação prudente procurar a emenda do pecador, devido ao íntimo desgosto perante o acontecido. Não é de admirar que a alma comece bem e deslize para o mal; é fácil encontrar muitos exemplos disto.

Faz-se mister lembrar-se das Escrituras divinas que dizem: *Junto ao caminho me colocam tropeços* (Sl 139,6), e ainda: *Também o que combate nos jogos públicos não é coroado, se não tiver lutado segundo as regras* (2Tm 2,5); e precaver-se sempre da falta de medida, de oportunidade e de ordem. Por esta causa, o que acaba de ser referido, embora tenha aparência de bem, com frequência degenera em mal.

Interrogação 69

Como agir com aquele que não come menos que os outros, nem consta estar inválido ou doente, mas se queixa de falta de forças para o trabalho?

Resposta

Todo pretexto para preguiça é pretexto para pecado; porque é preciso mostrar zelo até à morte, e igualmente paciência. É evidente que a preguiça unida à malícia condena o preguiçoso, como se deduz das palavras do Senhor: *Servo mau e preguiçoso!* (Mt 25,26).

Interrogação 70

Como deve ser tratado o que faz mau uso das vestes e dos calçados; se for repreendido, suspeita-se haver em quem o repreende parcimônia ou murmuração. Que convém fazer-lhe, se, depois da segunda e terceira admoestação justa, continuar do mesmo modo?

Resposta

O Apóstolo exclui o desleixo ao dizer: *Os que usam deste mundo, mas como se dele não usassem* (1Cor 7,31). A medida dos gastos é a necessidade imprescindível; o que excede a necessidade é doença: avareza, volúpia ou vanglória. Se alguém persistir no pecado, sofrerá a condenação de quem não faz penitência.

Interrogação 71

Há alguns que procuram mais o sabor dos alimentos do que a quantidade; outros, porém, mais a quantidade do que o sabor, a fim de se saciarem. Como proceder para com ambos?

Resposta

Ambos estão doentes; uns de volúpia, outros de avidez. Nem o voluptuoso, nem o ávido de uma coisa qualquer evitam a condenação. Ambos precisam ser cuidados com misericórdia, para se curarem. Se não se restabelecerem da moléstia, certamente sofrerão a condenação dos que não fazem penitência.

Interrogação 72

Se alguém, ao tomar a refeição em comunidade, se comportar sem polidez, comendo e bebendo vorazmente, deve ser repreendido?

Resposta

Tal pessoa não observa o preceito do Apóstolo que diz: *Quer comais, quer bebais ou façais qualquer outra coisa, fazei tudo para a glória de Deus* (1Cor 10,31), e ainda: *Faça-se tudo com decência e ordem* (1Cor 14,40), e precisa de correção. A não ser que haja urgência de trabalho ou pressa; mas ainda assim, evite-se cuidadosamente o que possa causar má impressão.

Interrogação 73

Como deve ser corrigido quem repreender um delinquente não pelo desejo de correção fraterna, mas com sentimento de vingança, se, muitas vezes admoestado, persistir no mesmo vício?

Resposta

Seja considerado egoísta e ambicioso de domínio; declare-se-lhe o modo de se corrigir, segundo a ciência da piedade. Se persistir no mal, é evidente que sofrerá o castigo dos que não se arrependem.

Interrogação 74

Devem ser separados dos demais os que se apartam da comunidade e querem viver uma vida solitária, ou seguir, na companhia de poucos, o mesmo escopo de piedade? Desejamos saber o que ensina a Escritura.

Resposta

Tendo dito frequentemente: *O Filho por si mesmo não pode fazer coisa alguma* (Jo 5,19) e: *Desci do céu, não para fazer a minha vontade, mas a vontade daquele que me enviou, o Pai* (Jo 6,38) e segundo o testemunho do Apóstolo: *Porque os desejos da carne se opõem aos do Espírito, e estes aos da carne; pois são contrários uns aos outros. É por isso que não fazemos o que queremos* (Gl 5,17), tudo o que se escolhe segundo a própria vontade é incompatível com a vida dos que praticam a piedade. A este respeito respondemos nas explicações mais extensas.

Interrogação 75

Se convém dizer que Satanás é a causa de todos os pecados, por pensamentos, palavras e obras.

Resposta

De modo geral, penso que, por si mesmo, Satanás não pode ser a causa de pecado de outrem; ora aproveita os movimentos naturais, ora as paixões proibidas, e por elas tenta induzir os que não são vigilantes aos efeitos peculiares dos vícios. Usa dos movimentos naturais, como tentou fazer em relação ao Senhor, ao notar que estava faminto, dizendo: *Se és o Filho de Deus, ordena que estas pedras se tornem pães* (Mt 4,3). Emprega os afetos proibidos, como o fez com Judas; porque, percebendo que sofria da afeição da avareza, aproveitou-se desta paixão e instigou o avarento ao crime da traição, por meio de 30 moedas de prata.

Mostra claramente o Senhor que também os males procedem de nós mesmos: *É do coração que provêm os maus pensamentos* (Mt 15,19). É o que acontece àqueles que, por descuido, deixam incultas as boas sementes naturais, conforme foi dito nos Provérbios: *Como um campo, o homem insensato, e como uma vinha, o homem estulto. Se o deixares, tornar-se-á um deserto e encher-se-á de urtigas e ficará abandonado* (Pr 24,30-31, juxta LXX). A alma que, por tal incúria, permanece inculta e abandonada, inevitavelmente produzirá espinhos e abrolhos e sofrerá o que foi dito: *Eu esperava vê-la produzir uvas, ela não deu senão uvas verdes* (Is 5,4). Dela foi dito anteriormente: *Eu plantei uma vinha de Sorec* (Is 5,2), isto é, eleita. Coisa semelhante acha-se em Jeremias, que fala em nome de Deus: *Eu que te havia plantado de vides escolhidas, todas de boa cepa; como te transformaste em sarmentos bastardos de uma videira estranha?* (Jr 2,21).

Interrogação 76

Se é lícito mentir por utilidade.

Resposta

A sentença do Senhor não o permite, uma vez que disse provir do diabo a mentira (Jo 8,44), sem fazer distinções em matéria de mentira. Igualmente o Apóstolo o atesta, ao escrever: *Também o que combate nos jogos públicos não é coroado, se não tiver lutado segundo as regras* (2Tm 2,5).

Interrogação 77

Que é dolo, e que é malignidade?

Resposta

A malignidade é, a meu ver, a malícia primitiva e oculta dos costumes; o dolo, porém, é o empenho em armar ciladas, isto é, quando alguém simula um bem qualquer e o apresenta a outrem, qual isca, e assim lhe arma insídias.

Interrogação 78

Quem é inventor de maldades?

Resposta

Aqueles que, além dos males habituais e conhecidos de muitos, inventam e encontram ainda outros.

Interrogação 79

Como corrigir alguém que é com frequência surpreendido a tratar com dureza um irmão?

Resposta

O fato provém, a meu ver, da falsa presunção de superioridade ou da tristeza por causa dos delitos daqueles que deviam agir bem. Diante de um acontecimento molesto e contrário ao bem que esperava, a alma, não sei como, é atingida com maior veemência. É preciso, então, maior cuidado, a fim de, no primeiro caso, reprimirmos o vício da soberba; no segundo, antes que cheguemos à indignação, demonstremos misericórdia, com exortações e advertências. Se, porém, essa terapia foi ineficaz, por causa da malícia do vício subjacente, por fim, usemos de modo razoável a oportunidade da veemência da indignação, unida à compaixão, para a utilidade e correção do pecador.

Interrogação 80

Por que, de certo modo, faltam a nossa mente bons pensamentos e cuidados agradáveis a Deus, e como evitaremos isto?

Resposta

Se Davi disse: *Adormeceu de tristeza a minha alma* (Sl 118,28), é bem evidente que isto acontece devido à sonolência e à insensibilidade da alma. À alma vigilante e sóbria não podem faltar a solicitude agradável a Deus e os bons pensamentos; ao contrário, vê que ela é que lhes falta. Se os olhos do corpo não bastam para a contemplação, até mesmo de poucas obras de Deus, nem por ter visto uma vez se saciam, mas ainda que sempre olhem a mesma coisa, não se cansam de olhar, com maior razão os olhos da alma, se vigilantes e despertos, são insuficientes para a contemplação das maravilhas e dos juízos de Deus. *Vossos juízos,* diz-se, *são profundos como o mar* (Sl 35,7) e em outra parte: *Conhecimento assim maravilhoso me ultrapassa, ele é tão sublime que não posso atingi-lo* (Sl 138,6) etc.

Se faltarem à alma os bons pensamentos, é claro que ainda carece de iluminação; não significa isto que falte o que ilumina, e sim que dormita aquele que deve ser iluminado.

Interrogação 81

Se devem de igual modo ser repreendidos os piedosos e os indiferentes, quando ambos forem surpreendidos no mesmo pecado.

Resposta

Se considerarmos a disposição do pecador e o modo do pecado, saberemos também como repreender. Embora pareça idêntico o pecado do indiferente e o do piedoso, há entre eles enorme diferença. O piedoso, por ser piedoso, luta e simultaneamente se esforça por agradar a Deus, e devido às circunstâncias, e quase involuntariamente, resvala e cai; o indiferente não faz caso nem de si nem de Deus e não vê diferença entre pecar e proceder bem, como o demonstra o próprio nome, e sofre dos principais e maiores males; isto é, despreza a Deus ou não crê que Deus existe. São as duas causas pelas quais a alma peca, como testemunha a Escritura ao dizer: *O injusto disse em si mesmo que queria pecar; não existe o temor de Deus ante os seus olhos* (Sl 35,1) ou: *Diz o insensato em seu coração: "Não há Deus". Corromperam-se os homens, sua conduta é abominável* (Sl 13,1). Portanto, ou despreza e por isto peca, ou nega que Deus existe e por esta razão corrompe-se quanto aos costumes embora pareça confessar. Diz-se: *Pretendem conhecer a Deus, e renegam-no pelas obras* (Tt 1,16). Sendo assim, também o respectivo modo de repreender, a meu ver, deve diferir. O piedoso necessita de uma espécie de aplicação local e deve sofrer a repreensão a respeito do ponto em que resvalou. O indiferente, porém, tendo o bem da alma completamente corrompido, e estando atacado de males mais gerais, deve ser lamentado, admoestado e repreendido ou como desprezador, conforme já disse, ou como incrédulo, até que se persuada de ser Deus um juiz justo e o tema; ou fique absolutamente convicto da existência de Deus e encha-se de susto.

É bom saber também que, muitas vezes, os piedosos pecam por dispensação divina, para seu bem: Deus permite, por vezes, que caiam para curar a soberba anterior, à semelhança do que foi predito a Pedro e, de fato, lhe sucedeu.

Interrogação 82

Está escrito: Às anciãs como a mães (1Tm 5,2). Se acontecer que uma anciã cometa o mesmo pecado que uma jovem, devem sofrer igual castigo?

Resposta

O Apóstolo ensinou que as anciãs devem ser veneradas como mães, enquanto nada fizerem de repreensível. Se acontecer que uma anciã cometa o mesmo pecado que uma jovem, primeiro sejam considerados os vícios, por assim dizer, naturais a cada idade e assim determine-se a respectiva medida da repreensão. Por exemplo, é quase natural à velhice a preguiça; não, porém, à juventude. A divagação, a agitação, a audácia e coisas semelhantes são inerentes à juventude e não à velhice; parecem estimuladas pelo ardor natural da juventude. Pelo que o mesmo pecado, a preguiça, por exemplo, na mais jovem, merece repreensão mais severa, porque nada na idade a escusa. E o mesmo pecado, a divagação, a audácia ou a agitação é mais condenável na anciã, pois a idade fomenta a mansidão e a tranquilidade. Por isto, deve-se julgar do pecado conforme a pessoa e assim empregar a terapia adequada por um castigo próprio.

Interrogação 83

Se alguém, tendo praticado assiduamente o bem, cair uma vez, como o trataremos?

Resposta

Como o Senhor a Pedro.

Interrogação 84

Se alguém, de modos turbulentos e agitados, for repreendido e disser que Deus fez a uns bons e a outros maus, falou a verdade?

Resposta

Esta opinião, há muito, foi condenada como herética; é blasfema e ímpia e torna a alma propensa ao pecado. Portanto, corrija-se ou seja afastado (1Cor 5,2), para não acontecer que *um pouco de fermento levede a massa toda* (Gl 5,9).

Interrogação 85

Se convém ter algo de próprio na comunidade.

Resposta

É oposto ao testemunho dos Atos acerca dos fiéis; neles está escrito: *Ninguém dizia que eram suas as coisas que possuía* (At 4,32). Quem diz ter algo de próprio faz-se alheio à Igreja de Deus e à caridade do Senhor que ensinou por palavras e obras que se deve dar a vida pelos amigos; quanto mais os bens exteriores.

Interrogação 86

Se alguém disser: Nada recebo da comunidade dos irmãos, nem dou, mas contento-me com o que é meu, como agir com ele?

Resposta

Se não obedecer ao ensino do Senhor que disse: *Amai--vos uns aos outros, como eu vos tenho amado* (Jo 13,34), obedeçamos nós ao Apóstolo que disse: *Seja tirado dentre vós o que cometeu tal ação* (1Cor 5,2), para não suceder que *um pouco de fermento levede a massa toda* (Gl 5,9).

Interrogação 87

Se é lícito a cada um dar a quem quiser o manto velho ou os sapatos, segundo o mandamento.

Resposta

Dar e receber, mesmo segundo o mandamento, não compete a todos, mas sim àquele que, depois de experimentado, tiver a seu cargo a distribuição. Portanto, seja velho ou novo, no tempo adequado a cada coisa ele dará e receberá.

Interrogação 88

Que é a solicitude desta vida?

Resposta

Toda solicitude, mesmo que pareça não se estender às coisas proibidas, se não adianta para a piedade, é solicitude desta vida.

Interrogação 89

Já que está escrito: A riqueza de um homem é o resgate de sua vida (Pr 13,8), nós que as não possuímos, o que faremos?

Resposta

Se temos zelo por tal e não podemos praticá-lo, lembremo-nos da resposta do Senhor a Pedro, preocupado por isto, que dissera: *Eis que deixamos tudo para te seguir. Que haverá então para nós?* (Mt 19,27). Ele lhe respondeu: *Todo aquele que por minha causa deixar casa, irmãos, irmãs, pai, mãe, mulher, filhos, terras, receberá o cêntuplo e possuirá a vida eterna* (Mt 19,29). Se não o praticamos por incúria, agora mostremos zelo. Se não temos mais nem tempo, nem forças, console-nos o Apóstolo ao dizer: *Não busco os vossos bens, mas sim a vós mesmos* (2Cor 12,14).

Interrogação 90

Se é lícito ter uma veste para a noite, quer de pelos, quer de outra espécie.

Resposta

O uso das vestes de pelos tem um tempo adequado. Não são usadas por causa de necessidade corporal, mas para afligir o corpo e humilhar a alma. Sendo proibido ter duas vestes, julgue cada um se é possível seu uso além da causa supracitada.

Interrogação 91

Se a um irmão, que nada possui de próprio, for pedido aquilo que usa, o que fazer, principalmente se estiver nu o pedinte?

Resposta

Esteja nu, seja mau, peça por necessidade ou por avareza, já foi dito uma vez que dar ou receber não é tarefa de todos e sim daquele a quem, depois de experimentado, for confiada esta distribuição. Observe-se o dito: *Cada um permaneça na condição em que foi chamado por Deus* (1Cor 7,24).

Interrogação 92

O Senhor ordenou vender as propriedades.
Por que fazê-lo? Será porque os bens prejudicam por natureza, ou por causa da dispersão do espírito que deles costuma provir?

Resposta

Primeiro pode-se afirmar que, se as riquezas fossem más em si mesmas, não teriam sido criadas por Deus. Pois: *Toda a criatura de Deus é boa, e nada deve ser rejeitado* (1Tm 4,4). A seguir, que o mandamento do Senhor não ensina a rejeitá-las como más ou a fugir delas, mas a administrá-las. Não se condena simplesmente quem as possui, porém quem pensa errado a seu respeito ou as emprega mal. Uma disposição de ânimo livre e sã em relação a elas e a sua distribuição, segundo o mandamento, serve-nos muito e em pontos bem necessários. Às vezes, para a purificação de nossos pecados, conforme está escrito: *Dai antes em esmola o conteúdo e todas as coisas vos serão limpas* (Lc 11,41); outras, para a herança do reino dos céus e posse de um tesouro indefectível, segundo outra passagem: *Não temas, pequenino rebanho, porque foi do agrado de vosso Pai dar-vos o reino. Vendei o que possuís e dai esmolas; fazei para vós bolsas que não se gastam, um tesouro inesgotável nos céus* (Lc 12,32-33).

Interrogação 93

Com que espírito aquele que renunciou já a seus bens e prometeu nada ter de próprio deve usar do necessário para viver, como a roupa e o alimento?

Resposta

Lembre-se conforme está escrito (Sl 135,25) de que Deus é quem dá o alimento a toda carne. Contudo, precisa ter cuidado, como operário de Deus, de ser digno de receber seu alimento, o qual não esteja a seu arbítrio, mas seja distribuído pelo encarregado, em tempo e medida oportunos, segundo está escrito: *Repartia-se, então, a cada um deles conforme a sua necessidade* (At 4,35).

Interrogação 94

Se alguém, tendo impostos a pagar, entrar na comunidade, e seus parentes forem importunados pelos cobradores, há motivo de dúvida ou de prejuízo para ele, ou para os que o receberam?

Resposta

Nosso Senhor Jesus Cristo, aos que lhe perguntavam se era lícito dar o tributo a César ou não, disse: *Mostrai-me um denário. De quem leva a imagem e a inscrição? Responderam: De César! Então lhes disse: Dai, pois, a César o que é de César e a Deus o que é de Deus* (Lc 20,22-25). Daí se evidencia estarem sujeitos às ordens de César aqueles que retêm o que pertence a César. Se aquele que entrou na comunidade trouxe consigo algo que pertence a César, deve pagar o imposto. Se, ao partir, deixou tudo para os seus, não há dúvida; nem para ele, nem para os que o receberam.

Interrogação 95

Se convém aos recém-vindos aprender imediatamente as palavras das Escrituras.

Resposta

Também esta questão seja entendida pelo que se disse acima. É conveniente e indispensável que cada um aprenda aquilo de que necessita das Escrituras divinas, para ter uma piedade convicta e não se habituar a tradições humanas.

Interrogação 96

Se convém permitir a quem quiser aprender as letras ou entregar-se a leituras.

Resposta

Se o Apóstolo diz: *Para que não façais o que quereríeis* (Gl 5,17), em qualquer questão é pernicioso permitir uma escolha por vontade própria. Deve-se, porém, aceitar tudo o que os superiores aprovarem, mesmo contra a própria vontade. Além disso, incrimina-se-lhe incredulidade, pois diz o Senhor: *Estai, pois, preparados, porque, à hora em que não pensais, virá o Filho do homem* (Lc 12,40). É evidente que se propõe um longo tempo de vida.

Interrogação 97

Se alguém disser: Quero por pouco tempo aproveitar-me de vossa companhia, deve ser recebido?

Resposta

Tendo dito o Senhor: *O que vier a mim, não o lançarei fora* (Jo 6,37) e afirmado o Apóstolo: *Mas por causa dos falsos irmãos intrusos, que furtivamente se introduziram entre nós para espionar a liberdade de que gozamos em Cristo Jesus, a fim de nos escravizar. Aos quais nem só uma hora quisemos estar sujeitos, para que permaneça entre vós a verdade do Evangelho* (Gl 2,4-5), é conveniente permitir o ingresso, mesmo por ser incerto o resultado; muitas vezes, tendo aproveitado por algum tempo, aceita de uma vez para sempre a nossa vida, como frequentemente aconteceu. Também serve para manifestação da disciplina que mantemos e que talvez se suspeite ser bem diferente. É necessário observar diante dele a disciplina mais rigorosa, para se manifestar a verdade e afastar qualquer suspeita de negligência. Assim, nós agradaremos a Deus, e ele ou terá proveito ou será confundido.

Interrogação 98

Que atitude deve manter o superior quando ordena ou dispõe?

Resposta

Para com Deus, seja como servo de Cristo e dispensador dos mistérios de Deus (cf. 1Cor 4,1), receando dizer ou instituir algo contra a vontade de Deus, atestada na Escritura, porque do contrário se apresentaria como testemunha falsa de Deus e sacrílego, introduzindo alguma coisa oposta ao ensinamento do Senhor, ou omitindo algo do que agrada a Deus. Para com os irmãos, *qual mãe que com ternura cuida dos filhos* (1Ts 2,7), desejosa de entregar a cada um, para aprazer a Deus, e em vista do bem de todos em comum, não só o Evangelho de Deus, mas a própria vida, segundo o mandamento de nosso Deus e Senhor Jesus Cristo, que disse: *Dou-vos um mandamento novo. Como eu vos tenho amado, assim vós deveis amar-vos uns aos outros* (Jo 13,34). *Ninguém tem maior amor do que aquele que dá a vida por seus amigos* (Jo 15,13).

Interrogação 99

Com que disposição deve alguém repreender?

Resposta

Para com Deus, tenha a mesma que teve Davi, quando disse: *Vi os prevaricadores e consumia-me, porque eles não observam a vossa palavra* (Sl 118,158). Para com os repreendidos, tenha o ânimo de um pai e de um médico, que cura o filho com perícia, unindo a misericórdia à comiseração. Principalmente, se causar dor e o tratamento for penoso.

Interrogação 100

Como despediremos os mendigos de fora? Dar-lhes-á, quem o quiser, pão ou qualquer outra coisa? Ou deve haver um designado para tal fim?

Resposta

Como o Senhor afirmou não ser bom tirar o pão dos filhos e lançá-lo aos cães, e contudo aprovou a palavra:

Mas os cachorrinhos ao menos comem as migalhas que caem da mesa de seus donos (Mt 15,27), o encarregado de distribuir, após ter sido experimentado, faça-o. Todo aquele que o fizer fora deste parecer, seja repreendido como transgressor da disciplina, para que aprenda a manter-se em seu lugar, segundo a palavra do Apóstolo: *Cada um, irmãos, permaneça na condição em que estava quando Deus o chamou* (1Cor 7,24).

Interrogação 101

Deverá o encarregado da dispensação das ofertas a Deus cumprir a palavra: Dá a todo o que te pedir e ao que te tomar o que é teu, não lho reclames (Lc 6,30)?

Resposta

A palavra: *Dá a quem te pede e não te desvies daquele que te pedir emprestado* é uma espécie de prova, como o demonstra a sequência imediata; é um preceito em relação aos maus, a ser praticado, não por razão primária, mas em certas circunstâncias. Primário é aquele preceito do Senhor: *Vende tudo o que tens e dá-o aos pobres* (Lc 18,22), e ainda: *Vendei o que possuís e dai esmolas* (Lc 12,33).

Se há perigo em transferir a uns o que é destinado a outros, uma vez que disse o Senhor: *Não fui enviado senão às ovelhas perdidas da casa de Israel* (Mt 15,24), e: *Não convém jogar aos cachorrinhos o pão dos filhos* (Mt 15,26), como não julgará cada um, e por si mesmo, o que é justo?

Interrogação 102

Se convém, ou não, ser retido por exortações aquele que sai da comunidade dos irmãos por qualquer razão. Se é conveniente, sob que condições?

Resposta

Se o Senhor disse: *O que vier a mim, não o lançarei fora* (Jo 6,37), e: *Não são os que estão bem os que precisam de médico, mas sim os doentes* (Mt 9,12) e em outra parte: *Quem de vós que, tendo cem ovelhas e perdendo uma delas, não deixa as noventa e nove e vai em busca da que se havia perdido, até encontrá-la*(Mt 18,12). De todos os modos deve-se curar o enfermo e com zelo tratar do membro luxado, como se diz, para que volte ao lugar. Se perseverar em seu vício, seja qual for, deve ser despedido como um estranho. Está escrito: *Toda a planta que meu Pai celeste não plantou, será arrancada pela raiz. Deixai-os. São cegos* (Mt 15,13-14).

Interrogação 103

Já aprendemos que devemos obedecer aos mais velhos até à morte. Acontece algumas vezes que o próprio velho erra. Deve ser admoestado? Como e por quem? Desejamos sabê-lo. Se não aceitar, o que se deve fazer?

Resposta

A este respeito foi dito o bastante na resposta mais extensa.

Interrogação 104

Como entregar os ofícios aos irmãos? Só a juízo do superior, ou com o voto dos irmãos? E o mesmo, quanto às irmãs.

Resposta

Se cada um aprendeu a propor aos outros o que pensa, quanto mais devem tais coisas ser feitas com a aprovação daqueles que são capazes de julgar! Por isso, a administração das coisas de Deus, segundo Deus, seja confiada àqueles que já deram provas de poderem exercer o ofício que lhes foi entregue, de modo agradável ao Senhor. Em suma, é necessário que o superior em todos os negócios se lembre da Sagrada Escritura, que diz: *Nada façais sem conselheiro* (Eclo 32,24).

Interrogação 105

Se devem os recém-vindos para a comunidade aprender logo os ofícios.

Resposta

Julguem os superiores.

Interrogação 106

Que penas serão usadas na comunidade em vista da conversão dos pecadores?

Resposta

Depende do juízo do superior o tempo e o modo, de acordo com o vigor do corpo, a disposição da alma e a diferença dos pecados.

Interrogação 107

Se alguém disser que deseja viver na comunidade dos irmãos, mas, devido aos cuidados com os parentes carnais, ou por causa dos tributos, estiver muitas vezes impedido de se entregar de uma vez a esta vida, deve ser-lhe permitido o acesso junto dos irmãos?

Resposta

É perigoso cortar um bom desejo; não é seguro, contudo, dar ao que entrou oportunidade de tratar de coisas externas e alheias à vida segundo Deus. Se o que entrou entregar-se às obras internas e nada trouxer das de fora, dá melhores esperanças.

Interrogação 108

Se convém que o superior, na ausência da superiora, fale com uma irmã do que se refere à edificação da fé.

Resposta

Seria inobservância do preceito do Apóstolo, que diz: *Faça-se tudo com decência e ordem* (1Cor 14,40).

Interrogação 109

Se convém que o superior fale com frequência com a superiora, principalmente se alguns dos irmãos se aborrecem com isto.

Resposta

Tendo dito o Apóstolo: *Por que razão seria julgada a minha liberdade pela consciência alheia?* (1Cor 10,29), é bom imitá-lo, quando diz: *Não temos feito uso deste direito, para não pôr obstáculo algum ao Evangelho de Cristo* (1Cor 9,12), e na medida do possível, os colóquios sejam raros e breves.

Interrogação 110

Se deve estar presente a superiora quando uma irmã se confessa a um presbítero.

Resposta

Será mais grave e precavida a confissão feita diante da superiora a um presbítero que possa com conhecimento e prudência sugerir o modo da penitência e da correção.

Interrogação 111

Se o presbítero ordenar algo às irmãs, sem conhecimento da superiora, tem ela o direito de se indignar?

Resposta

E muito.

Interrogação 112

Se é conveniente, quando alguém vem seguir uma vida dedicada a Deus, ser recebido pelo superior sem o conhecimento dos irmãos, ou deve isto ser-lhes comunicado primeiro?

Resposta

O Senhor ensina a convocar os amigos e vizinhos, por causa de um arrependido. É bem mais necessário, pois, receber o recém-vindo com o conhecimento de todos os irmãos, para que juntos se alegrem e orem.

Interrogação 113

Se é possível àquele que tem a responsabilidade das almas observar a palavra: Se não vos transformardes e vos tornardes como criancinhas (Mt 18,3), visto ter relação com muitas e diferentes pessoas.

Resposta

Conforme disse o sábio Salomão: P*ara tudo há um tempo* (Ecl 3,1), é notório haver um tempo próprio para a humildade, outro para a autoridade, a repreensão, a exortação, a misericórdia, a liberdade no falar, a benignidade, a severidade, em uma palavra, para cada coisa. Por vezes, deve-se manifestar atitude humilde e imitar a humildade das crianças, principalmente por ocasião de honras e obséquios mútuos, de serviços e tratamentos corporais, como o ensinou o Senhor; às vezes, usar da autoridade concedida pelo Senhor para edificar e não para destruir (2Cor 13,10), quando a necessidade exigir liberdade no falar. E se na hora da exortação faz-se mister mostrar benignidade, no momento da severidade mostre-se zelo e no restante faça-se de igual modo.

Interrogação 114

Se é dever obedecer a todos os que dão ordens e a qualquer um deles, porque o Senhor ordenou: Se alguém vem obrigar-te a andar mil passos com ele, vai com ele dois mil (Mt 5,41) e o Apóstolo ensinou a nos sujeitarmos uns aos outros, no temor de Cristo (Ef 5,21).

Resposta

A diferença entre os que dão ordens em nada prejudique a obediência dos que as recebem. Moisés não desprezou a Jetro que lhe dava bons conselhos.

Como não são pequenas as diferenças entre as ordens (algumas são contrárias ao mandamento do Senhor, ou o destroem, ou o mancham porque se misturam a coisas proibidas; outras coincidem com o mandamento; outras, embora visivelmente não coincidam com ele, concordam com ele e como que o reforçam), é preciso lembrar-se do Apóstolo que diz: *Não desprezeis as profecias. Examinai tudo. Retende o que for bom. Guardai-vos de toda a espécie de mal* (1Ts 5,20-22). E ainda: *Nós aniquilamos todo o raciocínio e toda a altivez que se levanta contra o conhecimento de Deus e cativamos todo o pensamento e o reduzimos à obediência a Cristo* (2Cor 10,4-5). Por isto, se alguma coisa nos é ordenada que coincida com o mandamento do Senhor, ou concorde com ele, devemos recebê-la zelosa e diligentemente, como vontade de Deus, cumprindo o que foi dito: *Suportai-vos caridosamente uns aos outros* (Ef 4,2). Quando, porém, nos é prescrito algo de contrário ao mandamento do Senhor, ou que o destrua, ou manche, é o momento de dizermos: *Importa obedecer mais a Deus do que aos homens* (At 5,29), lembrados do Senhor, que disse: *Mas não seguem o estranho, antes fogem dele, porque não conhecem a voz dos estranhos* (Jo 10,5), e do Apóstolo que ousou, para nossa segurança, referir-se aos anjos, dizendo: *Mas, ainda que alguém – nós ou um anjo baixado do céu – vos anunciasse um evangelho diferente do que vos temos anunciado, que ele seja rejeitado* (Gl 1,8). Daí deduzimos que, por mais próximo ou por mais ilustre que for, quem proíba aquilo que o Senhor ordenou, ou persuada a fazer o que Ele proibiu, deve ser evitado e execrado por qualquer um dos que amam o Senhor.

Interrogação 115

Como hão de obedecer uns aos outros?

Resposta

Como servos a seus senhores, segundo a ordem do Senhor: *E todo o que entre vós quiser ser o primeiro, seja o último de todos e o escravo de todos* (Mc 10,44). Acrescentou palavras mais persuasivas: *Porque o Filho do homem não veio para ser servido, mas para servir* (Mc 10,45); e ainda foi dito pelo Apóstolo: *Fazei-vos servos uns dos outros pela caridade* (Gl 5,13).

Interrogação 116

Até onde vai a obediência, segundo as normas para agradarmos a Deus?

Resposta

Mostrou-o o Apóstolo, propondo-nos a obediência do Senhor, que *se tornou obediente até à morte, e morte de cruz* (Fl 2,8). Disse anteriormente: *Tende em vós a estima que se deve em Cristo Jesus* (Fl 2,5).

Interrogação 117

De que vício sofre quem não aceita receber ordens diárias para a realização de um mandamento, mas quer aprender um ofício? Deve ser tolerado?

Resposta

É presunçoso, complacente consigo e incrédulo, porque não teme o juízo do Senhor que disse: *Estai, pois, preparados porque, à hora em que não pensais, virá o Filho do homem* (Lc 12,40). Se alguém a cada dia e hora espera o Senhor, preocupa-se de não passar ocioso aquele dia e de nada mais cuida. Se lhe ordenar aprender um ofício, pela obediência terá a recompensa de comprazer a Deus e não sofrerá a condenação por causa das delongas.

Interrogação 118

Qual será a recompensa de quem é zeloso em cumprir o mandamento, mas não faz aquilo que lhe é ordenado e sim o que quer?

Resposta

A da autocomplacência. Como o Apóstolo diz: *Cada um de vós procure agradar a seu próximo, para seu bem e sua edificação* (Rm 15,2), e mais ainda nos convida, acrescentando: *Cristo não se comprouve em si mesmo* (Rm 15,3), conheça o autocomplacente o perigo em que incorre. Será também convencido de ser insubordinado.

Interrogação 119

Se é lícito a alguém recusar o trabalho que lhe é confiado e procurar outro.

Resposta

Como a medida da obediência, conforme já foi dito, vai até à morte, quem recusa o que lhe é entregue e procura outro trabalho, primeiro destrói a obediência e manifesta não ter renunciado a si mesmo; segundo, torna-se causa de muitos outros males para si e para os demais. Além disso, abre a porta da contradição para os outros e a ela se acostuma. Uma vez que não pode cada um julgar o que é bom para si, escolhe muitas vezes um serviço que lhe é prejudicial. Também desperta suspeitas entre os irmãos de que é mais propenso ao trabalho que escolhe do que àqueles nos quais deve colaborar.

Em suma, desobedecer torna-se a raiz de muitos e grandes males. Se julga ter uma razão para recusar o trabalho, declare-a aos superiores e deixe a questão a seu juízo.

Interrogação 120

Se convém sair para algum lugar, sem avisar ao superior.

Resposta

O Senhor diz: Não vim de mim mesmo, mas (é verdadeiro) aquele que me enviou (Jo 7,28). Quanto maior razão não temos de não nos permitirmos agir assim? Quem toma essa liberdade, mostra claramente que sofre de soberba e está sujeito ao juízo do Senhor, que disse: *O que é elevado aos olhos dos homens é abominável aos olhos de Deus* (Lc 16,15). Em resumo, é culpada qualquer concessão a si mesmo.

Interrogação 121

Se é lícito recusar os trabalhos mais pesados.

Resposta

Quem ama a Deus com sinceridade e está firmemente convicto da retribuição que Deus dará, não se satisfaz com o que advém, mas sempre procura acréscimo e deseja fazer mais. Mesmo que pareça fazer um pouco além das suas forças, não fica tranquilo, como quem houvesse preenchido a medida; está sempre solícito, como se tivesse feito menos do que seria conveniente, atendendo à ordem do Senhor: *Depois de terdes feito tudo o que vos foi ordenado, dizei: Somos servos inúteis; fizemos o que devíamos fazer* (Lc 17,10) e ao Apóstolo, para o qual o mundo estava crucificado e ele para o mundo (Gl 6,14) e que não se corou de dizer: *Não penso havê-lo já alcançado, mas uma coisa faço: esquecendo-me do que fica para trás e avançando para o que está adiante, prossigo em direção do alvo, para obter o prêmio da soberana vocação de Deus em Cristo Jesus* (Fl 3,13-14). Tendo ele o direito de viver do Evangelho, pois anunciava o Evangelho (1Cor 9,14), disse: *Com trabalho e fadiga, labutamos noite e dia. Não porque não tivéssemos o direito, mas para vos oferecer em nós mesmos um modelo a imitar* (2Ts 3,8-9). Quem será, pois, tão insensível e incrédulo que lhe baste o que já fez, ou recuse o mais pesado ou laborioso?

Interrogação 122

Deve-se permitir a recusa da eulógia a alguém que disser: Se não receber a eulógia não como?

Resposta

Se o pecado merece o castigo de ser ele excluído da refeição, julgue-o quem impôs a pena. Se alguém for julgado indigno somente da eulógia e tenha licença de comer, mas recuse, seja considerado desobediente, amante de disputas. Conheça-se a si mesmo e simultaneamente entenda que, ao proceder assim, não obtém a cura, mas acrescenta pecado a pecado.

Interrogação 123

Se alguém se entristece porque não lhe permitem fazer aquilo que não é capaz de fazer, isto deve ser tolerado?

Resposta

Em vários lugares foi dito que, geralmente, seguir a própria vontade ou agir ao próprio arbítrio é contrário à reta razão, e não se submeter ao juízo de muitos é incorrer no perigo de desobediência e de contradição.

Interrogação 124

Se deve alguém que se encontrou com hereges ou gentios comer com eles ou saudá-los.

Resposta

O Senhor não proibiu a saudação comum, ao dizer: *Se saudais apenas vossos irmãos, que fazeis de extraordinário? Não fazem isto também os pagãos?* (Mt 5,47). Quanto a comer à mesma mesa, temos o preceito do Apóstolo de que se deve evitá-lo, quando diz: *Na minha carta vos escrevi que não tivésseis comunicação com os impudicos. Mas não se tratava de um modo absoluto de todos os impudicos deste mundo, ou os avarentos e ladrões, ou os idólatras, pois neste caso deveríeis sair deste mundo. Mas eu simplesmente quis dizer-vos que não tenhais comunicação com aquele que, chamando-se irmão, é impudico ou avarento, ou idólatra, ou difamador, ou bêbado, ou ladrão; com esse nem sequer deveis comer* (1Cor 5,9-11).

Interrogação 125

Se alguém a quem foi confiado um trabalho e sem avisar fizer algo aquém da ordem ou além do prescrito, deve ser mantido no trabalho?

Resposta

De modo geral, desagrada a Deus o que alguém assume por si mesmo; e isto não convém, nem é proveitoso aos que têm empenho de conservar o vínculo da paz. Se continuar a ser precipitado, é útil retirá-lo do trabalho. Pois não observa o preceito daquele que disse: *Irmãos, cada um permaneça diante de Deus na condição em que estava quando (Deus) o chamou* (1Cor 7,24), e o que é ainda mais convincente: *Não façam de si próprios uma opinião maior do que convém, mas um conceito razoavelmente modesto, de acordo com o grau de fé que Deus lhes distribuiu* (Rm 12,3).

Interrogação 126

Como não se deixar vencer pelo gosto de comer?

Resposta

Decidir ter sempre a utilidade por guia e mestra do que se tomar para o próprio uso, seja agradável ou não.

Interrogação 127

Dizem alguns ser impossível ao homem não se irar.

Resposta

Mesmo se fosse possível ao soldado irar-se diante dos olhos do rei, nem assim seria razoável tal afirmação. Se o olhar de um homem, igual por natureza, reprime o mal, devido à preeminência da dignidade, quanto mais não o fará a convicção de ter a Deus por observador de seus sentimentos? Deus, que perscruta os corações e as entranhas, vê muito melhor os atos da alma do que o homem contempla o que está diante de si.

Interrogação 128

Se é lícito permitir a quem quiser fazer abstinência além de suas forças, de modo a ficar tolhido de praticar o mandamento que lhe é proposto.

Resposta

Esta pergunta não me parece bem-feita. A abstinência não consiste numa abstenção de alimentos indiferentes, a qual teria como consequência aquela aflição do corpo condenada pelo Apóstolo (Cl 2,23), e sim no perfeito abandono das próprias vontades. Evidencia-se das palavras do Apóstolo quão perigoso é apartar-se do mandamento do Senhor, por causa da própria vontade, quando diz: *Fazendo a vontade da carne e da concupiscência, éramos, por natureza, objetos da ira* (Ef 2,3).

Interrogação 129

Se alguém jejua muito e por isso não pode tomar dos alimentos da mesa comum, o que será melhor? Jejuar com os irmãos e comer com eles, ou por causa do jejum imoderado ter necessidade de outros alimentos, na refeição?

Resposta

O tempo do jejum não está ao arbítrio de cada um; depende do requerido pelo culto a Deus, conforme narram os Atos dos Apóstolos e aprendemos de Davi, o eleito (At 13,2-3; Sl 34,13). Se alguém jejua deste modo, também estará em condições de fazê-lo, *porque fiel é o que fez a promessa* (Hb 10,23).

Interrogação 130

Como se deve jejuar, quando for preciso jejuar por motivo de piedade? Por obrigação? Ou de boa vontade?

Resposta

Se o Senhor diz: *Bem-aventurados os que têm fome e sede de justiça* (Mt 5,6), tudo o que se faz por causa da piedade, se não for realizado de boa vontade e com empenho, é perigoso. Quem jejua, mas de má vontade, não está seguro. Visto que é necessário jejuar no tempo em que é prescrito o jejum, o Apóstolo o enumera entre outras boas ações suas, para nosso ensinamento: *com frequentes jejuns* (2Cor 11,27).

Interrogação 131

Faz bem quem não toma alimentos quando os irmãos comem, mas procura outros?

Resposta

Em geral, pôr-se à busca de alimentos é contra o mandamento, porque o Senhor disse: *Não vos inquieteis com o que haveis de comer ou beber; e não andeis com vãs preocupações* (Lc 12,29), e o acréscimo mais impressionante: *Porque os homens do mundo é que se preocupam com todas estas coisas* (Lc 12,30). Cabe ao encarregado cumprir cuidadosamente a palavra: *Repartia-se então a cada um conforme a sua necessidade* (At 4,35).

Interrogação 132

Que pensar de quem diz: Isto me faz mal, e se contrista se não lhe derem outra coisa?

Resposta

Demonstra que não está possuído da esperança de Lázaro, nem reconhece a caridade do encarregado de cuidar de todos. Em geral, não se deve permitir a cada um julgar o que lhe faz bem ou mal, mas deixe-se ao encarregado decidir acerca das necessidades de cada um. Este procure antes o bem da alma e, em segundo lugar, distribua o necessário ao corpo, de acordo com a vontade de Deus.

Interrogação 133

Se alguém murmurar por causa da comida.

Resposta

Sofrerá o juízo dos que murmuraram no deserto (Nm 11,1). Diz o Apóstolo: *Não murmureis como murmuraram alguns deles, e foram mortos pelo exterminador* (1Cor 10,10).

Interrogação 134

Se alguém, irado, se recusar a tomar o necessário.

Resposta

Merece não receber, mesmo se depois o pedir, até que o superior julgue curado o vício, ou antes os vícios.

Interrogação 135

Se convém, ao que faz um trabalho cansativo, procurar mais alguma coisa, além do que costuma receber.

Resposta

Se assumiu o labor, por causa da retribuição que Deus dará, não deve por isso procurar alívio de seu trabalho, mas preparar-se para a recompensa do Senhor, sabendo que receberá de Deus, que ama os homens, a remuneração pelo labor, a consolação pela ansiedade. O encarregado de realizar a palavra: *Repartia-se a cada um conforme a sua necessidade* (At 4,35) tem o dever de conhecer cada um dos que trabalham e cuidar deles de modo adequado.

Interrogação 136

Se é de obrigação reunirem-se todos à hora do almoço; e como receberemos o que estiver ausente e chegar depois do almoço?

Resposta

Se esteve ausente por necessidade, devido ao lugar ou ao trabalho, observando a ordem daquele que disse: *Irmãos, cada um permaneça diante de Deus na condição em que estava quando (Deus) o chamou* (1Cor 7,24), o responsável pela disciplina comum, tendo examinado o caso, desculpe-o; se, porém, podia chegar com os outros e não se apressou, reconhecida a culpa da negligência, permaneça em jejum até à hora determinada do dia seguinte.

Interrogação 137

Se é bom que alguém decida, por exemplo, por algum tempo, abster-se de alguma coisa na comida ou na bebida.

Resposta

Como diz o Senhor: *Não para fazer a minha vontade, mas a vontade daquele que me enviou* (Jo 6,38), qualquer juízo por própria vontade não é seguro. Ciente disto, dizia Davi: *Faço juramento e determino guardar os vossos justos decretos* (Sl 118,106) e não as minhas vontades.

Interrogação 138

Se na comunidade será lícito a alguém jejuar ou fazer vigílias mais do que os outros, a seu arbítrio.

Resposta

Tendo dito o Senhor: *Desci do céu, não para fazer a minha vontade, mas a vontade daquele que me enviou, o Pai* (Jo 6,38), tudo o que alguém fizer por própria vontade, sendo peculiar a quem o faz, é contrário à piedade; receie ouvir de Deus acerca do que pensa fazer: *Teus desejos se voltarão para ti e tu os dominarás* (Gn 3,16).

Querer mais do que os outros, mesmo nas coisas boas, é emulação viciosa, proveniente da vanglória; o

Apóstolo mostra ser isto proibido, ao dizer: *Não ousamos equiparar-nos com alguns que se gloriam a si mesmos* (2Cor 10,12). Por isso, abandonando as próprias vontades e o desejo de parecer que fazemos melhor do que os outros, devemos obedecer ao Apóstolo, que admoesta e diz: *Quer comais, ou bebais, ou façais qualquer outra coisa, fazei tudo para a glória de Deus* (1Cor 10,31).

A contestação, a vanglória e a autocomplacência são absolutamente contrárias aos que legitimamente combatem o bom combate. Por isto, diz: *Não sejamos ávidos de vanglória* (Gl 5,26) ou: *Se alguém quiser contestar – nós não temos tal costume e nem as Igrejas de Deus* (1Cor 11,16) e alhures: *Não devemos procurar agradar a nós mesmos* (Rm 15,1) e acrescentou palavras que abalam mais: *Cristo não se comprouve em si mesmo* (Rm 15,3). Se alguém pensar que precisa ser mais austero em relação ao jejum, às vigílias, ou a qualquer outra coisa, revele aos encarregados do cuidado de todos a razão que o leva a pensar que precisa de mais austeridade e observe o que eles aprovarem. Muitas vezes é melhor atender de um modo diferente à necessidade dele.

Interrogação 139

Se intensificamos o jejum, tornamo-nos mais fracos para o trabalho. Que é preferível? Dificultar o trabalho por causa do jejum ou negligenciar este último, por causa do trabalho?

Resposta

É preciso jejuar e comer segundo razão adaptada à piedade. Assim, se for dever cumprir o mandamento de

Deus, pelo jejum, jejuemos; quando, porém, ao invés, o mandamento de Deus exige que nos alimentemos para fortificar o corpo, comamos, não como glutões, mas como operários de Deus. Guarde-se o dito do Apóstolo: *Quer comais ou bebais, ou façais qualquer outra coisa, fazei tudo para a glória de Deus* (1Cor 10,31).

Interrogação 140

Se alguém não se abstiver dos alimentos que lhe fazem mal e, ingerindo-os fartamente, cair doente, deve ser tratado?

Resposta

A intemperança é um mal reconhecido. Em primeiro lugar é necessário preocupar-se de curar este vício. Deus, que ama os homens, querendo mostrar a gravidade do mal da incontinência, permite muitas vezes que a alma caia no vício da intemperança, usando do que é nocivo ao corpo, a fim de que possa pela doença corporal, proveniente da gula, chegar a sentir o próprio dano e ser levada à temperança em todas as coisas.

Quanto ao tratamento do corpo dos que adoeceram devido à gula, é razoável e de acordo com a bondade aplicá-lo imediatamente, mas não sem discernimento e sim com solicitude, para não acontecer que, cuidando do corpo, deixemos a alma desprovida de remédio.

Se virmos que alguém aprende prudentemente durante o tratamento do corpo e cuida da alma, mergulhada no vício, empreguem-se os socorros corporais. Se houver convicção de que, cuidando do corpo, descuida-se da alma, é melhor deixar com suas dores aquele que as sofre devido à própria intemperança, porque talvez, com o tempo, obtendo o conhecimento de si mesmo e dos suplícios eternos, possa prover ao bem de sua alma. *Mas, sendo julgados pelo Senhor, Ele nos castiga para não sermos condenados com este mundo* (1Cor 11,32).

Interrogação 141

Se convém nas oficinas encontrarem-se hóspedes, ou alguns de casa, que saiam de seu lugar.

Resposta

Exceto o encarregado de supervisionar os trabalhadores, ou de distribuir o trabalho, quem for surpreendido a agir deste modo, como alguém que perturba a boa ordem e harmonia entre os membros, fique proibido até das saídas permitidas. Sente-se no lugar considerado conveniente para a correção e atentamente realize uma tarefa mais pesada do que de costume até que aprenda a guardar a palavra do Apóstolo: *Cada um permaneça na condição em que estava quando Deus o chamou* (1Cor 7,24).

Interrogação 142

Se os artífices devem receber alguma encomenda, sem o conhecimento do responsável por estes trabalhos.

Resposta

É réu da sentença de um ladrão, ou de quem está de acordo com um ladrão, tanto quem faz a encomenda como quem a recebe.

Interrogação 143

De que modo devem os que trabalham cuidar dos instrumentos a seu cargo?

Resposta

Primeiro como sendo dedicados e consagrados a Deus; em seguida, como quem não pode sem eles mostrar zelo ativo, como é devido.

Interrogação 144

Se alguém perder alguma coisa por descuido, ou abusar, desprezando-a.

Resposta

Quem abusar, seja considerado sacrílego; quem perder, seja julgado causa de sacrilégio, pois todas as coisas são dedicadas, consagradas a Deus.

Interrogação 145

Se alguém, por própria conta, der ou receber uma coisa emprestada.

Resposta

Seja considerado temerário e contumaz. Estas coisas cabem ao encarregado de cuidar dos objetos e da sua distribuição.

Interrogação 146

Se por urgente necessidade o prepósito lhe pedir um instrumento, mas ele negar.

Resposta

Quem se entregou a si e a seus membros para a utilidade dos outros, na caridade de Cristo, como poderá litigar por causa desses objetos com o prepósito, ao qual compete também o cuidado dos instrumentos?

Interrogação 147

Quem estiver ocupado no celeiro, na cozinha, ou em coisa semelhante, se não se apresentar no tempo da salmodia e da oração, sofrerá detrimento espiritual?

Resposta

Cada um, em seu trabalho, observará, como um membro do corpo, a regra que lhe é peculiar. Se negligenciar o que lhe foi mandado, sofrerá ele próprio detrimento. O perigo será maior se armar insídias à comunidade. Portanto, cumpra, segundo o sentido próprio das palavras, o que está escrito: *Cantando e louvando ao Senhor em vossos corações* (Ef 5,19). Se não puder corporalmente acorrer com os demais, não se preocupe, mas realize a palavra: *Cada um permaneça na condição em que estava, quando Deus o chamou* (1Cor 7,24). É preciso cautela, porém, a fim de não acontecer que alguém, podendo fazer a tempo o que lhe foi ordenado e dar aos outros um bom exemplo, apresente pretexto de ocupação no trabalho, para tropeço dos demais, e assim incorra na condenação dos negligentes.

Interrogação 148

Até onde vai a faculdade de administrar do responsável pelo celeiro?

Resposta

Em relação àquele que, após exame, lhe entregou este cuidado, lembre-se do Senhor, que disse: *De mim mesmo não posso fazer coisa alguma* (Jo 5,30); quanto aos que foram confiados a seus cuidados, considere a necessidade de cada um. Pois está escrito: *Repartia-se a cada um deles, conforme a sua necessidade* (At 4,35). O mesmo seja observado por todos os encarregados de funções semelhantes.

Interrogação 149

Qual a sentença do ecônomo que fizer algo por acepção de pessoas ou por contestação?

Resposta

Como o Apóstolo ora preceitue que nada se faça segundo a própria inclinação (1Tm 5,21), ora afirme: *Se alguém quiser contestar – nós não temos tal costume – e nem as Igrejas de Deus* (1Cor 11,16), quem estiver nestas condições seja declarado contrário à Igreja de Deus, até que se emende. Deve-se pesar, com muita circunspecção, a idoneidade de cada um, antes de entregar-lhe qualquer trabalho. Não aconteça sejam condenados, como maus dispensadores em relação às almas e ao mandamento do Senhor, aqueles que o confiam a um incapaz. Nem os que o assumem pareçam encontrar escusas para o pecado.

Interrogação 150

Se por negligência não der a um irmão o necessário.

Resposta

Seu julgamento manifesta-se nas palavras do Senhor: *Retirai-vos de mim, malditos! Ide para o fogo eterno destinado ao demônio e aos seus anjos. Porque tive fome e não me destes de comer, tive sede e não me destes de beber* (Mt 25,41-42). E: *Maldito aquele que faz com negligência a obra do Senhor* (Jr 48,10).

Interrogação 151

Se é permitido no serviço falar em voz mais alta.

Resposta

A necessidade dos ouvintes é que determina a intensidade da voz. Se for muito baixa, enquanto muito fraca, assemelha-se ao sussurro e é censurável. Se for mais alta do que necessário, podendo o ouvinte escutar a quem fala com voz submissa, torna-se clamor reprovável (Ef 4,31), a não ser que a lentidão do ouvinte nos obrigue a gritar para, de certo modo, despertá-lo do sono. Narra-se que o Senhor também agiu assim, como diz o evangelista: *Jesus exclamou em alta voz: Aquele que crê em mim, crê não em mim, mas naquele que me enviou* (Jo 12,44).

Interrogação 152

Se alguém, chegado o seu turno de servir na cozinha, trabalhar acima de suas forças, de modo que por uns dias fique impossibilitado de trabalhar como de ordinário, convém impor-lhe este ofício?

Resposta

Foi dito que o encarregado de distribuir o trabalho, tendo considerado a habilidade e as forças de quem trabalha, deve dar as ordens, de modo que não ouça o dito: *Que engendra vexames sob a aparência de lei* (Sl 93,20). Mas quem recebe a ordem não deve contradizer, porque a obediência estende seus limites até à morte.

Interrogação 153

Como a encarregada das lãs guardá-las-á, e de que maneira atenderá às que trabalham?

Resposta

Guarde as lãs como tendo recebido um depósito de Deus; ordene e distribua o trabalho de cada irmã, sem rivalidade nem acepção de pessoas.

Interrogação 154

Se forem poucos os irmãos e servirem a muitas irmãs, de modo que precisem separar-se, distribuindo-se o trabalho, haverá perigo?

Resposta

Se este múnus é atestado pelo mandamento do Senhor e realizado segundo Deus, cada um dos que trabalham em sua própria obra agrada a Deus. Sua união mútua consiste em serem todos unânimes, concordes, realizando a palavra do Apóstolo: *Porque, embora ausente de corpo, estou presente convosco em espírito* (Cl 2,5).

Interrogação 155

Aprendemos que devemos servir aos doentes no hospital como a irmãos do Senhor; se tal não for aquele que é servido, como tratá-lo?

Resposta

O Senhor disse: *Todo aquele que faz a vontade de meu Pai que está nos céus, este é meu irmão e minha irmã e minha mãe* (Mt 12,50). Se alguém não for um destes, e sim convencido de ser pecador, merecedor daquela sentença: *Todo o homem que se entrega ao pecado, é seu escravo* (Jo 8,34), primeiro precisa de admoestação e advertência do superior. Se persistir nos mesmos vícios, evidencia-se recair sobre ele a sentença do Senhor que acrescenta: *O escravo não fica na casa para sempre* (Jo 8,35) e a do Apóstolo que preceitua: *Tirai o perverso do vosso meio* (1Cor 5,13). Assim não haverá hesitação para os que servem e todos os que vivem juntos sentir-se-ão em segurança.

Interrogação 156

Se o encarregado do celeiro ou de ofício semelhante deve ser mantido, ou será bom trocar.

Resposta

Se observa o conhecimento da disciplina e a integridade da regra, é inútil trocá-lo. Seria antes molesto e difícil. Tenha um auxiliar que se instrua devagar no ofício, a fim de que, se uma mudança se impuser, não nos perturbemos com a falta de um sucessor e vejamo-nos muitas vezes obrigados a colocar à frente do trabalho um incapaz, que, por sua inexperiência, quebrará a integridade (da regra) e dissolverá a disciplina.

Interrogação 157

Com que atitude se deve servir a Deus; e o que é, em resumo, esta atitude?

Resposta

Julgo que a atitude reta é a intenção de agradar a Deus, veemente, insaciável, firme e imutável. Realiza-se pela contemplação esclarecida e assídua da majestade da glória de Deus, com pensamentos de gratidão, e uma lembrança contínua dos bens que Deus nos concedeu. Origina-se, então, na alma (o amor): *Amarás ao Senhor, teu Deus, de todo o teu coração, de toda a tua alma, de todo o teu espírito e de todas as tuas forças* (Mc 12,30), segundo aquele que disse: *Como a corça anseia pelas águas correntes, assim minha alma suspira por vós, ó meu Deus* (Sl 41,2).

Seja Deus servido com tal disposição de ânimo que se realize a palavra do Apóstolo: *Quem nos separará do amor de Cristo? Tribulação? Angústia? Perseguição? Fome? Nudez? Perigo? Espada?* etc. (Rm 8,35).

Interrogação 158

Com que atitude deve ser recebida uma punição?

Resposta

Com a de um filho doente e em perigo de vida, para com o pai ou o médico que o trata, embora amargo e doloroso o remédio, convicto do amor e da perícia de quem o corrige e possuído do desejo de obter a saúde.

Interrogação 159

Que pensar de quem se aborrece com quem o repreende?

Resposta

Não conhece o perigo do pecado, principalmente em relação a Deus, nem a vantagem da penitência, e não acredita naquele que disse: *Quem ama, castiga* (Pr 13,24) e não obtém o lucro ambicionado por aquele que disse: *Se o justo me bate, é um favor. Se ele me repreende...* (Sl 140,5). Torna-se também prejudicial à comunidade, levando os empenhados na luta a desanimarem.

Interrogação 160

Com que atitude devemos servir aos irmãos?

Resposta

Com a atitude de prestar serviço ao próprio Senhor, que disse: *Todas as vezes que fizestes isto a um destes meus irmãos mais pequeninos, foi a mim mesmo que o fizestes* (Mt 25,40). Se forem assim aqueles que recebem estas atenções, esta atitude é facilitada. Por isso, os superiores devem zelosamente cuidar que eles não sejam escravos da gula e dos prazeres, como os que lisonjeiam o corpo; mas como amigos de Deus e de Cristo, pela paciência perfeita, à semelhança do justo Jó, tornem-se uma glorificação do Senhor, para ignomínia do diabo.

Interrogação 161

Com que humildade se receberá um serviço da parte de um irmão?

Resposta

Como o escravo recebe o de seu senhor e com a humildade demonstrada por Pedro, quando o Senhor o servia; donde aprendemos também qual o perigo dos que não aceitam um serviço.

Interrogação 162

Como há de ser a caridade para com os outros?

Resposta

Conforme o Senhor mostrou e ensinou, quando disse: *Amai-vos uns aos outros, como eu vos amei* (Jo 15,12). *Ninguém tem maior amor do que aquele que dá a sua vida por seus amigos* (Jo 15,13). Se devemos até dar a própria vida, quanto mais precisamos manifestar prontidão de ânimo nas coisas menores; não por obrigação humana, mas com o escopo de agradar a Deus e para o bem de todos.

Interrogação 163

De que modo exercerá alguém a caridade para com o próximo?

Resposta

Primeiro, se temer o juízo dos que transgridem o mandamento do Senhor, que disse: *Quem não crê no Filho não verá a vida, mas sobre ele pesa a ira de Deus* (Jo 3,36). Segundo, se procura a vida eterna, pois: *O seu mandamento é vida eterna* (Jo 12,50). *Amarás o Senhor teu Deus de todo o teu coração, de toda a tua alma, e de todas as tuas forças. Este é o maior e o primeiro mandamento. E o segundo é semelhante a este: Amarás teu próximo como a ti mesmo* (Mt 22,37-39). Depois, se desejar assemelhar-se ao Senhor, que disse: *Dou-vos um novo mandamento: Amai-vos uns aos outros, como eu vos tenho amado* (Jo 13,34). Finalmente, se tem os seguintes pensamentos: se nosso irmão é benfeitor nosso, devemos-lhe também humanamente aquele amor que praticam os gentios, segundo a declaração do Senhor no Evangelho: *Se amais os que vos amam, que recompensa mereceis? Também os pecadores amam aqueles que os amam* (Lc 6,32); se é malfeitor, ainda assim cabe-nos amá-lo, não só por causa do mandamento, mas ainda como sendo um benfeitor maior, se acreditamos no Senhor, que disse: *Bem-aventurados sereis quando vos caluniarem; quando vos perseguirem e disserem falsamente todo o mal contra vós por causa de mim. Alegrai-vos e exultai, porque será grande a vossa recompensa nos céus* (Mt 5,11-12).

Interrogação 164

Que quer dizer: Não julgueis e não sereis julgados (Lc 6,37)?

Resposta

Como o Senhor disse: *Não julgueis e não sereis julgados* e ordena que se julgue segundo a reta justiça (Jo 7,24), não proíbe inteiramente o juízo, mas nos ensina a diferença entre os juízos. O Apóstolo claramente nos ensinou o que convém julgar, e o que não. Quanto ao que está em poder de cada um e não foi prescrito na Escritura, diz: *Por que julgas o teu irmão?* (Rm 14,10) e ainda: *Cessemos, pois, de julgar uns aos outros* (Rm 14,13). Relativamente ao que desagrada a Deus, o Apóstolo condena os que não julgam e apresenta-lhes o seu próprio juízo: *Pois eu, em verdade, ainda que ausente com o corpo, mas presente em espírito, já tenho julgado, como se estivesse presente, aquele que assim se comportou. Em nome de Nosso Senhor Jesus Cristo – reunidos vós e o meu espírito com o poder de Nosso Senhor Jesus – seja este homem entregue a Satanás, para a destruição de seu corpo, a fim de que a sua alma seja salva no dia de Nosso Senhor Jesus Cristo* (1Cor 5,3-5).

Se alguma coisa está ao nosso arbítrio, ou, por vezes, é incerta, não devemos por isto julgar o irmão, segundo o que o Apóstolo diz a respeito do que se ignora: *Não julgueis antes do tempo; esperai que venha o Senhor. Ele porá às claras o que se acha escondido nas trevas. Ele manifestará as intenções dos corações* (1Cor 4,5). É de absoluta necessidade defender os juízos de Deus, para não ficar sujeito à ira de Deus aquele que se cala; a não ser que alguém, por fazer o mesmo que censura no outro, não tenha coragem de julgar o irmão, ouvindo o Senhor que diz: *Tira primeiro a trave do teu olho – e assim verás para tirar a palha do olho de teu irmão* (Mt 7,5).

Interrogação 165

Como pode alguém saber se é por zelo de Deus que se comove contra o irmão que pecou, ou por ira?

Resposta

Se sentir contra qualquer pecado aquilo que foi escrito: *Sinto-me consumido pelo zelo ao ver meus inimigos esquecerem vossas palavras* (Sl 118,139), é claro que possui o zelo de Deus. Mas também aqui é necessária uma hábil prudência, para a edificação da fé. Se não houver previamente esta disposição que mova o ânimo, suas reações serão desiguais e não se observará o escopo da piedade.

Interrogação 166

Com que atitude se deve ouvir quem insiste na prática do mandamento?

Resposta

Com a atitude com a qual o menino faminto obedece a quem o alimenta ao chamá-lo para a refeição; e como o homem que busca seu sustento atende a quem lhe oferece a substância; e tanto mais ainda, quanto a vida eterna é mais valiosa que a presente. Pois *o mandamento de Deus*, diz o Senhor, *é vida eterna* (Jo 12,50). O que é, em relação ao pão, o ato de ingeri-lo, é a execução da obra em referência ao mandamento, conforme o que diz o Senhor: *Meu alimento é fazer a vontade daquele que me enviou, o Pai* (Jo 4,34).

Interrogação 167

Como há de ser a alma que for considerada digna de se ocupar na obra de Deus?

Resposta

Como aquela que dizia: *Quem sou eu, ó meu Senhor, e que casa é a minha, para me amares?* (2Sm 7,18, nos LXX). Realiza o que foi escrito: *Rendei graças ao Pai, que nos fez idôneos de participar da herança dos santos na luz. Ele nos arrancou do poder das trevas e nos transferiu para o reino de seu Filho muito amado* (Cl 1,12-13).

Interrogação 168

Com que atitude deve ser recebido o hábito e o calçado, sejam quais forem?

Resposta

Se for maior ou menor em tamanho, declare com a devida moderação, a sua necessidade. Se, porém, desagrada-lhe pela má qualidade ou porque não é novo, lembre-se do Senhor que disse: *O operário*, não simplesmente qualquer um, *merece o seu sustento* (Mt 10,10). Interrogue-se a si mesmo se fez alguma coisa à altura dos mandamentos do Senhor, ou de suas promessas, e então não reclamará coisa alguma, mas se perturbará com o que lhe é dado, julgando receber além do que merece. Como regra, em relação a todas as necessidades corporais, sirva o que foi dito acerca da alimentação.

Interrogação 169

Como se portará um irmão mais jovem a quem for ordenado dar alguma instrução a um mais velho em idade?

Resposta

Como um ministério ordenado pelo Senhor Deus, receando incorrer na condenação daquele que disse: *Maldito aquele que faz com negligência a obra do Senhor* (Jr 48,10) e ainda precavendo-se para não acontecer que, orgulhando-se, caia na mesma condenação do demônio (1Tm 3,6).

Interrogação 170

Se devem ser tidos na mesma conta os que procedem melhor e os que agem menos bem.

Resposta

Julgo razoável observar a respeito deles todos o que o Senhor determinou sobre a remissão dos pecados, quando disse: *Seus numerosos pecados lhe foram perdoados, porque ela tem demonstrado muito amor. Mas ao que pouco se perdoa, pouco ama* (Lc 7,47), e o que o Apóstolo instituiu acerca dos presbíteros: *Os presbíteros que cumprem bem a sua função são dignos de dupla remuneração, principalmente os que trabalham na pregação e no ensino* (1Tm 5,17). Assim, a meu ver, deve-se agir em todos os casos semelhantes.

Interrogação 171

Como trataremos um inferior que se contrista porque lhe é preferido outro mais piedoso?

Resposta

É evidentemente condenável por causa de sua maldade, segundo a parábola do Evangelho, na qual diz o Senhor aos entristecidos porque alguns receberam o mesmo prêmio que eles: *Porventura vês com mau olho que eu seja bom?* (Mt 20,15). É manifesto para com ele e seus iguais o juízo de Deus que diz pelo profeta: *Tem por desprezível o malvado, mas sabe honrar os que temem a Deus* (Sl 14,4).

Interrogação 172

Com que temor, convicção e atitude receberemos o Corpo e o Sangue de Cristo?

Resposta

Quanto ao temor, o Apóstolo no-lo ensinou, ao dizer: *Aquele que come e bebe indignamente, come e bebe sua própria condenação* (1Cor 11,29). A convicção provém da fé nas palavras do Senhor, que disse: *Isto é o meu corpo, que é dado por vós; fazei isto em memória de mim* (Lc 22,19); igualmente do testemunho de João, que narra primeiro a glória do Verbo e acrescenta o modo da Encarnação, com as palavras: *E o Verbo se fez carne e habitou entre nós, e vimos a sua glória, a glória que um Filho único recebeu do seu Pai, cheio de graça e de verdade* (Jo 1,14), e do Apóstolo, que escreveu: *Sendo Ele de condição divina, não se prevaleceu de sua igualdade com Deus, mas aniquilou-se a si mesmo, assumindo a condição de escravo e assemelhando-se aos homens. E sendo exteriormente reconhecido como homem, humilhou-se a si mesmo, tornando-se obediente até à morte, e morte de cruz* (Fl 2,6-8).

Quando a alma acredita nestas palavras e em pessoas tais e tão importantes, aprende a majestade da glória e admira-se do excesso da humildade e da obediência, porque Ele, tão grande, obedeceu ao Pai até à morte, para nossa vida; julgo que tomará a atitude do amor para com Deus, que é também Pai, e *que não poupou seu próprio Filho, mas que por todos nós o entregou* (Rm 8,32); e para com o seu Filho Unigênito que obedeceu até à morte para nossa redenção e salvação. E poderá assim atender ao Apóstolo que propôs aos sãos uma boa consciência a respeito disto, à guisa de regra, quando diz: *O amor de Cristo nos impulsiona, considerando que, se um só morreu por todos, logo todos morreram. Cristo morreu por todos, a fim de que os que vivem já não vivam para si, mas para aquele que por eles morreu e ressurgiu* (2Cor 5,14-15). Tal a atitude e a preparação convenientes para aquele que participa do pão e do cálice.

Interrogação 173

Se é lícito à hora em que, em casa, se realiza a salmodia, travar-se uma conversa qualquer.

Resposta

Não convém, exceto àqueles a quem foi confiado o ofício e o cuidado da boa ordem e da distribuição do trabalho, e se houver necessidade urgente; não, porém, inconsideradamente, mas levando em conta o lugar, a disciplina, a reverência, e sem provocar escândalo; para todos os outros é obrigatório o silêncio. Se até no tempo de falar e entre aqueles aos quais foi confiado o ofício de ensinar, o primeiro deve se calar se um outro tiver uma revelação (1Cor 14,30), quanto mais o silêncio não será necessário aos demais, no tempo da salmodia?

Interrogação 174

Como praticará alguém, com ânimo e grande desejo, os mandamentos do Senhor?

Resposta

Por natureza, a experiência do agradável e do útil, e até a sua própria expectativa, move a alma ao afeto e desejo destas coisas. Se alguém, portanto, odiar e detestar a iniquidade (Sl 118,163) e purificar-se de todo pecado, pelo qual, como acontece numa doença em que o corpo sofre de inapetência e fastio dos alimentos, a alma sente lentidão e preguiça acerca dos juízos de Deus; se, além disso, estiver convicta de que o mandamento de Deus é vida eterna e que todas as promessas, para os que o observam, são seguras, tomará a atitude daquele que disse: *Os juízos do Senhor são verdadeiros, todos igualmente justos. Mais desejáveis que o ouro, que muito ouro fino, mais doces que o mel, que o puro mel dos favos. Vosso servo neles atenta, guardando-os com todo o cuidado* (Sl 18,10-12).

Interrogação 175

Como se manifestará que alguém ama o irmão segundo o mandamento do Senhor; e como se convencerá de que não ama deste modo?

Resposta

Dois são os dotes da caridade: entristecer-se e preocupar-se com aquilo que fere o amado e alegrar-se com seu proveito e labutar por ele.

É bem-aventurado, pois, quem chora o pecador, cujo perigo é terrível; e o que se alegra com o que age bem, cuja recompensa é incomparável, como está escrito. O Apóstolo Paulo o atesta quando diz: *Se um membro sofre, todos os membros padecem com ele* (1Cor 12,26), certamente segundo a razão da caridade em Cristo; ou *se um membro é honrado*, conforme o escopo de agradar a Deus, *todos os membros se regozijam com ele*. Quem não tem esta atitude, é evidente que não ama seu irmão.

Interrogação 176

Quais os inimigos que temos o dever de amar? Como amaremos os inimigos? Somente conferindo-lhes benefícios, ou também pela afeição? E isto é possível?

Resposta

É próprio do inimigo prejudicar e armar ciladas. Quem, pois, de algum modo, prejudica a outrem, pode ser chamado seu inimigo; principalmente quem peca. Pois, enquanto depende dele, prejudica de várias maneiras e arma ciladas aos que convivem ou mantêm relações com ele. Uma vez que o homem consta de corpo e alma, quanto à alma, amemo-los, censurando-os, admoestando--os e de todos os modos levando-os à conversão; quanto ao corpo, se lhes faltar o necessário para viver, prestando-lhes benefícios.

Todos sabem que a caridade se acha numa disposição de ânimo. Mostrou e ensinou o Senhor ser isto possível, demonstrando amor ao Pai e obediência até à morte pelos inimigos, não pelos amigos, como testemunha o Apóstolo, ao dizer: *Mas Deus faz brilhar o seu amor para conosco, porque, ainda quando éramos pecadores, Cristo morreu por nós* (Rm 5,8-9). E nos exorta ao mesmo, quando diz: *Sede, pois, imitadores de Deus, como filhos muito amados. Progredi na caridade, segundo o exemplo de Cristo que nos amou e por nós se entregou a Deus como oferenda e sacrifício de agradável odor* (Ef 5,1-2).

Não teria ele, bom e justo, assim ordenado, se não tivesse dado também a possibilidade; declarou-o necessariamente inserto em nossa natureza. Pois até os animais amam naturalmente os benfeitores. Prestar-nos-á um amigo benefício tão grande como os inimigos? Proporcionam-nos a bem-aventurança que o Senhor anunciou: *Bem-aventurados sois, quando vos caluniarem; quando vos perseguirem e disserem falsamente todo o mal contra vós por causa de mim. Alegrai-vos e exultai; porque será grande a vossa recompensa nos céus* (Mt 5,11-12).

Interrogação 177

Como devem os fortes carregar as enfermidades dos fracos (Rm 15,1)?

Resposta

Carregar talvez seja o mesmo que eliminar e curar, segundo o que foi escrito: *Ele tomou sobre si nossas enfermidades e encarregou-se de nossos sofrimentos* (Is 53,4), não que as tenha assumido em si mesmo, mas porque curou os pacientes; também se aplica ao modo e à razão da penitência, mediante a qual os mais fracos são curados pelos cuidados dos mais fortes.

Interrogação 178

Que significa: Ajudai-vos uns aos outros a levar os vossos fardos (Gl 6,2)? Qual a lei que cumprimos ao fazer isto?

Resposta

A mesma que foi dita acima. Pesado, em verdade, é o pecado que arrasta a alma às profundezas do inferno. Tiramos e apagamos o pecado dos outros, quando levamos os pecadores à penitência. A palavra “levar”, em vez de “tirar”, é comumente usada pelos habitantes daquela região, como eu mesmo ouvi de vários deles muitas vezes. Cumprimos a Lei de Cristo, que disse: *Não vim chamar à conversão os justos, mas sim os pecadores* (Lc 5,32), e que nos prescreveu a norma: *Se teu irmão tiver pecado contra ti, vai e repreende-o entre ti e ele somente: se te ouvir, terás ganho o teu irmão* (Mt 18,15).

Interrogação 179

Como poderá alguém sem a caridade ter tal fé que transporte montanhas, ou dar todos os seus bens aos pobres, ou entregar seu próprio corpo para ser queimado?

Resposta

Se nos recordarmos do Senhor, que disse: *Fazem-no para serem vistos pelos homens* (Mt 6,5) e também de sua resposta a alguns que haviam dito: *Senhor, Senhor, não profetizamos nós em vosso nome, e não foi em vosso nome que expulsamos os demônios e fizemos muitos milagres?* (Mt 7,22) e responder-lhes-á: *Não sei donde sois* (Lc 13,27), não porque mentissem, mas porque abusaram do dom de Deus para fazer sua própria vontade, o que é contrário à caridade de Deus, poderemos sem dificuldade entender o supramencionado.

Não é de admirar que mesmo um indigno receba um carisma ou dom de Deus; pois Deus, no tempo de sua bondade e paciência (Rm 2,4), faz nascer o sol tanto sobre os maus como sobre os bons (Mt 5,45). Muitas vezes, também para o bem daquele mesmo que recebe o carisma, porque talvez confuso diante da bondade de Deus, empenhe-se em lhe agradar; ou para o bem dos outros, segundo o que disse o Apóstolo: *É verdade que alguns pregam a Cristo por espírito de ciúme e discórdia; mas outros o fazem com boas disposições* (Fl 1,15). Pouco depois acrescenta: *Contanto que, de qualquer modo, ou por um zelo hipócrita ou com sinceridade, Cristo seja anunciado e com isto me alegro* (Fl 1,18).

Interrogação 180

Com que atitude e atenção devemos ouvir a leitura, durante a refeição?

Resposta

Com maior prazer do que o experimentado em comer e beber, para que o espírito não se entregue aos prazeres corporais; deleite-se antes com as palavras do Senhor, conforme a disposição daquele que disse: *São mais doces que o mel, que o puro mel dos favos* (Sl 18,11).

Interrogação 181

Se houver duas comunidades de irmãos vizinhas, uma que luta com a pobreza e a outra que dificilmente dá, como deve a pobre portar-se para com a que não dá?

Resposta

Como poderão usar de parcimônia em relação às coisas corporais, os que foram instruídos a dar, na caridade de Cristo, até a própria vida pelos outros? Estão de certo modo esquecidos daquele que disse: *Tive fome e não me destes de comer* etc. (Mt 25,42). Se tal acontecer, suportem os pobres com paciência, a exemplo de Lázaro, persuadidos de que, no século futuro, serão consolados.

Interrogação 182

Quais frutos comprovam a compaixão de quem repreende o irmão que peca?

Resposta

Primeiro, pelos principais sinais de compaixão, segundo a palavra do Apóstolo: *Se um membro sofre, todos os membros padecem com ele* (1Cor 12,26) e: *Quem tropeça, que eu não me consuma em febre?* (2Cor 11,29). Segundo, se igualmente se atribula por causa de qualquer pecado e se entristece e se lastima diante de todos os que pecam contra ele mesmo ou contra os outros, e se, ao censurar, não se desvia da maneira que o Senhor nos deixou como tradição.

Interrogação 183

Se houver entre alguns dos que vivem em comunidade um desentendimento, será certo concordar com eles por causa da caridade?

Resposta

Segundo o dito do Senhor: *Fazei, ó Pai, que assim como eu e tu somos um, também eles sejam um em nós* (Jo 17,21) e o que o Apóstolo escreveu: *Uma só alma, e os mesmos pensamentos* (Fl 2,2), e ainda a narrativa dos Atos de que: *A multidão dos fiéis era um só coração e uma só alma* (At 4,32), os dissidentes opõem-se às palavras supracitadas. Porque a caridade, quando razoável, observa a palavra: *Quem ama castiga na hora precisa* (Pr 13,24);

a caridade, porém, que se afasta da razão, seja qual for, é reprovável, pois diz o Senhor: *Quem ama seu pai ou sua mãe mais do que a mim, não é digno de mim* (Mt 10,37).

Interrogação 184

Como poderá alguém, quando exorta ou censura, não apenas se esforçar por se exprimir sabiamente, mas também conservar a devida atitude para com Deus e para com aqueles aos quais fala?

Resposta

Se estiver lembrado do Apóstolo, que disse: *Os homens consideram-nos simples operários de Cristo e administradores dos mistérios de Deus* (1Cor 4,1), não ministrará a ciência como própria, por sua autoridade, mas com temor e tremor diante de Deus, como um ministro de Deus, para cura de almas remidas com o Sangue de Cristo, segundo aquele que disse: *Falamos, não para agradar aos homens, mas a Deus que sonda os nossos corações* (1Ts 2,4), e para com os que ouvem, com afeto e misericórdia, realizando a palavra: *Qual mãe, que com ternura cuida dos filhos que amamenta, assim em nossa ternura por vós desejávamos não só comunicar-vos o Evangelho de Deus, mas até a nossa própria vida* (1Ts 2,7-8).

Interrogação 185

Se alguém, vendo que sua palavra tocou os ouvintes, se alegrar, como poderá saber se é por boa disposição ou viciosa afeição para consigo mesmo que se alegra?

Resposta

Se colocar sua alegria só nos louvores, é claro que é amor-próprio vicioso; mas se se rejubila porque percebe que os que o enaltecem entendem logo o que ouvem, e vê semeada ocultamente a esperança da obediência; e se depois se alegra, porque, solícito com o bem deles, verifica que suas obras estão de acordo com os louvores; ou se, ao ver que os que o elogiam nenhum proveito tiraram, entristece-se, dê graças a Deus, porque teve sentimentos dignos de um amigo de Deus e dos irmãos, sem procurar a própria glória e sim a glória de Deus e a edificação dos irmãos.

Interrogação 186

Uma vez que fomos instruídos a ter tal amor a ponto de dar a vida pelos amigos, queremos saber para que amigos devemos querer isto.

Resposta

Creia-se que há diferença na atitude e no modo desta realização; umas coisas muitas vezes devem ser empreendidas em favor dos pecadores e outras, pelos justos. Foi-nos ensinado, porém, sem discriminação, a mostrar um amor que vá até à morte pelos justos e pelos pecadores. Diz-se: *Deus faz brilhar o seu amor para conosco, porque, ainda quando éramos pecadores, Cristo morreu por nós* (Rm 5,8). O Apóstolo diz, porém, aos santos: *Qual mãe que com ternura cuida dos filhos que amamenta, assim, em nossa ternura por vós, desejávamos não só comunicar-vos o Evangelho de Deus, mas até a nossa própria vida, porquanto nos sois muito queridos* (1Ts 2,7-8).

Interrogação 187

Se devem todos receber alguma coisa dos parentes carnais.

Resposta

É necessário que os parentes entreguem aos que se aproximam do Senhor o que lhes pertence, sem nada subtrair para não recair sobre eles a sentença de sacrilégio. No entanto, o fato de serem gastos os bens à vista daqueles aos quais parecem pertencer torna-se, com frequência, para eles pretexto de orgulho e para os pobres, que abraçaram o mesmo gênero de vida, ocasião de tristeza. Acontece assim o que o Apóstolo censura nos coríntios, ao dizer: *Quereis envergonhar os que nada têm?* (1Cor 11,22).

Por isso, se o encarregado das Igrejas do lugar é administrador fiel e prudente, faça-se conforme o mencionado nos Atos: *Traziam e depositavam-no aos pés dos apóstolos* (At 4,35). Se nem todos são capazes de administrar tais coisas, mas somente os encarregados, depois de examinados, cada um deles disporá daquilo que lhe for entregue, conforme julgar bem.

Interrogação 188

Como encararemos os antigos companheiros, ou os parentes que nos vêm visitar?

Resposta

Como o demonstrou e ensinou o Senhor, quando lhe anunciaram: *Tua mãe e teus irmãos estão lá fora e desejam ver-te* (Lc 8,20); respondeu-lhes, com palavras severas: *Quem é minha mãe e quem são meus irmãos? Todo aquele que faz a vontade de meu Pai que está nos céus, esse é meu irmão e minha irmã e minha mãe* (Mt 12,48-50).

Interrogação 189

Devemos ouvi-los se quiserem com exortações induzir-nos a voltar para casa?

Resposta

Se é no intuito de edificar os outros na fé, quem for capaz de ir para tal fim, depois de experimentado, seja enviado; se é por obséquio humano, ouça o Senhor que recomenda àquele que lhe dissera: *Permite primeiro que me despeça dos que estão em casa.* Responde: *Aquele que pôs a mão no arado e olha para trás, não é apto para o reino de Deus* (Lc 9,61-62). Se esta é a sentença de quem apenas queria se despedir, o que dizer daquele?

Interrogação 190

Se devemos compadecer-nos dos parentes, desejando sua salvação.

Resposta

Aquele que nasceu do Espírito, segundo a palavra do Senhor (Jo 3,8), e recebeu o poder de se tornar filho de Deus (Jo 1,12), envergonha-se de falar em parentes carnais, mas reconhece como familiares os próximos na fé, dos quais o Senhor atesta: *Minha mãe e meus irmãos são estes que ouvem a palavra de Deus e a observam* (Lc 8,21). Compadece-se de todos os que estão longe do Senhor, tanto dos parentes carnais como dos demais. Se alguém, contudo, tiver maior afeição por eles e julga ter o Apóstolo por patrono de seus sentimentos, ao dizer: *Porque eu mesmo desejaria ser reprovado, separado de Cristo, por amor de meus irmãos, que são da minha raça, segundo a carne* (Rm 9,3), entenda pela sequência que o Apóstolo não honra o parentesco carnal, mas a Israel e aos privilégios concedidos por Deus; nem porque os israelitas eram de sua raça, mas porque os seus parentes carnais eram israelitas e porque foram honrados com tantos e tão grandes benefícios de Deus. Porque deles era a adoção e a glória, deles a legislação e o culto; porque deles eram os testamentos e as promessas, deles os pais; porque deles era o Cristo segundo a carne (Rm 9,4-5); é por tudo isto que dá tanta importância à salvação deles, sem olhar o parentesco, e sim a Encarnação do Senhor, feita em seu favor. Disse o Senhor: *Não fui enviado senão às ovelhas perdidas da casa de Israel* (Mt 15,24).

Interrogação 191

Que significa ser manso?

Resposta

Ser imutável no empenho de agradar a Deus.

Interrogação 192

Qual a tristeza segundo Deus e qual a de acordo com o mundo?

Resposta

Há tristeza segundo Deus quando alguém se contrista por ver desprezado o mandamento de Deus, conforme está escrito: *Revolto-me à vista dos pecadores que abandonam a vossa Lei* (Sl 118,53); é tristeza de acordo com o mundo quando a causa da aflição é humana ou mundana.

Interrogação 193

Que é gáudio no Senhor? Quais dentre nossas ações devem nos alegrar?

Resposta

Alegrar-se com o que se faz, segundo o mandamento do Senhor, para a glória de Deus é gáudio no Senhor. Quando pomos em prática os mandamentos do Senhor, ou sofremos alguma coisa pelo nome do Senhor, devemos nos alegrar e congratular-nos mutuamente.

Interrogação 194

De que modo chorar para sermos dignos da bem-aventurança?

Resposta

Esta pergunta está contida na que trata da tristeza segundo Deus, a saber, quando choramos os pecados, ou devido à ofensa feita a Deus, porque a transgressão da Lei ofende a Deus, ou pelos que periclitam no pecado. Diz-se: *É o culpado que morrerá* (Ez 18,4). Imitamos aquele que disse: *E tenha de chorar por muitos daqueles que pecaram antes* (2Cor 12,21).

Interrogação 195

Como fará alguém tudo para a glória de Deus?

Resposta

Quando faz tudo para Deus, segundo o mandamento de Deus e em nada considera os louvores dos homens; em toda a parte lembra-se do Senhor que disse: *Assim brilhe vossa luz diante dos homens para que vejam as vossas boas obras, e glorifiquem vosso Pai que está nos céus* (Mt 5,16).

Interrogação 196

Como haverá alguém de comer e beber para a glória de Deus?

Resposta

Com a lembrança do benfeitor e em tal disposição de ânimo que até a atitude do corpo ateste que não come despreocupadamente, mas tem Deus como espectador; também se o escopo a que visa com a refeição não é comer por prazer, como escravo do ventre, mas como operário de Deus, a fim de estar bem-disposto para as obras de acordo com o mandamento de Cristo.

Interrogação 197

Como agirá a direita, de modo que não o saiba a esquerda?

Resposta

Quando a mente está completamente ocupada em não faltar ao dever, com desejo estável e veemente de agradar a Deus, combate legitimamente. Então não cogita de coisa alguma, nem mesmo de outro membro, senão do que é útil à execução do projeto; como o artífice, em cada obra, olha somente para o instrumento proveitoso a sua atividade.

Interrogação 198

Que é humildade e como a alcançaremos?

Resposta

A humildade consiste em considerar a todos como superiores a si, segundo a definição do Apóstolo (Fl 2,3). Pratica-a, primeiro, quem estiver lembrado do mandamento do Senhor, que disse: *Recebei minha doutrina, porque eu sou manso e humilde de coração* (Mt 11,29) (o que Ele mostrou e ensinou em muitos lugares e de muitos modos). Ainda, se acreditar naquele que prometeu: *Todo aquele que se humilhar, será exaltado* (Lc 14,11). Em segundo lugar, se em toda questão, de modo igual e constante, se entregar à prática da humildade e se exercitar nela. Somente assim, por contínuo esforço, poderá alcançar o hábito da humildade, como nas artes costuma acontecer. Idêntica é a praxe de todas as virtudes, de acordo com o mandamento de nosso Senhor.

Interrogação 199

Como estará alguém inteiramente pronto até a enfrentar os perigos, por causa do mandamento do Senhor?

Resposta

Primeiro, se estiver lembrado de que o Senhor, por nossa causa, obedeceu ao Pai até à morte (Fl 2,8); a seguir, se estiver convicto da força do mandamento, que é vida eterna, como está escrito (Jo 12,50); finalmente, se acreditar no Senhor, que disse: *Porque o que quiser salvar a sua vida, perdê-la-á; mas o que perder a sua vida por amor de mim e do Evangelho, salvá-la-á* (Mc 8,35).

Interrogação 200

Como poderão os que, durante muito tempo, já se gastaram na obra de Deus, ajudar os recém-vindos?

Resposta

Se estão fisicamente fortes, mostrem zelo incansável e apresentem-se como modelos de toda ação boa; se estão enfermos, tenham tal disposição de ânimo que demonstrem na fisionomia e em todos os movimentos ter a persuasão de que Deus os vê e da presença (parusia) do Senhor; mostrem também ter as propriedades da caridade, enumeradas pelo Apóstolo, que disse: *A caridade é paciente, a caridade é benigna. A caridade não é invejosa, não se ufana, não se ensoberbece. A caridade nada faz de inconveniente, não busca os seus próprios interesses, não se irrita, não suspeita mal. Não se alegra com a injustiça, mas se rejubila com a verdade. Tudo desculpa, tudo crê, tudo espera, tudo suporta. A caridade jamais acabará* (1Cor 13,4-8). Todas estas coisas é possível praticar mesmo num corpo doente.

Interrogação 201

Como chegará alguém a estar bem atento na oração?

Resposta

Se estiver convicto de que Deus está diante dos seus olhos. Se quem olha um príncipe ou um prepósito e conversa com ele fita-o atentamente, quanto mais quem ora a Deus terá a mente atenta àquele que perscruta os corações e os rins, cumprindo o que está escrito: *Levantando mãos puras, sem ressentimento e sem contenda* (1Tm 2,8).

Interrogação 202

Se é possível em tudo e sempre não ter distrações e como realizá-lo?

Resposta

Demonstra ser isto possível aquele que disse: *Meus olhos estão sempre fixos no Senhor* (Sl 24,15) e: *Ponho sempre o Senhor diante dos olhos, pois que Ele está à minha direita, não vacilarei* (Sl 15,8). Acima foi dito de que maneira o realizar; isto é, a alma não deve parar de pensar em Deus, em suas obras e em seus dons, confessar e dar graças por tudo.

Interrogação 203

Se, na realização do mandamento do Senhor, a medida é uma só para todos, ou uns têm mais e outros menos?

Resposta

Evidencia-se não ser uma só a medida para todos, mas a um foi confiado mais e o manifesta e a outro menos, conforme as palavras do Senhor, que uma vez diz: *A terra boa semeada, é aquele que ouve a palavra, e a compreende e produz fruto: cem por um, sessenta por um, trinta por um* (Mt 13,23), o que se verifica também naqueles que receberam as minas (Lc 19,16). Outra vez afirma: *A um deu cinco talentos, a outro dois, e a outro um* (Mt 25,15).

Interrogação 204

Como alguém se tornará apto a ser participante do Espírito Santo?

Resposta

Nosso Senhor Jesus Cristo o ensinou, ao dizer: *Se me amais, guardareis os meus mandamentos. E eu rogarei ao Pai, e Ele vos dará um outro Advogado, para que fique eternamente convosco. É o Espírito de verdade, que o mundo não pode receber* (Jo 14,15-17). Enquanto não guardarmos todos os mandamentos do Senhor, nem pudermos dele receber este testemunho: *Não sois do mundo* (Jo 15,19), não esperemos tornarmo-nos aptos para receber o Espírito Santo.

Interrogação 205

Quem são os pobres de espírito (Mt 5,3)?

Resposta

Como o Senhor uma vez diz: *As palavras que vos tenho dito são espírito e vida* (Jo 6,63), outra vez diz: *O Espírito Santo ensinar-vos-á todas as coisas, e vos recordará tudo o que vos tenho dito* (Jo 14,26), *porque não falará por si mesmo, mas dirá o que ouvir* (Jo 16,13) de mim, são pobres de espírito os que se empobreceram sem outro motivo a não ser a doutrina do Senhor, que disse: *Vai, vende teus bens, dá-os aos pobres* (Mt 19,21). Se alguém, contudo, aceitar a pobreza que lhe sobrevier de qualquer modo, orientando-a para a vontade do Senhor, como Lázaro, também não é estranho àquela bem-aventurança.

Interrogação 206

O Senhor ordena que não nos inquietemos com o que comeremos, o que beberemos, ou com que nos vestiremos (Mt 6,31). Até onde vai este mandamento? Como o praticaremos?

Resposta

Este mandamento, como todos os mandamentos, se estende até à morte (Fl 2,8). Pois o Senhor também obedeceu até à morte. Realiza-se pela confiança em Deus. O Senhor, havendo proibido a inquietação, acrescenta uma promessa, ao dizer: *Vosso Pai celeste sabe que necessitais de tudo isso* (Mt 6,32).

Tal era o Apóstolo, que dizia: *Sentimos dentro de nós mesmos a sentença de morte: deu-se isso para que saibamos pôr a nossa confiança não em nós, mas em Deus, que ressuscita os mortos* (2Cor 1,9). Segundo o propósito e a prontidão do ânimo, morria cotidianamente; mas era preservado pela benevolência de Deus. Por isso dizia com toda a confiança: *Somos considerados agonizantes, embora estejamos com vida* (2Cor 6,9). Corroboram este propósito o zelo ardente e o anelo insaciável pelos mandamentos do Senhor que, se em alguém forem predominantes, não lhe permitem as distrações com as necessidades corporais.

Interrogação 207

Uma vez que não se deve ter inquietação a respeito da própria subsistência, e há outro preceito do Senhor que diz: Trabalhai, não pela comida que perece (Jo 6,27), será supérfluo trabalhar?

Resposta

O próprio Senhor, em outro lugar, explicou seu preceito. Aqui, após ter proibido inquietar-se com o sustento, dizendo: *Não vos aflijais, nem digais: Que comeremos? Que beberemos? Com que nos vestiremos? São os pagãos que se preocupam com tudo isso* (Mt 6,31-32), ordenou: *Buscai em primeiro lugar o reino de Deus e a sua justiça* (Mt 6,33). Declarou, porém, de que modo devem ser procurados, por meio das ações dignas. Aqui, proibindo trabalhar para obter um alimento perecível, ensinou a trabalhar por um alimento que permanece para a vida eterna; em outro lugar, Ele o manifestou, ao dizer: *Meu alimento é fazer a vontade daquele que me enviou* (Jo 4,34). Se é vontade de Deus que se dê de comer a quem tem fome, de beber a quem tem sede, que se vista o nu etc. (Mt 25,35-36), faz-se mister imitar o Apóstolo, que disse: *Em tudo vos tenho mostrado que, assim trabalhando, convém acudir aos fracos* (At 20,35), e obedecer ao que ensina: *Trabalhe, executando com as próprias mãos o que é bom, para ter com que socorrer os necessitados* (Ef 4,28). Esta tradição do Senhor, por meio do Evangelho e do Apóstolo, nos demonstra que é completamente proibido ter solicitude consigo, ou trabalhar para si mesmo; segundo o mandamento do Senhor, deve-se ter solicitude e trabalhar pelas necessidades do próximo, principalmente, porque o Senhor recebe, como prestadas a si mesmo, as atenções aos que lhe são dedicados e promete por isso o reino dos céus.

Interrogação 208

Se é boa a ascese do silêncio contínuo.

Resposta

A utilidade do silêncio depende do tempo e da pessoa, como aprendemos das Escrituras divinas.

A respeito do tempo diz: *Por isso, o prudente se cala neste tempo, porque é tempo mau* (Am 5,13); e ainda:

Porei um freio em minha boca, enquanto o ímpio estiver diante de mim (Sl 38,2).

Quanto à pessoa, conforme escreve o Apóstolo: *Se for feita uma revelação a algum dos assistentes, cale-se o primeiro* (1Cor 14,30) e, também: *As mulheres estejam caladas nas assembleias* (1Cor 14,34).

Há ocasiões em que também aos intemperantes de língua, que não podem observar o seguinte: *Nenhuma palavra má saia da vossa boca, mas só boas palavras que eventualmente sirvam para edificação da fé* (Ef 4,29), é necessário o silêncio completo até que por ele se curem do vício da petulância no falar e aprendam com esta abstenção quando, o que e como convém falar, para que, conforme está escrito: *Sejam benfazejas aos que as ouvem* (Ef 4,29).

Interrogação 209

Como poderemos temer os juízos de Deus?

Resposta

A expectativa de um mal, naturalmente, produz o temor. Assim tememos as feras e também os príncipes, quando receamos algum mal da parte deles. Se alguém crê serem verdadeiras as ameaças do Senhor e prevê a experiência horrenda e terrível delas, temerá os juízos de Deus.

Interrogação 210

O que é a veste decente, conforme o Apóstolo ensina?

Resposta

Para se trajar de maneira honesta, condizente com o próprio escopo, leve-se em consideração o tempo, o lugar, a pessoa e a necessidade. A razão não aconselha o uso da mesma roupa no inverno ou no verão, nem de igual hábito para quem trabalha ou descansa, para o servo ou o senhor, para o soldado ou o paisano, para o homem ou a mulher.

Interrogação 211

Qual a medida do amor de Deus?

Resposta

É tender a alma para a realização da vontade de Deus sempre e acima das forças, com o escopo e o desejo da sua glória.

Interrogação 212

Como alcançar a caridade para com Deus?

Resposta

Se com boa consciência e prudência fomos tocados por seus benefícios; o que acontece até com os irracionais. Vemos que os cães amam só a quem lhes dá pão.

Aprendemos isto também da censura do Profeta Isaías, quando diz: *Eu criei filhos e os enalteci, eles, porém, se revoltaram contra mim. O boi conhece o seu possuidor e o asno, o estábulo do seu dono; mas Israel não conhece nada, e meu povo não tem entendimento* (Is 1,2-3). Como o boi e o asno instintivamente têm afeição aos que os alimentam, por causa do benefício, assim também nós, se recebermos os dons com sensibilidade e prudência, como não amaremos a Deus, autor de tantos e tão grandes benefícios, quando, naturalmente, por assim dizer, e sem mestre, é inata tal disposição na alma sadia?

Interrogação 213

Quais os sinais da caridade para com Deus?

Resposta

O próprio Senhor no-lo ensinou: *Se me amais, guardareis os meus mandamentos* (Jo 14,15).

Interrogação 214

Qual a diferença entre benignidade e bondade?

Resposta

Como Davi disse: *O Senhor é benigno para com todos* (Sl 144,9), ou: *Benigno é o homem que se compadece e empresta* (Sl 111,5); ou: *Sede bom, Senhor, para os que são bons* (Sl 124,4), e Jeremias: *O Senhor é bom para com quem nele confia* (Lm 3,25), julgo ser mais extensa a benignidade, porque beneficia a qualquer necessitado; mais limitada é a bondade, porque, ao conceder benefício, emprega razões de justiça.

Interrogação 215

Qual é o pacífico que o Senhor denomina bem-aventurado?

Resposta

Quem colabora com o Senhor, segundo diz o Apóstolo: *Desempenhamos o encargo de embaixadores em nome de Cristo, e é Deus mesmo que exorta por nosso intermédio. Em nome de Cristo vos rogamos que vos reconcilieis com Deus* (2Cor 5,20), e ainda: *Justificados pela fé, temos a paz com Deus* (Rm 5,1). A paz, que difere desta, é rejeitada pelo Senhor, que disse: *Dou-vos a minha paz. Não vo-la dou como o mundo a dá* (Jo 14,27).

Interrogação 216

Em que devemos nos converter e tornar-nos como crianças (Mt 18,3)?

Resposta

A própria perícope do Evangelho no-lo ensina, quando declara o motivo disto, a saber, não procurar a primazia, mas reconhecer a igualdade de natureza e equiparar-se àqueles que parecem um tanto inferiores a nós. Tais são as crianças entre si, quando ainda não acostumadas à malícia dos que convivem com elas.

Interrogação 217

Como receber o reino de Deus qual criança?

Resposta

Comportando-se, diante da doutrina do Senhor, como as crianças diante das lições; não contradizem, nem discutem com os mestres, mas recebem com fidelidade e docilidade as instruções.

Interrogação 218

Que entendimento devemos pedir a Deus e como nos tornarmos dignos dele?

Resposta

O próprio Deus nos ensina pelo profeta o que é o entendimento, ao dizer: *Não se envaideça o sábio do saber, nem o forte de sua força, e da riqueza não se orgulhe o rico! Aquele que se quiser vangloriar, glorie-se de possuir inteligência e de saber que eu sou seu Senhor* (Jr 9,22-23), e pelo Apóstolo, quando diz: *Mas procurai compreender qual é a vontade de Deus* (Ef 5,17). Podemos ser dignos de recebê-la, se fizermos o que está escrito: *Parai e reconhecei que sou Deus* (Sl 45,11) e acreditarmos que toda palavra de Deus é verdadeira. Diz Ele: *Se não o crerdes, não subsistireis* (Is 7,9).

Interrogação 219

Se formos beneficiados por alguém, como poderemos dar a Deus pura e total ação de graças, e agradecer sabiamente, não ficando aquém, nem além da medida?

Resposta

Se estivermos convictos de que Deus é o autor de todo bem e quem o leva a termo, e reconhecermos que aquele que nos presta serviço é ministro do benefício de Deus.

Interrogação 220

Se deve ser permitido a quem o desejar um encontro com as irmãs; ou quem, quando e como, falará com as irmãs?

Resposta

Esta questão foi tratada nas respostas mais extensas, isto é, não deve um homem à vontade, simplesmente e ao acaso, encontrar-se com outro, mas, só depois de prévio exame, aquele que pode ajudar e ser ajudado; quanto mais ao se tratar de uma mulher.

Quem se lembrar do Senhor que disse: *No dia do juízo, os homens prestarão contas de toda palavra vã que tiverem proferido* (Mt 12,36), teme em todas as coisas esta sentença e obedece ao Apóstolo que exorta: *Quer comais ou bebais ou façais qualquer outra coisa, fazei tudo para a glória de Deus* (1Cor 10,31) e em outra parte: *Tudo se faça de modo a edificar* (1Cor 14,26) e nada fará ociosa e inutilmente.

Quanto às perguntas: quem, quando e como, escolha-se tempo, lugar e pessoa, sobre os quais não recaia a menor suspeita; que o encontro se realize para a edificação da fé e com a precaução de não escandalizar a ninguém. Não é razoável que uma pessoa esteja a sós com outra. Pois diz-se: *É melhor dois que um* (Ecl 4,9 apud LXX) e, além disso, são mais fidedignos. *Ai do que está só, porque, quando cair, não tem quem o levante* (Ecl 4,10).

Interrogação 221

Tendo-nos ensinado o Senhor a rogar que não caiamos em tentação, devemos pedir que não sintamos dores corporais? E como suportá-las se as sentirmos?

Resposta

Não distinguiu quais as tentações, mas ordenou, em geral: *Orai para que não caiais em tentação* (Lc 22,40); quem nela se acha, peça a Deus que, com a tentação, lhe dê um meio como dela escapar, ou como poder suportá-la, a fim de realizar a palavra: *Aquele que perseverar até o fim, será salvo* (Mt 24,13).

Interrogação 222

Quem é o adversário de cada um de nós e como concordaremos com ele?

Resposta

Neste lugar o Senhor denomina adversário especialmente aquele que se empenha em nos tirar algo do que é de nosso interesse. Concordamos com ele, quando observamos o preceito do Senhor, que disse: *Se alguém te citar em justiça para tirar-te a túnica, cede-lhe também a capa* (Mt 5,40) e em todas as questões semelhantes, procedamos de igual modo.

Interrogação 223

Tendo dito o Senhor: Quando jejuares, perfuma a tua cabeça e lava o teu rosto; assim não parecerá aos homens que jejuas (Mt 6,17); se alguém quiser jejuar por um motivo agradável a Deus – como se verifica terem os santos muitas vezes praticado – e for visto, apesar de não o querer, o que fará?

Resposta

Este preceito refere-se aos que se empenham em cumprir o mandamento de Deus para serem vistos pelos homens, a fim de se curarem do vício de querer agradar aos homens. Porque uma observância do mandamento do Senhor, que vise à glória de Deus, por sua própria natureza, é difícil que a ocultem os que amam a Deus conforme o Senhor declarou: *Não se pode esconder uma cidade situada sobre uma montanha, nem se acende uma luz para colocá-la debaixo do alqueire, mas sim para colocá-la sobre o candeeiro* etc. (Mt 5,14-15).

Interrogação 224

Acaso, ainda hoje, uns trabalham desde a primeira hora, outros a partir da undécima? E quem são eles?

Resposta

Talvez todos conheçam bem, pelas narrações das Escrituras divinas, serem muitos, segundo o testemunho do Apóstolo, os que aprenderam desde a infância as sagradas letras; muitos, porém, os que, como Cornélio, fazem bom emprego dos impulsos naturais, no entanto, por não terem mestres, chegam lentamente à perfeição do conhecimento. *Como, pois*, disse ele, *crerão naquele de quem não ouviram falar?* (Rm 10,14). Se, portanto, acontecer que haja alguns, como Cornélio, em nada dados ao mal, que mostram, porém, desejo de perfeição, e fazem sinceramente o bem que conhecem e podem praticar, Deus lhes concede o que deu a Cornélio, sem levar em conta, censurando-os de preguiça, o tempo já passado, porque, como já disse, não foi por sua culpa; contenta-se com o bom desejo manifestado nas coisas feitas com empenho depois deste tempo e realizadas com mais cuidado até o fim.

Interrogação 225

Como nos tornaremos dignos das palavras do Senhor: Onde dois ou três estão reunidos em meu nome, aí estou eu no meio deles (Mt 18,20)?

Resposta

Os que se reúnem em nome de alguém, certamente devem conhecer o escopo de quem os reuniu e adaptar-se a ele, para encontrarem graça e agrado e não incorrerem na condenação de malícia e descuido. Se aquele que convida tem o propósito de fazer uma colheita, os chamados para isto se preparam; se seu escopo é construir, dispõem-se a construir; assim os chamados pelo Senhor devem se lembrar do Apóstolo que exorta: *Rogo-vos, pois – prisioneiro que sou pela causa do Senhor –, que leveis uma vida digna da vocação à qual fostes chamados, com toda a humildade, mansidão e paciência. Suportai-vos caridosamente uns aos outros. Esforçai-vos por conservar a unidade do Espírito, no vínculo da paz. Há um só corpo e um só espírito, como também fostes chamados pela vossa vocação a uma só esperança* (Ef 4,1-4). Mais claramente o Senhor nos expõe tudo mediante a promessa feita a cada um, com as palavras: *Se alguém me ama, guardará a minha palavra, e meu Pai o amará, e nós viremos a ele, e nele faremos nossa morada* (Jo 14,23). Como, devido à observância dos mandamentos, fará junto deles a sua morada, assim também está no meio de dois ou três, que se conformarem com sua vontade. Os que não se congregaram de modo digno da vocação, nem para fazerem a vontade do Senhor, embora pareçam reunidos no nome do Senhor, ouvirão a palavra: *Por que me chamais Senhor, Senhor… e não fazeis o que digo?* (Lc 6,46).

Interrogação 226

Tendo dito o Apóstolo: Amaldiçoados, abençoamos; caluniados, consolamos (1Cor 4,12), como deve bendizer o que é amaldiçoado e como deve consolar o que é caluniado?

Resposta

Penso que, em geral, o Apóstolo aqui nos ensina com o exemplo, a paciência com todos e retribuir com o bem aos que nos fazem mal. Não só para com os que nos amaldiçoam devemos agir assim, mas para com todos os que praticam o mal, realizando o que foi dito: *Não te deixes vencer pelo mal, vence o mal pelo bem* (Rm 12,21). Parece que a Escritura não emprega a palavra "consolar" segundo o uso vulgar, mas no sentido de levar o coração à convicção da verdade, conforme a passagem: *Consolai meu povo, diz Deus* (Is 40,1s. apud LXX), e o Apóstolo: *Desejo ardentemente ver-vos a fim de comunicar-vos alguma graça espiritual, com que sejais confirmados, ou melhor, para me encorajar juntamente convosco naquela vossa e minha fé, que nos é comum* (Rm 1,11-12), e em outra parte: *Deus, porém, que consola os humildes, confortou-nos com a chegada de Tito* (2Cor 7,6).

Interrogação 227

Se deve alguém declarar aos outros o que pensa, ou guardar para si a convicção de aprazer a Deus nisto, se a tiver.

Resposta

Lembrados da sentença de Deus, que diz pelo profeta: *Ai daqueles que são sábios aos próprios olhos e prudentes em seu próprio juízo!* (Is 5,21), e do Apóstolo, que diz: *Desejo ardentemente ver-vos, a fim de comunicar-vos alguma graça espiritual, com que sejais confirmados, ou melhor, para me encorajar juntamente convosco naquela vossa e minha fé, que nos é comum* (Rm 1,11-12), julgamos ser preciso comunicarmo-nos com os que são unânimes conosco e deram provas de fé e de prudência, para corrigirmos o que for errôneo e confirmarmos o que foi bem feito e assim fugirmos da sentença suprarreferida contra os que são sábios aos próprios olhos.

Interrogação 228

Se em tudo se deve fazer a vontade dos que se escandalizam, ou se há alguma coisa que não deve ser simulada, mesmo se alguns se escandalizarem.

Resposta

Quando fomos interrogados, mostramos, no devido lugar, haver nítidas diferenças nestas questões, e tratamos do assunto com a maior atenção possível.

Interrogação 229

Se é dever, vencendo o pudor, confessar a todos ou só a alguns as ações proibidas praticadas. E a quais?

Resposta

Na confissão dos pecados siga-se a mesma disposição que na manifestação das doenças corporais. Os homens não revelam a todos as doenças do corpo, nem a qualquer pessoa, e sim aos peritos em tratar; assim também a confissão dos pecados seja feita aos que podem curar, como está escrito: *Vós que sois os fortes, deveis suportar as fraquezas dos que são fracos* (Rm 15,1), isto é, por meio de vossos cuidados, eliminai-as.

Interrogação 230

Que significa culto e culto racional?

Resposta

O culto é, a meu ver, o obséquio intenso, contínuo e imutável àquilo que se cultua; o Apóstolo nos apresenta a diferença entre culto racional e não racional, dizendo, de um lado: *Sabeis que, quando éreis ainda pagãos, corríeis conforme vossas tendências aos ídolos mudos* (1Cor 12,2), e de outro: *Apresentai vossos corpos como uma hóstia viva, santa e agradável a Deus, à maneira de um culto espiritual* (Rm 12,1).

Aquele que vai aonde é conduzido, presta culto irracional, porque não orientado pela razão, mas movido por seu ímpeto e sua vontade, segue para qualquer parte o arbítrio do guia e não o que ele próprio quer.

Quem segue a sã razão e uma vontade boa, unida a uma grande solicitude, visando e praticando sempre e em toda a parte o que é agradável a Deus, realiza o mandamento de culto racional, segundo aquele que disse: *Vossa palavra é um facho a dirigir meus passos, é uma luz em meu caminho* (Sl 118,105), ainda: *Meus conselheiros são as vossas leis* (Sl 118,24).

Interrogação 231

Se um irmão, ou até por vezes um sacerdote, me prejudica e age como meu inimigo, é-me lícito observar também para com ele os mandamentos acerca dos inimigos?

Resposta

O Senhor, nos mandamentos sobre os inimigos, não fez distinção a respeito dos inimigos, nem das inimizades; antes declarou que para aqueles que estão em grau superior um pecado idêntico é mais grave, dizendo-lhes: *Por que olhas a palha que está no olho de teu irmão, e não vês a trave que está no teu?* (Mt 7,3). Principalmente para com estes, e relativamente aos que parecem ocupar posição mais elevada, é preciso zelo e consideração. Tenhamos com eles o devido cuidado, seja consolando, seja repreendendo com a devida paciência. Observando tudo o mais, segundo o mandamento do Senhor, conservemo-nos também nisto irrepreensíveis para com eles.

Interrogação 232

Se alguém, injuriado por outro, a ninguém o referir, por paciência e mansidão, e parecer deixar para o juízo de Deus, age conforme o que Deus quer?

Resposta

Tendo dito o Senhor de um lado: *Se tiverdes algum ressentimento contra alguém, perdoai* (Mc 11,25), de outro: *Se teu irmão tiver pecado, vai e repreende-o entre ti e ele, somente; se te ouvir, terás ganho teu irmão. Se não te escutar, toma contigo uma ou duas pessoas, a fim de que toda a questão se resolva pela decisão de duas ou três testemunhas. Se recusa ouvi-los, dize-o à Igreja, e se recusar ouvir também à Igreja, seja ele para ti como um pagão e um publicano* (Mt 18,15-17), deve mostrar o fruto da paciência, fazendo oração a Deus pelo que foi injusto, com verdadeiro afeto e dizendo: *Senhor, não lhes leves em conta este pecado* (At 7,60), para não ser réu do juízo por se ter irado contra seu irmão.

É conveniente, porém, aconselhar e censurar o que injuriou, para que ele se livre da ira que virá sobre os filhos da desobediência. Se, porém, descuidar-se, calar-se e der como razão o exercício da própria paciência, comete duplo pecado, porque transgride aquele mandamento: *Repreende severamente o teu próximo, para que não incorras em pecado por sua causa* (Lv 19,17, apud LXX), e tornar-se-á partícipe do pecado por seu silêncio; e porque aquele que poderia talvez ser ganho pela repreensão, como ordenou o Senhor, ele o deixa perecer no mal.

Interrogação 233

Se faltar a alguém uma só das boas ações, acaso, por isto, não se salvará?

Resposta

Havendo muitas afirmações no Antigo e no Novo Testamento que podem nos convencer a este respeito, julgo que basta para o fiel a sentença pronunciada contra Pedro que, depois de tantas e tais boas obras e após aquelas bem-aventuranças e louvores da parte do Senhor, porque, em um ponto apenas, parece ter desobedecido, não por preguiça, nem por desprezo, mas por reverência e honra para com o Senhor, só por isto ouviu: *Se eu não te lavar, não terás parte comigo* (Jo 13,8).

Interrogação 234

Como alguém anunciará a morte do Senhor?

Resposta

Como o Senhor ensinou: *Se alguém quiser vir após mim, renuncie-se a si mesmo, e tome sua cruz* (Mt 16,24), e o Apóstolo declarou, ao confessar: *O mundo está crucificado para mim e eu para o mundo* (Gl 6,14). E isto já o prometemos antes do Batismo; diz: *Todos os que fomos batizados em Cristo Jesus, fomos batizados em sua morte* (Rm 6,3); a estas palavras acrescenta, explicando o que é ser batizado na morte do Senhor: *Nosso velho homem foi crucificado com Ele para que seja reduzido à impotência o corpo do pecado, e já não sejamos escravos do pecado* (Rm 6,6). Purificados do amor excessivo à vida, tornemo-nos dignos do testemunho do Apóstolo, que diz: *Porque estais mortos e a vossa vida está escondida com Cristo em Deus* (Cl 3,3); de modo a podermos com toda a confiança dizer: *Vem o príncipe deste mundo e ele não tem em mim coisa alguma* (Jo 14,30).

Interrogação 235

Se é útil aprender bem muitas coisas das Escrituras.

Resposta

Sendo duas as categorias mais gerais, uma a dos que estão à frente dos outros, e a outra, a dos que estão destinados à docilidade e à obediência, segundo os diferentes carismas, julgo que o encarregado da direção e do cuidado de muitos deve saber e conhecer exatamente o que convém a todos, para ensinar-lhes qual a vontade de Deus, mostrando a cada um o que lhe toca. Os outros se lembrem do Apóstolo que diz: *Não façam de si próprios uma opinião maior do que convém, mas um conceito ra-*

zoavelmente modesto, de acordo com o grau de fé que Deus lhes distribuiu (Rm 12,3). Aprendam zelosamente o que lhes cabe e o façam, sem se preocuparem com mais nada, para se tornarem dignos da palavra do Senhor: *Muito bem, servo bom e fiel, já que foste fiel no pouco, eu te confiarei muito* (Mt 25,21).

Interrogação 236

Como devem aqueles que forem julgados aptos a aprender os quatro Evangelhos, receber esta graça?

Resposta

Tendo o Senhor afirmado que: *Daquele a quem muito se deu, muito se exigirá* (Lc 12,48), devem ter mais temor e zelo, como o ensina o Apóstolo: *Sendo seus colaboradores, exortamo-vos a que não recebais a graça de Deus em vão* (2Cor 6,1). Assim será feito se acreditam no Senhor que diz: *Se compreenderdes estas coisas, sereis felizes, sob condição de as praticardes* (Jo 13,17).

Interrogação 237

Qual é a alma que se orientará segundo a vontade de Deus?

Resposta

A que abraçar a sentença do Senhor: *Se alguém quiser vir após mim, renuncie-se a si mesmo, tome sua cruz e siga-me* (Mt 16,24). Se alguém, pois, não começar por renunciar a si mesmo e tomar a sua cruz, ao avançar, encontrará muitos impedimentos, provenientes de si mesmo, para não prosseguir.

Interrogação 238

Se é possível, de modo ininterrupto, salmodiar, ler, ou aplicar-se às palavras de Deus, sem intervalo de tempo, em absoluto, porque a alguns sobrevém uma sórdida necessidade corporal.

Resposta

O Apóstolo regula-o, dizendo: *Faça-se tudo com decência e ordem* (1Cor 14,40). Por isto deve-se antes, segundo o tempo e o lugar, cuidar da gravidade e da boa disciplina.

Interrogação 239

Que é bom ou mau tesouro?

Resposta

A prudência em torno de todas as virtudes em Cristo, para a glória de Deus, é o bom tesouro; a prudência no mal, acerca das coisas proibidas pelo Senhor, é o mau tesouro; deles se tira conforme a palavra do Senhor, nas obras e palavras de cada um, o bem ou o mal.

Interrogação 240

Por que se diz que é larga a porta e espaçoso o caminho que conduz à perdição?

Resposta

O Senhor, em seu grande amor aos homens, usa nomes e palavras bem conhecidas para expor os ensinamentos da verdade. Como no solo um desvio do reto caminho tem grande largura, assim se diz que o transviado do caminho que conduz ao reino dos céus encontra-se na grande largura do erro. Creio que "largo" e "espaçoso" têm o mesmo sentido. Pois o que é espaçoso, chamam-no largo os autores profanos. O espaçoso, isto é, o lugar do erro, é largo; seu fim é a perdição.

Interrogação 241

Por que é estreita a porta e apertado o caminho que conduz à vida? E como se entra por ele?

Resposta

Ainda aqui estreito e apertado não significam coisas diferentes, mas apertado indica uma coisa muito estreita, por exemplo, quando o caminho se estreitou até comprimir; isto é, o viajante é estreitado de ambos os lados, sendo perigoso qualquer desvio, seja para a direita, seja para a esquerda; como numa ponte, para qualquer lado que alguém declinar, cairá no rio que corre abaixo. Por isto diz Davi: *Junto ao caminho me colocam tropeços* (Sl 139,6). Deve, portanto, quem se propôs entrar na vida pelo caminho estreito e apertado, acautelar-se para não se desviar, nem declinar dos mandamentos do Senhor, realizando o que foi escrito: *Sem te apartares nem para a direita, nem para a esquerda* (Dt 17,11).

Interrogação 242

Que quer dizer: Amai-vos reciprocamente com caridade fraterna?

Resposta

O amor que provém da amizade talvez signifique um desejo e uma afeição ardente de quem ama em relação ao ser amado. Para que o amor fraterno não seja superficial, mas animoso e ardente, foi dito: *Amai-vos uns aos outros com amor terno e fraternal* (Rm 12,10).

Interrogação 243

Que quer dizer o Apóstolo com as palavras: Mesmo em cólera, não pequeis. Não se ponha o sol sobre a vossa ira (Ef 4,26), porque diz noutra parte: Toda amargura, ira, indignação sejam desterradas do meio de vós (Ef 4,31)?

Resposta

Julgo que neste lugar o Apóstolo fala, imitando o Senhor. Como o Senhor no Evangelho disse primeiro: *Foi dito aos antigos* e a seguir acrescenta: *Pois eu vos digo isto*, assim também o Apóstolo aqui primeiro relembra que foi dito outrora aos antigos: *Irai-vos e não queirais pecar* (Sl 4,5) e acrescenta logo depois, de si mesmo, o que nos convém: *Toda amargura, ira, indignação sejam desterradas do meio de vós* (Ef 4,31).

Interrogação 244

Que significa: Deixai agir a ira (Rm 12,19)?

Resposta

É não resistir ao mal, como está escrito: *Mas se alguém te ferir a face direita, oferece-lhe também a outra* etc. (Mt 5,39); ou: *Se alguém vos perseguir numa cidade, fugi para uma outra* (Mt 10,23).

Interrogação 245

Que é ser prudentes como as serpentes, mas simples como as pombas (Mt 10,16)?

Resposta

Prudente como a serpente é aquele que ministra a doutrina com circunspecção e consideração das possibilidades e do caminho mais fácil para persuadir os ouvintes. Simples como a pomba, porém, é o que nem cogita de como se vingar de quem lhe arma insídias, continuando a praticar o bem, segundo o preceito do Apóstolo: *Vós, irmãos, não vos canseis de fazer o bem* (2Ts 3,13). O Senhor, quando enviou os discípulos a pregar, prescreveu-lhes isto; havia então necessidade de sabedoria para persuadir e de paciência para com os que armavam insídias. Como a serpente, outrora, soube apresentar aspecto mais tratável e fala mais persuasiva para afastar de Deus e induzir ao pecado, assim também nós escolhamos expressão fisionômica, modo e lugar, e empreguemos nossas palavras de todas as maneiras com discernimento para afastarmos do pecado e convertermos para Deus. De resto, conservemos a paciência nas tentações até o fim, como está escrito.

Interrogação 246

Que quer dizer: A caridade nada faz de inconveniente (1Cor 13,5)?

Resposta

O mesmo que dizer: Não deixa de ser o que é. A identidade da caridade consiste nas características enumeradas pelo Apóstolo, nesta mesma passagem.

Interrogação 247

Tendo dito a Escritura: Não vos glorieis e não faleis coisas elevadas (1Sm 2,3) e como o Apóstolo confessa: O que vou dizer, na certeza de poder gloriar-me, não o digo sob a inspiração do Senhor, mas como num acesso de delírio (2Cor 11,17) e ainda: Tenho-me tornado insensato (2Cor 12,11); em outro lugar, porém, afirma: Aquele que se gloria, glorie-se no Senhor (2Cor 10,17), que é gloriar-se no Senhor e qual a maneira de se gloriar?

Resposta

Declara-se abertamente a luta exigida do Apóstolo contra as paixões. Pois não diz isto para se recomendar, mas para reprimir a ousadia da arrogância e o orgulho de alguns. Gloriar-se no Senhor, porém, é alguém não atribuir a si as suas boas obras, mas ao Senhor, dizendo: *Tudo posso em Cristo que me dá força* (Fl 4,13). Pode-se considerar dois tipos de glorificação proibida. A primeira, de acordo com a palavra: *O pecador gloria-se dos desejos de sua alma, e ainda: Por que te glorias de tua malícia, ó infame prepotente?* (Sl 51,3), porque, pelo fato de desejarem ser louvados em consideração do que fazem, de um certo modo se gloriam de seus atos. Podem ser tidos por sacrílegos, porque se apropriam dos dons de Deus e roubam para si a glória que lhe é devida.

Interrogação 248

Se é o Senhor quem dá a sabedoria e de sua face sai a ciência e a prudência (Pr 2,6); se também pelo Espírito a um é dada a linguagem da sabedoria, a outro a da ciência (1Cor 12,8); por que o Senhor exprobra aos discípulos: Também vós estais ainda sem inteligência (Mt 15,16)? E por que o Apóstolo acusa a alguns de serem insensatos (Rm 1,31)?

Resposta

Se alguém conhece a bondade de Deus, que quer que todos os homens se salvem e cheguem ao conhecimento da verdade (1Tm 2,4), e sabe qual a ação do Espírito Santo na distribuição e eficácia dos carismas de Deus, reconhece que a inteligência tarda não provém da lentidão do benfeitor, mas da incredulidade dos beneficiados. E com razão censura-se o insensato como quem fecha os olhos diante do sol levante para viver nas trevas, e não olha para cima a fim de ser iluminado.

Interrogação 249

Que é honesto e que é justo?

Resposta

Julgo ser honesto o que convém e é devido ao superior pelos inferiores, em razão da precedência; justo, o que se dá a cada um segundo a importância das obras. Honesto inclui somente gratidão e recompensa, enquanto justo abrange exame e punição do mal.

Interrogação 250

Como alguém dá o que é santo aos cães ou lança as pérolas aos porcos? Ou como acontece que se evita o seguinte: Para que não suceda que as calquem com os seus pés e, voltando-se contra vós, vos despedacem (Mt 7,6)?

Resposta

O Apóstolo no-lo explica claramente ao acrescentar o que dissera contra os judeus: *Tu que te glorias da Lei, desonras a Deus pela transgressão da Lei* (Rm 2,23). Portanto, o Senhor proíbe aqui a injúria com a qual ultrajamos as santas palavras do Senhor por meio de transgressões, pelas quais os estranhos ao mesmo tempo julgam desprezíveis os ensinamentos do Senhor. Por isso insurgem-se contra nós mais audaciosamente e de certo modo despedaçam o transgressor com injúrias e acusações.

Interrogação 251

Por que o Senhor uma vez proíbe levar bolsa e alforje no caminho; outra, porém, diz: Mas agora, quem tem bolsa, tome-a, aquele que tem uma mochila, tome-a igualmente e aquele que não tiver uma espada, venda sua capa para comprar uma (Lc 10,4; 22,36)?

Resposta

O próprio Senhor o explica: *É necessário que se cumpra em mim ainda este oráculo: E foi contado entre os malfeitores* (Lc 22,37). Logo após se realizar a profecia da espada, ordena a Pedro: *Embainha tua espada, porque todos aqueles que usarem da espada, pela espada morrerão* (Mt 26,52), de modo que a palavra: *Mas, quem tem bolsa, tome-a* ou *tomará* (assim encontra-se em muitos exemplares), não é um preceito, e sim uma profecia, pela qual prediz o Senhor que os apóstolos, esquecidos dos dons e da Lei do Senhor, ousariam até tomar espada. Evidencia-se por muitas passagens que a Escritura amiúde usa o imperativo em vez da forma profética, por exemplo: *Fiquem órfãos os seus filhos*; e: *Levante-se à sua direita um acusador* (Sl 108,9; Sl 108,6), e outras semelhantes.

Interrogação 252

Qual o pão cotidiano que aprendemos a pedir cada dia?

Resposta

Quando alguém trabalha, lembrando-se do Senhor que disse: *Não vos preocupeis por vossa vida. Que comeremos? Que beberemos?* (Mt 6,25); e do Apóstolo que ordena trabalhar para termos o que dar ao necessitado e não para a própria vantagem, mas por causa do mandamento do Senhor (porque *o operário é digno de seu alimento*), então não confia em si mesmo, mas pede a Deus o pão cotidiano, isto é, o pão necessário à nossa natureza, na vida de cada dia. Assim, reconhecendo a própria indigência, comerá o que lhe der quem, após ter sido experimentado, foi encarregado de fazê-lo diariamente, de acordo com as palavras: *Repartia-se, então, a cada um deles conforme a sua necessidade* (At 4,35).

Interrogação 253

Que é o talento e como o multiplicaremos?

Resposta

Julgo que esta parábola foi dita para significar todos os dons de Deus. Cada um, seja qual for o dom que recebeu de Deus, multiplique-o, empregando-o para fazer o bem e ser útil a muitos. Pois ninguém há que não tenha participado da benignidade de Deus.

Interrogação 254

Qual é a mesa onde se deve, como diz o Senhor, depositar o dinheiro?

Resposta

As parábolas não representam perfeitamente as coisas que devem ser contempladas, mas induzem a mente ao que é proposto. Como é costume depositar o dinheiro junto aos banqueiros para render (há alguns, como vi em Alexandria, que o aceitam para tal fim), assim é preciso que aquele que recebe um dom qualquer divida com aquele que necessita, ou faça o que o Apóstolo disse da doutrina: *Confia-o a homens fiéis, que por sua vez sejam capazes de instruir a outros* (2Tm 2,2). Pois não é só quanto à doutrina que isto se costuma fazer, mas em qualquer questão, porque uns têm os recursos e outros recebem a perícia em administrar.

Interrogação 255

Para onde recebeu ordem de ir aquele ao qual se disse: Toma o que é teu e vai-te (Mt 20,14)?

Resposta

Talvez para onde foram mandados os que estavam à esquerda, condenados pela carência das boas obras. O invejoso de um irmão é pior do que aquele que nada faz. A Escritura tem o costume de juntar em muitas passagens a inveja ao homicídio (Rm 1,29; Gl 5,21).

Interrogação 256

Qual é a recompensa que eles recebem de igual modo que os últimos?

Resposta

Talvez seja peculiar a todos os obedientes não se queixarem por causa das boas obras. Mas serem coroados é próprio dos que combateram o bom combate legitimamente, que terminaram seu curso e guardaram a fé, na caridade de Nosso Senhor Jesus Cristo. Pode a recompensa combinada ser aquele cêntuplo que o Senhor prometeu que haviam de receber agora os que, por causa de seu mandamento, deixassem todas as coisas presentes; de modo que a palavra: *Toma o que é teu*, signifique isto. Os que pareciam ser os primeiros no trabalho por sofrerem da doença da inveja contra os que receberam o mesmo prêmio não merecem obter a herança da vida eterna, mas somente receber o cêntuplo agora e ouvir no futuro a sentença devida à inveja: "Vai-te".

Interrogação 257

Quais as palhas queimadas em fogo inextinguível?

Resposta

São as pessoas úteis aos que forem dignos do reino dos céus, como a palha ao trigo, mas não por amor de Deus e do próximo, seja quanto aos carismas espirituais, seja quanto aos benefícios corporais, e assim não atingem o fim.

Interrogação 258

Quem é o condenado pelo Apóstolo, como afetando humildade e culto etc. (Cl 2,18)?

Resposta

Julgo explicar-se esta sentença pelas palavras acrescentadas a esta passagem. Na sequência, nomeia ele o rigor nos exercícios corporais (Cl 2,23); tais são os maniqueus e os que se lhes assemelham.

Interrogação 259

Quem é fervoroso de espírito (Rm 12,11)?

Resposta

Aquele que, com disposição ardente, desejo insaciável e zelo incansável faz a vontade de Deus, na caridade de Jesus Cristo Nosso Senhor, segundo está escrito: *Em seus mandamentos põe o seu prazer* (Sl 111,1).

Interrogação 260

O Apóstolo às vezes diz: Não sejais imprudentes (Ef 5,17); outras: Não sejais sábios aos vossos próprios olhos (Rm 12,16). É possível a quem não é imprudente não ser sábio aos próprios olhos?

Resposta

Cada preceito tem os próprios limites. A este: *Não sejais imprudentes*, acrescenta: *Mas procurai compreender qual é a vontade de Deus*. Ao outro: *Não sejais sábios aos vossos próprios olhos*, ajunta-se: *Teme o Senhor e afasta-te do mal* (Pr 3,7). Por isto, é imprudente aquele que não entende a vontade do Senhor; sábio, porém, aos próprios olhos, todo aquele que segue seus próprios pensamentos e não as palavras de Deus, de acordo com a fé. Se alguém, pois, não quer ser imprudente, nem sábio aos próprios olhos, deve entender qual a vontade de Deus, pela fé nele, e temendo o Senhor imitar o Apóstolo que assegura: *Nós aniquilamos todo o raciocínio e toda altivez que se levanta contra o conhecimento de Deus, e cativamos todo o pensamento e reduzimos à obediência a Cristo* (2Cor 10,4-5).

Interrogação 261

Tendo prometido o Senhor que: Tudo o que pedirdes com fé na oração, vós o alcançareis (Mt 21,22) e ainda: Se dois de vós se reunirem sobre a terra para pedir, seja o que for, consegui-lo-ão (Mt 18,19), por que alguns que suplicavam, até mesmo os santos, não receberam? Assim o Apóstolo: Três vezes roguei ao Senhor que o apartasse de mim (2Cor 12,8), e não recebeu o que pedia; e também o Profeta Jeremias e até o próprio Moisés.

Resposta

Como Nosso Senhor Jesus Cristo exprimiu em sua oração: *Pai, se é possível passe longe de mim este cálice* (Mt 26,39) e logo acrescentou: *Todavia não se faça o que eu quero, mas sim o que tu queres.*

Primeiro convém saber que nem tudo o que queremos, nos é lícito pedir; nem mesmo sabemos suplicar o que nos é útil. Porque não sabemos o que devemos pedir, nem orar como convém. Por isto, devemos fazer as preces segundo a vontade de Deus, com muita ponderação.

Se não formos ouvidos, saibamos que é preciso paciência e insistência, segundo a parábola do Senhor acerca do dever de orar sempre, sem nos fatigarmos e conforme afirma outra passagem: *Por causa de sua importunação se levantará e lhe dará quantos pães ele necessitar* (Lc 11,8), ou emenda e diligência de acordo com o dito do profeta a alguns, da parte do Senhor: *Quando estendeis vossas mãos, eu desvio de vós os meus olhos; quando multiplicais vossas preces, eu não as ouço. Vossas mãos estão cheias de sangue, lavai-vos, purificai-vos* etc. (Is 1,15-16). Não duvidam de que mesmo agora tal acontece e de que há alguns com as mãos cheias de sangue, os que creem naquele juízo de Deus proferido contra quem recebeu ordem de anunciar ao povo e calou-se: *É à sentinela que pedirei conta de seu sangue* (Ez 3,18). O Apóstolo, convicto de ser isto verdade indefectível, afirmou: *Hoje protesto diante de vós que sou inocente do sangue de todos; porque não me esquivei de anunciar-vos todo o desígnio de Deus* (At 20,26-27). Se é réu do sangue dos pecadores quem apenas se calou, que se dirá de quem, por obras e palavras, escandaliza os outros? Acontece por vezes, devido à indignidade do suplicante, não ser satisfeito o pedido, como sucedeu quando Davi rogava permissão para construir a casa de Deus, a qual lhe foi negada; embora fosse grato a Deus, não foi julgado digno desta obra. Jeremias, porém, parece não ter sido ouvido por causa da maldade daqueles pelos quais orava. Muitas vezes, também por nossa negligência, perdemos a ocasião oportuna para fazer a prece e, depois, vamos orar debalde em tempo impróprio. Quanto ao dito: *Três vezes roguei ao Senhor que o apartasse de mim* (2Cor 12,8), é bom saber que há muitas e variadas razões para as tribulações externas e corporais. Deus as envia ou permite por uma economia melhor do que a libertação delas. Se alguém, portanto, conseguir saber que deve por meio da oração e da súplica livrar-se da adversidade, ao rogar será ouvido, como os dois cegos do Evangelho, os dez leprosos e muitos outros. Se, porém, não conhece a razão por que caiu em tentação (muitas vezes deve obter por meio da paciência o fim pelo qual lhe advêm os males) e for preciso até o fim suportá-la, no caso de pedir que lhe seja retirada a tribulação, não será atendido, porque não concorda com o escopo do amor que Deus tem aos homens. Quanto à afirmação: *Se dois de vós se unirem sobre a terra para pedir* (Mt 18,19), a própria perícope é muito clara. Trata-se de quem argui o pecador e do arguido. Como Deus não quer a morte do pecador, mas que se converta e viva, se o arguido, de ânimo contrito, contribui para a finalidade visada por quem censura, em tudo, isto é, a respeito de todos os pecados dos quais pedem a remissão, esta lhes será concedida por Deus que ama o homem. Se, porém, o repreendido e quem repreende não entram em acordo, não haverá remissão, e sim vínculo, conforme as palavras seguintes: *Tudo o que ligardes sobre a terra, será ligado no céu* (Mt 18,18), de modo a se realizar a sentença: *Se se recusar a ouvir a Igreja, seja ele para ti como um pagão e um publicano* (Mt 18,17).

Interrogação 262

Uma vez que a Escritura coloca a pobreza e a indigência entre as coisas louváveis, por exemplo, quando diz: Bem-aventurados os que têm um coração de pobre (Mt 5,3), e também: O pobre e o desvalido louvarão o teu nome (Sl 9,19; 73,21), qual a diferença entre pobreza e indigência e como é verdadeira a afirmação de Davi: Quanto a mim, sou mendigo e pobre (Sl 39,18)?

Resposta

Lembrado do Apóstolo que diz a respeito do Senhor: *Sendo rico se fez pobre por nós* (2Cor 8,9), julgo ser pobre aquele que da riqueza caiu na necessidade; indigente, porém, é o que desde o início sofria necessidade e dominou esta tribulação de modo agradável a Deus. Davi, porém, se confessa indigente e pobre, talvez na pessoa do Senhor que é denominado pobre, segundo a palavra: *Sendo rico, se fez pobre por nós*; indigente, porque foi julgado filho segundo a carne, não de um rico, mas de um artífice. Talvez também porque, como Jó, não entesourou bens nem se apropriou de riquezas, mas administrou-as segundo a vontade de Deus.

Interrogação 263

Que quer ensinar o Senhor, por meio de exemplos, àqueles aos quais acrescentou: Assim, pois, qualquer um de vós que não renuncia a tudo o que possui, não pode ser meu discípulo (Lc 14,33)? Se quem quer edificar uma torre ou guerrear a outro rei deve-se preparar ou para a construção, ou para a guerra, e se não for capaz, convém-lhe, de início, não lançar os alicerces, ou deve pedir a paz, então, quem quer ser discípulo do Senhor deve renunciar? E se vir que para si é difícil, ser-lhe-á lícito não começar a ser discípulo do Senhor?

Resposta

O fim visado pelo Senhor com estes exemplos não é dar liberdade de ser, ou não, discípulo seu, mas mostrar ser impossível que alguém, no meio de coisas que distraem o espírito, agrade a Deus; nelas periclita, tornando-se suscetível às ciladas do diabo e merecedor de zombaria e riso por ter deixado inacabadas as coisas nas quais se empenhara. O profeta pedia não lhe sobreviesse isso, quando dizia: *Não se alegrem à minha custa os meus inimigos. Não se ensoberbeçam contra mim, quando meu pé resvala* (Sl 37,17).

Interrogação 264

Tendo dito o Apóstolo: Sejais sinceros (Fl 1,10), e ainda: Mas com sinceridade (2Cor 2,17), que é ser sincero?

Resposta

Julgo ser sincero o que está livre de mistura e purificado completamente de elementos contrários, porém unido e ordenado só à piedade; não só, mas ainda ao que é absolutamente requerido para tal escopo, sempre e em todos os casos, de modo que o encarregado de algum ofício não pode se afastar dele, nem para cuidar de problemas afins. A primeira sentença se explica por si mesma, no contexto, porque depois das palavras: *Mas com sinceridade*, acrescenta-se: *Pregamos em Cristo, sob os olhares de Deus;* a segunda, por meio da afirmação: *Não façam de si próprios uma opinião maior do que convém, mas um conceito razoavelmente modesto, de acordo com o grau de fé que Deus lhe distribuiu* (Rm 12,3), e ainda mediante as palavras subsequentes.

Interrogação 265

Se somente aos sacerdotes foi dito: Se estás por fazer a tua oferta diante do altar e te lembrares que teu irmão tem alguma coisa contra ti, deixa lá a tua oferta diante do altar e vai primeiro reconciliar-te com teu irmão; só então vem fazer a tua oferta (Mt 5,23-24), ou a todos? E como cada um de nós faz a sua oferta diante do altar?

Resposta

Principalmente e em primeiro lugar refere-se aos sacerdotes, porque está escrito: *A vós chamar-vos-ão sacerdotes do Senhor, ministros* (liturgos) *de nosso Deus* (Is 61,6). E: *Honra-me quem oferece um sacrifício de louvor* (Sl 49,23). E ainda: *O sacrifício digno de Deus é um espírito contrito* (Sl 50,19). E o Apóstolo diz: *Apresentai vossos corpos como uma hóstia viva, santa e agradável a Deus, à maneira de um culto espiritual* (Rm 12,1). Cada uma destas palavras destina-se a todos; e é dever de todos nós realizá-las.

Interrogação 266

Que é o sal que o Senhor mandou ter, dizendo: Tende sal em vós (Mc 9,50)? E o Apóstolo diz: Que as vossas conversas sejam sempre amáveis, temperadas com sal (Cl 4,6).

Resposta

Aqui também o sentido se torna evidente pelo contexto de cada capítulo. Pois aprendemos das palavras do Senhor a não darmos motivo algum de separação e dissídio, mas sempre conservarmos os vínculos da paz, para a unidade do espírito. Com as palavras do Apóstolo lembremo-nos daquele que disse: *Come-se uma coisa insípida sem sal? Pode alguém saborear aquilo que não tem gosto nenhum?* (Jó 6,6). Aprendamos a ministrar as palavras para edificação da fé, e *que sejam benfazejas aos que as ouvem* (Ef 4,29), empregando tempo oportuno e ordem conveniente para os ouvintes serem mais dóceis.

Interrogação 267

Se um receber muitos açoites, e outro poucos, como diziam alguns que as penas são sem fim (Lc 12,47)?

Resposta

As palavras que parecem ambíguas e obscuras em certos lugares das Escrituras divinas explicam-se pelas sentenças proferidas de modo claro em outras passagens. Como o Senhor ora sentencia que eles irão para o suplício eterno, ora manda alguns para o fogo eterno preparado para o diabo e seu anjos; e em outra parte, mencionando a geena do fogo, acrescenta: *Onde o seu verme não morre e o fogo não se apaga* (Mc 9,48), e ainda, outrora, pelo profeta predisse de alguns que: *O verme deles não morrerá e seu fogo não se extinguirá* (Is 66,24), e pertencendo estas e semelhantes citações a muitos lugares das Escrituras divinas, um dos artifícios do diabo consiste em fazer com que muitos homens, de certo modo esquecidos de tantas e de tais palavras e sentenças do Senhor, determinem um termo para os suplícios, querendo pecar com maior ousadia. Se for finito o suplício eterno, certamente terá termo também a vida eterna. Se não podemos pensar assim da vida, como será razoável atribuir fim ao suplício eterno? Pois o adjetivo "eterno" é igual para ambos. *E estes irão para o castigo eterno, e os justos para a vida eterna* (Mt 25,46). Confessado isto, é preciso saber que nem: *Receberá muitos açoites*, nem: *Receberá poucos* implica termo, mas sim diferença nos tormentos. Se Deus é justo juiz, não só para os bons, mas também para os maus, dando a cada um conforme as suas obras, pode alguém ser digno do fogo inextinguível que queima menos ou mais; outro, do verme que não morre, e o qual igualmente atormenta com maior ou menor intensidade, segundo o merecimento de cada um; outro, da geena que tem, de fato, tormentos muito variados; e outro, das trevas exteriores, onde para um existe somente choro e para outro ranger de dentes, por causa da veemência das dores. Também as trevas exteriores sugerem haver seguramente outras, interiores. E a palavra dos Provérbios: *Nas profundezas da região dos mortos* (Pr 9,18), declara haver alguns no inferno, contudo não no profundo do inferno e que são submetidos a penas mais leves. Estes caracteres encontram-se já agora nas doenças corporais. Um sente febre com alguns sintomas e outros incômodos; outro, apenas febre, de modo diferente um do outro. Alguém não está com febre, mas dói-lhe um membro; e mais ou menos do que em um outro. O Senhor empregou as expressões "muito" e "pouco" segundo o uso comum, em casos semelhantes. Sabemos, muitas vezes, que este modo de falar é empregado a respeito dos que sofrem de uma doença; assim dizemos, admirados, de alguém que está febril, ou sente dor nos olhos: *Quanto sofreu!* Ou: *Quantos males o atingiram!* De maneira que, muitos e poucos açoites, digo-o novamente, não significam duração, ou fim do tempo, mas diferença dos tormentos.

Interrogação 268

Em que sentido alguns são denominados filhos da incredulidade e filhos da ira (Ef 5,6; 2,3)?

Resposta

O Senhor costuma denominar filhos de alguém, bom ou mau, os que lhe fazem a vontade. Diz: *Se fôsseis filhos de Abraão faríeis as obras de Abraão* (Jo 8,39), e ainda: *Vós tendes como pai o demônio, e quereis fazer os desejos de vosso pai* (Jo 8,44). Por isto, quem faz obras de incredulidade, torna-se filho da incredulidade. Talvez também, como o diabo é denominado, a meu ver, não só pecador, mas o próprio pecado, porque é instigador do pecado, assim também, por idêntica razão, ele pode ser chamado a própria infidelidade. Filho da ira, porém, é todo aquele que se fez digno da ira. Como o Apóstolo denominou aqueles que são dignos do Senhor e fazem as obras da luz e do dia "filhos da luz" e "filhos do dia", assim, por consequência, deve-se entender a palavra: *Éramos filhos da ira*. Importa saber que "filho da incredulidade" é idêntico a "filho da ira", porque proferiu o Senhor que: *Quem não crê no Filho, não verá a vida, mas sobre ele pesa a ira de Deus* (Jo 3,36).

Interrogação 269

Está escrito: Fazendo a vontade da carne e da concupiscência (Ef 2,3). Acaso são diferentes as vontades da carne e as da concupiscência? E quais são?

Resposta

O Apóstolo enumera separada e nominalmente em outro lugar as vontades da carne, dizendo: *Ora, as obras da carne são estas: adultério, fornicação, impureza, desonestidade, idolatria, magia, inimizades, contendas, ciúmes, iras, rixas, discórdias, partidos, invejas, homicídios, embriaguez, orgias, e outras coisas semelhantes* (Gl 5,19-21); e em outra passagem, de modo mais geral: *Porque o desejo da carne é hostil a Deus; pois a carne não se submete à Lei de Deus e nem o pode* (Rm 8,7). As vontades da concupiscência talvez sejam os planos que se não apoiam no testemunho da Escritura, tais aqueles dos quais se declara: *Aniquilamos todo o raciocínio e toda altivez, que se levanta contra o conhecimento de Deus* (2Cor 10,4-5), e todo entendimento que não está reduzido à sujeição, na obediência a Cristo. Por isto, é imprescindível e seguro, sempre e em toda a parte, observar a palavra de Davi: *Meus conselheiros são as vossas leis* (Sl 118,24).

Interrogação 270

Que significa: Vivemos em completa penúria, mas não desesperamos (2Cor 4,8)?

Resposta

O Apóstolo mostra sua firme confiança em Deus em contraposição à sabedoria humana e assim coloca cada uma das coisas referidas, nesta passagem. Quanto à sabedoria humana assevera: *Em tudo, sofremos tribulação*; relativamente à confiança em Deus, acrescenta: *Mas não somos oprimidos*. Ainda, sobre a prudência humana: *Somos cercados de dificuldades*, e no atinente à confiança em Deus: *Não desesperamos*. E assim por diante. Como também o que assegurou em outra parte: *Somos considerados agonizantes, embora estejamos com vida; como indigentes, ainda que enriquecendo a muitos; como nada tendo, mas possuindo tudo* (2Cor 6,9-10).

Interrogação 271

O Senhor disse: Dai antes em esmola o conteúdo e todas as coisas vos serão limpas (Lc 11,41). Acaso será alguém purificado de todos os pecados que cometeu, por meio da esmola?

Resposta

A sequência da passagem supracitada esclarece-lhe o significado. Tendo, pois, dito: *Limpais o que está por fora do vaso e do prato; mas o vosso interior está cheio de roubo e de maldade!* (Lc 11,39), acrescenta: *Dai antes em esmola o conteúdo, e todas as coisas vos serão limpas; todas as coisas, quer dizer, tudo em que pecamos e agimos mal, pela rapina e avareza.* Declara-o Zaqueu, dizendo: *Doravante darei a metade dos meus bens aos pobres, e se tiver defraudado alguém restituirei o quádruplo* (Lc 19,8). Portanto todos os pecados desta espécie, que podem ser apagados, e para os quais é possível múltipla compensação, são perdoados deste modo; deste modo, digo, não que, por si só, baste para a remissão, mas primeiro exigem-se a misericórdia de Deus e o Sangue de Cristo, pelo qual também obtemos a remissão de todos os outros, se fizermos dignos frutos de penitência.

Interrogação 272

Uma vez que preceituou o Senhor não andarmos inquietos pelo dia de amanhã, como entenderemos bem este preceito? Vemos que temos muito empenho em obter o necessário, a ponto de armazenarmos o bastante para muito tempo.

Resposta

Quem acolhe o ensinamento do Senhor: *Buscai, pois, em primeiro lugar o reino de Deus e sua justiça* (Mt 6,33) e está convicto da verdade de sua promessa, ao ajuntar: *e todas estas coisas vos serão dadas em acréscimo*, não ocupa em vão o espírito com solicitudes desta vida, que sufocam a palavra e a tornam estéril. Combatendo o bom combate para agradar a Deus, crê no Senhor que assegurou: *O operário merece o seu sustento* (Mt 10,10), e por causa dele não se preocupa; mas trabalha e se aflige, não por si, mas por causa do mandamento de Cristo, segundo demonstrou e ensinou o Apóstolo, que afirma: E*m tudo vos tenho mostrado que assim, trabalhando, convém acudir aos fracos* (At 20,35). Preocupar-se consigo mesmo é incorrer em incriminação de egoísmo; preocupar-se e trabalhar por causa do mandamento, merece o encômio de se possuir um ânimo amante de Cristo e dos irmãos.

Interrogação 273

Em que consiste a blasfêmia contra o Espírito Santo?

Resposta

Pela blasfêmia que proferiram os fariseus, contra os quais igualmente foi lançada esta sentença, evidencia-se que agora blasfema contra o Espírito Santo quem atribuiu ao adversário a eficácia e os frutos do Espírito Santo. Sofrem desta doença muitos de nós que amiúde atacam a outrem, acusando-o temerariamente de ambição de uma glória vã, e falsamente de ira, enquanto é zeloso do bem. E ainda, mentirosamente, só à base de suspeitas, dando outras denominações semelhantes.

Interrogação 274

Como se fará alguém estulto neste século?

Resposta

Se temer o juízo de Deus que disse: *Ai daqueles que são sábios aos próprios olhos e prudentes em seu próprio juízo* (Is 5,21) e imitar aquele que disse: *Como um animal irracional, porém, estarei sempre convosco* (Sl 72,22), e se, rejeitando toda pretensão de prudência, não julgar logo boa uma de suas ideias e nem mesmo começar a raciocinar antes de estar habituado, por meio do mandamento do Senhor, a agradar a Deus em obras, palavras ou pensamentos. Conforme disse o Apóstolo: *Tal é a convicção que temos em Deus por Cristo. Não que sejamos capazes por nós mesmos de ter algum pensamento, como de nós mesmos. Nossa capacidade vem de Deus* (2Cor 3,4-5), que ensina ao homem o saber (Sl 93,10), como está escrito.

Interrogação 275

Se Satanás pode impedir o propósito de um santo, porque está escrito: Já por duas vezes quisemos ir ter convosco, ao menos, eu, Paulo. Satanás, porém, nos impediu (1Ts 2,18).

Resposta

Entre as boas obras feitas no Senhor, umas se perfazem por vontade e juízo da alma, outras pelas forças corporais, ou pelo zelo ou pela paciência. De modo algum pode Satanás impedir as dependentes da vontade e do julgamento da alma. Em relação às praticadas pelas energias corporais, frequentemente Deus permite que haja um impedimento, para provação e aviso do que foi impedido, a fim de que ou seja convencido da alteração de seu bom propósito, como aqueles cuja semente caiu sobre um pedregulho, os quais por breve tempo receberam com gosto a palavra, mas sobrevindo a tentação, logo voltaram atrás; ou ainda mostre perseverar no bem, pelo zelo das boas obras, como o próprio Apóstolo que, tendo feito várias vezes o propósito de ir ver os romanos, e impedido, como ele próprio o confessa, não desistiu até cumprir o que projetara; ou também, quanto à paciência, como Jó, que sofrendo tanto do diabo a instigá-lo a proferir alguma blasfêmia, ou a ser ingrato para com Deus, nem mesmo na extrema tribulação se afastou de seu juízo piedoso, ou de sentimentos retos para com Deus. Dele está escrito: *Em tudo isso, Jó não cometeu nenhum pecado nem proferiu contra Deus nenhuma blasfêmia* (Jó 1,22).

Interrogação 276

Que quer dizer a palavra do Apóstolo: Para que saibais aquilatar qual é a vontade de Deus, o que é bom, o que lhe agrada e o que é perfeito (Rm 12,2)?

Resposta

Numerosas são as coisas que Deus quer: umas, provindas de sua tolerância e benignidade, são e denominam-se boas; outras, oriundas da ira contra os nossos pecados e são chamadas males. Diz Ele: *Sou eu o que faço a paz e mando os males* (Is 45,7). Males, porém, não para nos atormentar, mas para nos instruir. Uma vez que nos educam e levam-nos à conversão pelas aflições, transformam-se em bem. Tudo o que Deus, tolerante e bom, quer, também nós devemos querer e imitar. *Sede miseri-*

cordiosos, como também vosso Pai é misericordioso (Lc 6,36). Igualmente o Apóstolo diz: *Sede, pois, imitadores de Deus, como filhos muito amados. Progredi na caridade segundo o exemplo de Cristo que nos amou* (Ef 5,1-2). Tudo o que Ele nos envia em sua ira, por causa dos nossos pecados, e, como já disse, chama-se mal, de modo nenhum também nos é lícito fazer. Nem por ser vontade de Deus que os homens muitas vezes morram de fome, peste, guerra, ou coisa semelhante, convém-nos cooperar para a realização desta vontade. Para isto, Deus emprega também ministros maus, segundo a palavra: *Descarregou o ardor de sua cólera, indignação, furor, tribulação, um esquadrão de anjos da desgraça* (Sl 77,49). Em primeiro lugar, portanto, procura-se saber qual é a vontade de Deus e um bem; depois, conhecido o bem, descobrir se este bem é igualmente agradável a Deus. Há coisas que, por razão própria, são vontade de Deus e um bem; mas se forem feitas por pessoa e tempo não convenientes, já não são agradáveis a Deus. Por exemplo, era vontade de Deus e um bem que se oferecesse incenso a Deus, mas não era agradável a Deus fosse apresentado por Datã e Abiram. E ainda, é vontade de Deus e um bem que se dê esmola; mas dá-la por ser louvado pelos homens, de modo nenhum apraz a Deus. Novamente, era vontade de Deus e um bem que os discípulos anunciassem dos telhados o que lhes tinha sido dito aos ouvidos; mas dizer alguma coisa antes do tempo não era aprazível a Deus. Diz Ele: *Não conteis a ninguém o que vistes, até que o Filho do homem ressuscite dos mortos* (Mt 17,9). Em resumo, toda vontade de Deus que é um bem, agrada-lhe quando por ela se cumpre a palavra do Apóstolo: *Fazei tudo para a glória de Deus* (1Cor 10,31); e: *Mas faça-se tudo com decência e ordem* (1Cor 14,40). Ainda, quando é vontade de Deus, um bem, e lhe agrada, nem assim haja inteira despreocupação; mas será preciso ter solicitude e cuidado para realizá-la perfeita e integralmente, levando-se em conta tanto se o ato é de acordo com o preceito quanto as forças de quem age. Declara Ele: *Amarás ao Senhor teu Deus de todo o teu coração, de toda a tua alma, de todas as tuas forças e de todo o teu pensamento, e a teu próximo como a ti mesmo* (Lc 10,27); como também o Senhor ensinou no Evangelho, segundo João. O mesmo em relação a todos os mandamentos, conforme está escrito: *Bem-aventurado aquele servo a quem seu senhor, na sua volta, encontrar procedendo assim* (Mt 24,46).

Interrogação 277

Qual o cubículo onde o Senhor mandou entrar o que vai orar?

Resposta

É costume chamar cubículo a parte da casa disponível e separada, onde pomos tudo que queremos guardar; ou onde alguém pode se esconder, segundo o que disse o profeta: *Vai, povo meu, entra nos teus quartos, esconde-te* (Is 26,20). O próprio assunto esclarece o significado do mandamento; a palavra se dirige aos atacados da moléstia de desejar o favor dos homens. Por isto, se alguém sofre desta doença, faz bem em se retirar para rezar sozinho, até alcançar o hábito de não considerar os louvores dos homens, mas só olhar para Deus, conforme aquele que afirmou: *Como os olhos dos servos estão fixos nas mãos de seus senhores, e como os olhos das servas fixos nas mãos de suas senhoras, assim nossos olhos estão voltados para o Senhor, nosso Deus* (Sl 122,2). Se alguém, pela graça de Deus, estiver curado daquela doença, não tem necessidade de esconder o bem. Isto ensina o próprio Senhor: *Não se pode esconder uma cidade situada sobre uma montanha nem se acende uma luz para colocá-la debaixo do alqueire, mas sim para colocá-la sobre o candeeiro, a fim de que brilhe a todos os que estão em casa. Assim, brilhe vossa luz diante dos homens, para que vejam as vossas boas obras, e glorifiquem vosso Pai que está nos céus* (Mt 5,14-16). O mesmo modo de pensar aplica-se à esmola e ao jejum, mencionados no mesmo lugar; e em geral a todas as questões de piedade.

Interrogação 278

Como pode o espírito de alguém orar, seu entendimento, porém, ficar sem fruto?

Resposta

Refere-se isto aos que rezam numa língua desconhecida dos ouvintes. Diz-se, pois: *Se eu orar em língua, o meu espírito ora, mas o meu entendimento fica sem fruto* (1Cor 14,14). Quando, portanto, são desconhecidas dos presentes as palavras da oração, fica sem fruto o entendimento do que ora, porque a ninguém adianta; se, porém, os presentes compreendem a oração, a qual é capaz de ajudar aos que a ouvem, então aquele que ora tem como fruto a melhoria dos que dela tiram proveito. O mesmo acontece em toda proclamação das palavras de Deus. Está escrito: *Mas só boas palavras que eventualmente sirvam para edificação da fé* (Ef 4,29).

Interrogação 279

Que significa: Cantai salmos sabiamente (Sl 46,8)?

Resposta

A inteligência é, em relação às palavras da Sagrada Escritura, o que na alimentação é a percepção do sabor de cada alimento. Diz-se: *O paladar prova os alimentos; a mente distingue as palavras* (Jó 12,11, apud LXX). Se, pois, alguém aplica o espírito ao sentido de cada palavra, como o paladar à qualidade de cada alimento, cumpre o mandamento, que diz: *Cantai salmos sabiamente.*

Interrogação 280

Que quer dizer: puro de coração?

Resposta

Quem não se surpreende a si mesmo no desprezo, omissão ou descuido do mandamento de Deus.

Interrogação 281

Deve-se obrigar aquele que não quer salmodiar?

Resposta

Se não vai salmodiar de boa vontade e se não manifesta a atitude do que disse: *Quão saborosas são para mim vossas palavras; mais doces que o mel à minha boca* (Sl 118,103), e não considera a preguiça um grande detrimento, que se corrija ou seja expulso, a fim de que *um pouco de fermento não levede toda a massa* (Gl 5,9).

Interrogação 282

Quais são os que dizem: Comemos e bebemos contigo, e ouvem a resposta: Não sei donde sois (Lc 13,26-27)?

Resposta

Talvez aqueles que o Apóstolo descreve em sua própria pessoa, dizendo: *Ainda que eu falasse as línguas dos homens e dos anjos* etc. *E ainda que conhecesse toda a ciência e tivesse toda a fé e ainda que distribuísse todos os meus bens e entregasse o meu corpo para ser queimado, se não tiver caridade, nada me aproveita* (1Cor 13,1s.). Isto o Apóstolo aprendera do Senhor que disse de alguns: *Fazem para serem honrados pelos homens. Em verdade, vos digo: já receberam sua recompensa* (Mt 6,2). Tudo o que se fizer, seja o que for, não por amor de Deus, mas para obter o louvor dos homens, não terá o elogio de piedade, mas sim a condenação de procurar a complacência dos homens ou de si mesmo, de rivalidade, de inveja, ou de outra causa semelhante. Por esta razão o Senhor denomina tudo isto obra de iniquidade, respondendo aos que dizem: *Comemos contigo* etc.: *Apartai-vos de mim todos vós que sois malfeitores* (Lc 13,26-27). Como não seriam operários de iniquidade os que abusam dos dons de Deus para o próprio prazer? Tais eram aqueles dos quais fala o Apóstolo: *Não somos, como tantos outros, falsificadores da palavra de Deus* (2Cor 2,17). E ainda: *Julgam ser a piedade uma fonte de lucro* (1Tm 6,5) e muitas coisas semelhantes. De tudo isto, o próprio Apóstolo declarou estar livre quando disse: *Não para agradar aos homens, mas a Deus, que sonda os nossos corações. Com efeito, nunca usamos de adulação, como sabeis, nem fomos levados por interesse algum. Deus é testemunha. Não buscamos glórias humanas, nem de vós nem de outros* (1Ts 2,4-6).

Interrogação 283

Se quem faz a vontade de outrem, lhe é solidário.

Resposta

Se acreditamos no Senhor que disse: Todo o homem que se entrega ao pecado, é seu escravo, e ainda: *Vós tendes como pai o demônio e quereis fazer os desejos de vosso pai* (Jo 8,34.44), entendemos que não é simplesmente solidário, mas, segundo a palavra do Senhor, constitui seu senhor e pai aquele cujas obras faz. O Apóstolo a este respeito dá claramente testemunho, ao dizer: *Não sabeis que, quando vos ofereceis a alguém para lhe obedecer, sois escravos daquele a quem obedeceis, quer seja do pecado para a morte, quer da obediência para a justiça?* (Rm 6,16).

Interrogação 284

Se uma comunidade se empobrecer devido a uma adversidade ou doença, pode receber de outrem o necessário, sem hesitação? E se convém, de quem o aceitará?

Resposta

Se alguém se lembrar do Senhor, que disse: *Todas as vezes que fizestes isto a um destes meus irmãos mais pequeninos, foi a mim mesmo que o fizestes* (Mt 25,40), terá grande solicitude, com o maior zelo e cuidado, de se tornar digno de ser considerado irmão do Senhor. Quem o é, não duvide receber, mas seja agradecido. Julgue o encarregado de cuidar de todos de quem, quando e como deve receber, recordando-se da palavra: *O azeite do pecador não chegue a ungir a minha cabeça* (Sl 140,5), e ainda: *Será meu ministro o que segue o caminho reto* (Sl 100,6).

Interrogação 285

Se deve uma comunidade, ao negociar com outra, inquirir solicitamente qual o preço bem justo do objeto.

Resposta

Se a palavra (de Deus) permite a compra e a venda entre irmãos, não tenho o que dizer. Foi-nos ensinado a partilhar com os outros nossos bens, segundo a necessidade, conforme o que está escrito: *No presente tempo, a vossa abundância supra a indigência daqueles, para que também a sua abundância venha a suprir a vossa indigência. Assim reinará a igualdade* (2Cor 8,14). Se, porém, sobrevier uma necessidade, deve antes o comprador ter a preocupação de não pagar menos do que é justo, do que o próprio vendedor. Ambos se lembrem daquele que disse: *Não é bom fazer mal ao justo* (Pr 17,26).

Interrogação 286

Se adoecer um membro da comunidade, deve ser transportado ao hospital?

Resposta

Considere-se o lugar e o fim de cada um, em vista do bem comum e para a glória de Deus.

Interrogação 287

Quais os dignos frutos de penitência?

Resposta

As obras de justiça opostas ao pecado, que o penitente deve praticar, conforme está escrito: *Frutificando em toda boa obra* (Cl 1,10).

Interrogação 288

Quem deseja confessar os pecados, deve confessá-los a todos? A qualquer pessoa? Ou a quem?

Resposta

Evidencia-se como Deus ama os pecadores do que está escrito: *Não me comprazo com a morte do pecador, mas antes com a sua conversão, de modo que tenha a vida* (Ez 33,11). Desde que a conversão deve ser proporcionada ao pecado e são exigidos dignos frutos de penitência, segundo o que está escrito: *Fazei, portanto, dignos frutos de penitência*, para não sobrevirem por carência de frutos as ameaças seguintes: *Toda árvore que não der fruto bom, será cortada e lançada ao fogo* (Lc 3,9), faz-se mister confessar os pecados àqueles que têm a seu cargo a dispensação dos mistérios de Deus. Assim também agiam junto dos santos os que outrora se convertiam. Pois está escrito no Evangelho que confessavam seus pecados a João Batista. Nos Atos, que confessavam aos apóstolos, os quais igualmente batizavam a todos.

Interrogação 289

Quem se arrepender de um pecado, mas recair, o que fará?

Resposta

Quem se arrependeu e recaiu no mesmo pecado, demonstra que não expurgou a causa primeira daquele pecado; dela, como de uma raiz, germinarão os mesmos pecados. Se alguém cortasse os ramos da árvore, mas deixasse a raiz, restando apenas esta, novamente brotará a planta. Assim, visto que alguns pecados não se originam de si mesmos, mas provêm de outros, quem quiser livrar-se deles, arranque as causas primitivas. Por exemplo, a discórdia ou a inveja não têm em si o próprio princípio, mas brotam da raiz do amor à glória. O ambicioso de glória diante dos homens disputa com quem tem boa reputação, ou inveja aquele a quem é inferior em renome. Se, pois, alguém se arrepender da inveja ou das contendas, e recair, reconheça que está afetado intimamente de ambição de glória, causa primeira da inveja e das contendas. E cure-se do vício da ambição de glória, por meios contrários, isto é, com exercícios de humildade (é exercício de humildade ocupar-se dos serviços mais vis), a fim de, permanecendo na atitude de humildade, não reincidir nas supracitadas germinações de ambição de glória. E em cada um dos pecados desta espécie proceda-se de igual modo.

Interrogação 290

Como alguém trabalhará sempre e muito na obra do Senhor?

Resposta

Quando multiplicar o carisma que lhe foi dado para utilidade e progresso dos beneficiados, ou demonstrar maior zelo na obra do Senhor do que nas questões em que os homens mais se empenham.

Interrogação 291

Que significa a cana rachada, ou a torcida que fumega? E como alguém não quebrará aquela e não apagará esta?

Resposta

Penso que cana rachada é o que pratica o mandamento de Deus, mas estando maldisposto; não se deve quebrá-lo e cortá-lo, porém curá-lo, como ensinou o Senhor: *Guardai-vos de fazer vossas boas obras diante dos homens, para serdes vistos por eles* (Mt 6,1). E o Apóstolo preceitua: *Fazei todas as coisas sem murmurações e sem hesitações* (Fl 2,14). E em outro lugar: *Nada façais por espírito de partido ou vanglória* (Fl 2,3). Torcida fumegante é alguém que pratica o mandamento, não com um desejo ardente e zelo perfeito, mas um tanto negligente e frouxamente; não o impeçamos, mas antes incitemo-lo com a lembrança dos juízos de Deus e de suas promessas.

Interrogação 292

Se convém ter na comunidade dos irmãos uma escola de meninos seculares.

Resposta

Tendo dito o Apóstolo: *E vós, pais, não provoqueis vossos filhos à ira, mas educai-os na disciplina e correção segundo o espírito do Senhor* (Ef 6,4), se os que trazem os meninos apresentam-nos com tal finalidade e os que os recebem têm a convicção de que os podem educar na disciplina e nas instruções do Senhor, observe-se a ordem do Senhor que disse: *Deixai vir a mim estas criancinhas e não as impeçais. Porque o reino dos céus é para aqueles que se lhes assemelham* (Mt 19,14). Sem este escopo e sem esta esperança, porém, penso que não seria agradável a Deus, nem a nós conveniente, nem proveitoso.

Interrogação 293

Como proceder com os que evitam os pecados mais graves, mas cometem, com indiferença, os leves?

Resposta

Primeiro, convém saber que no Novo Testamento não se encontra tal distinção. Uma só é a sentença contra todos os pecados, porque assegura o Senhor: *Todo o homem que se entrega ao pecado, é seu escravo* (Jo 8,34). E ainda: *A palavra que anunciei julgá-lo-á no último dia* (Jo 12,48). E João clama: *Quem não crê no Filho não verá a vida, mas sobre ele pesa a ira de Deus* (Jo 3,36). A desobediência não é ameaçada por causa de diferença entre os pecados, mas devido à transgressão. Em resumo, se nos é lícito falar em pecado pequeno e grande, sem contradição não se pode negar que para alguém é grande aquele que o domina e pequeno aquele que ele mesmo supera. Entre os atletas, o vencedor é mais forte, e o vencido é mais fraco do que o vitorioso, seja ele quem for. Portanto, observe-se em relação a todos os pecadores, quaisquer que sejam os seus pecados, a sentença do Senhor: *Se teu irmão tiver pecado contra ti, vai e repreende-o entre ti e ele somente; se te ouvir, terás ganho teu irmão. Se não te escutar, toma contigo uma ou duas pessoas, a fim de que toda a questão se resolva pela decisão de duas ou três testemunhas. Se recusar ouvi-los, dize-o à Igreja. E se recusar ouvir também a Igreja, seja ele para ti como um pagão e um publicano* (Mt 18,15-17). Observe-se para com todos eles o que disse o Apóstolo: *Nem tendes manifestado tristeza, para que seja tirado dentre vós o que cometeu tal ação* (1Cor 5,2). Importa, por conseguinte, unir a paciência e a misericórdia à severidade.

Interrogação 294

Qual o motivo de perder alguém a contínua lembrança de Deus?

Resposta

Se alguém se esquecer dos benefícios de Deus e for ingrato para com o benfeitor.

Interrogação 295

Por que sinais se reconhece quem se distrai?

Resposta

Quando descuida das coisas que agradam a Deus. Diz o profeta: *Ponho sempre o Senhor diante dos olhos; pois que Ele está à minha direita, não vacilarei* (Sl 15,8).

Interrogação 296

Como se persuadirá a alma de estar purificada dos pecados?

Resposta

Se depreender em si a disposição de Davi, que disse: *Odeio o mal, eu o detesto* (Sl 118,163), ou verificar que cumpriu em si o preceito do Apóstolo, que disse: *Mortificai, pois, vossos membros no que têm de terreno: a devassidão, a impureza, as paixões, os maus desejos, a concupiscência que é uma idolatria. Destas coisas provém a ira de Deus* (Cl 3,5-6). Daí, estendendo a todo pecado esta sentença, acrescenta: sobre os descrentes, de maneira a poder afirmar: *Terei horror àquele que pratica o mal, não será ele o meu amigo. Longe de mim o coração perverso. Não quero conhecer o mal* (Sl 100,3-4). Reconhecerá alguém em si tal atitude, se tiver contra os pecadores a mesma compaixão terrível dos santos, conforme diz Davi: *Ao ver os prevaricadores, sinto desgosto, porque eles não observam a vossa palavra* (Sl 118,158). E o Apóstolo afirma: *Quem é fraco, que eu também não seja fraco? Quem tropeça, que eu não me consuma em febre?* (2Cor 11,29). Se, pois, em verdade, a alma é superior ao corpo e vemos a repugnância e o horror que temos de todas as imundícies do corpo; e que o dilaceramento ou maltrato produz aflição e tristeza para o coração, quanto mais justo não será para quem ama a Cristo e os irmãos sentir o que foi dito acima, acerca dos pecadores, ao ver a alma dos pecadores de certo modo ferida e corroída por feras, ou purulenta e pútrida? Diz Davi: *Porque as minhas culpas se elevaram acima de minha cabeça, como pesado fardo me oprimiram em demasia. São fétidas e purulentas as chagas que a minha loucura me causou. Estou abatido, extremamente recurvado, todo o dia ando cheio de tristeza* (Sl 37,5-7). Assevera, porém, o Apóstolo: *O aguilhão da morte é o pecado* (1Cor 15,56). Quando alguém vir sua alma em tal disposição diante dos pecados, próprios ou alheios, então pode ter a convicção de estar purificado do pecado.

Interrogação 297

Como deve alguém arrepender-se dos pecados?

Resposta

Imitando a atitude de Davi que, primeiro, disse: *Eu vos confessei o meu pecado e não mais dissimulei a minha culpa. Disse: Sim, vou confessar ao Senhor a minha iniquidade* (Sl 31,5). Depois, manifestando o seu estado, conforme o Salmo 6 e outros, de muitos modos, e de acordo com o ensinamento do Apóstolo, a atestar o que os coríntios fizeram por causa do pecado alheio, dizendo: *A tristeza segundo Deus produz uma penitência salutar para a salvação. Acrescenta as propriedades da tristeza: Vede, pois, que disposições operou em vós a tristeza segundo Deus! Que escusas! Que indignação! Que temor! Que ardor! Que zelo! Que severidade! Mostrastes em tudo que não tínheis culpa neste assunto* (2Cor 7,10-11). Daí se torna claro ser imprescindível não só abandonar o pecado e sofrer de tal modo pelos pecadores, mas também afastarmo-nos dos pecadores. Davi o declarou, dizendo: *Apartai-vos de mim, vós todos que fazeis o mal* (Sl 6,9), e o Apóstolo ordena: *Com esse nem sequer deveis comer* (1Cor 5,11).

Interrogação 298

Se a Escritura permite que alguém faça o bem como lhe apraz.

Resposta

Apraz a um homem quem se compraz em si mesmo, porque é ele também homem. Como, portanto: *Maldito o homem que em outro confia, que da carne faz o seu apoio* (Jr 17,5), o que indica confiança em si, acrescenta-se: *E cujo coração vive distante do Senhor. Assim também o que agrada a outrem, ou faz alguma coisa por autocomplacência, decai em relação à piedade e recai no desejo do favor dos homens. Fazem, pois, diz o Senhor, para serem vistos pelos homens. Em verdade eu vos digo, já receberam sua recom-*

pensa (Mt 6,5). E o Apóstolo confessa: *Se quisesse ainda agradar aos homens, não seria servo de Cristo* (Gl 1,10). As Escrituras divinas trazem ameaças ainda mais terríveis, dizendo: *Deus dissipou os ossos daqueles que procuram agradar aos homens* (Sl 52,6).

Interrogação 299

Como a alma estará bem cônscia de que não tem a ambição da glória?

Resposta

Se obedece ao Senhor que disse: *Assim brilhe a vossa luz diante dos homens para que vejam as vossas boas obras e glorifiquem vosso Pai que está nos céus* (Mt 5,16) e ao Apóstolo que ordena: *Quer comais, ou bebais ou façais qualquer outra coisa, fazei tudo para a glória de Deus* (1Cor 10,31), de modo que o homem temente a Deus, não tendo procurado a glória presente, nem a futura, mas tendo posto acima de tudo o amor de Deus, tenha a confiança de dizer, além do supracitado, o seguinte: *Nem as coisas presentes, nem as futuras poderão apartar-nos do amor de Deus, que está em Cristo Jesus, Nosso Senhor* (Rm 8,39). Pois, diz o próprio Senhor nosso, Jesus Cristo: *Não busco a minha glória* (Jo 8,50). E ainda: *Quem fala por própria autoridade busca a própria glória; mas quem busca a glória de quem o enviou, é digno de fé* (Jo 7,18).

Interrogação 300

Como se realiza a conversão, que é uma coisa oculta?

Resposta

O modo como se realiza a conversão foi declarado naquela pergunta que trata de como alguém deve converter-se dos pecados. Quanto a ser coisa oculta, lembremo-nos do Senhor, que disse: *Nada há de secreto que não se venha a saber.* E ainda: *A boca fala daquilo de que o coração está cheio* (Lc 6,45).

Interrogação 301

Se alguém disser: Minha consciência não me condena.

Resposta

Dá-se isto também nas doenças corporais. Muitas são as moléstias que os doentes não sentem; no entanto, creem antes no diagnóstico dos médicos do que atendem à própria insensibilidade. Assim, nas doenças da alma, isto é, nos pecados, embora alguém inconsciente do pecado não se censure, deve antes acreditar nos que podem ver melhor o que se passa. Deste modo agiram os santos apóstolos quando, persuadidos embora de sua sincera afeição ao Senhor, ouvindo dizer: *Um de vós me há de trair* (Mt 26,21), acreditaram antes na palavra do Senhor, discutiam e diziam: *Sou eu, Senhor?* (Mt 26,22). Mais claramente no-lo ensina São Pedro, que por ardente humildade recusou o serviço de seu Senhor, Deus e Mestre; mas, convencido da verdade das palavras do Senhor, ao ouvir: *Se eu não te lavar, não terás parte comigo* (Jo 13,8), disse: *Senhor, não somente os meus pés, mas também as mãos e a cabeça* (Jo 13,9).

Interrogação 302

Convém tirar do depósito para dar aos indigentes de fora?

Resposta

O Senhor disse: *Não fui enviado senão às ovelhas perdidas da casa de Israel* (Mt 15,24) e: *Não convém jogar aos cachorrinhos o pão dos filhos* (Mt 15,26). Não se deve consumir com os indiferentes o que foi destinado aos consagrados a Deus. Se, porém, for possível fazer o que disse a mulher, louvada por causa de sua fé: *Certamente, Senhor, mas os cachorrinhos ao menos comem as migalhas que caem da mesa de seus donos* (Mt 15,27), julgue-o o ecônomo com o consentimento dos que lhe são corresponsáveis, de modo que o sol, em sua superabundância, como está escrito, se levante sobre os maus e os bons.

Interrogação 303

Se há obrigação de obedecer na comunidade às ordens de todos.

Resposta

É muito difícil responder a esta pergunta. Primeiro, porque é evidentemente indício de indisciplina todos darem ordens, pois diz o Apóstolo: *Quanto aos profetas, falem dois ou três, e os mais julguem* (1Cor 14,29). Ele mesmo, em relação à distribuição dos carismas, estabeleceu a ordem dos que falam, com as palavras: *De acordo com o grau de fé que Deus lhes distribuiu* (Rm 12,3). E, pelo exemplo dos membros do corpo, claramente mostrou ser peculiar a parte do que fala; explica-o bem, ao dizer: *Se tem o dom de ensinar, que ensine; o dom de exortar, que exorte* etc. (Rm 12,7-8). Daí se vê com nitidez que nem tudo é lícito a todos, mas cada qual deve permanecer na sua vocação e realizar com mais diligência o que o Senhor lhe confiou. Deve, então, o que está à frente da comunidade e foi estabelecido acima de todos, depois de muita experiência, receber tal encargo. Exerça uma vigilância solícita, em relação a cada um, de modo que, agradando a Deus e considerando a aptidão e esforços de cada um, determine e ordene o que serve à utilidade comum. Os súditos, porém, guardando a boa ordem e a obediência que conhece sua própria medida, lembrem-se do Senhor, que disse: *As minhas ovelhas ouvem a minha voz, eu as conheço e elas me seguem. Eu lhes dou a vida eterna* (Jo 10,27-28); e da passagem precedente: *Mas não seguem o estranho, antes fogem dele, porque não conhecem a voz dos estranhos* (Jo 10,5). Também o Apóstolo afirma: Se alguém ensinar de outra forma e não se conservar fiel às salutares palavras de Nosso Senhor Jesus Cristo, bem como à doutrina conforme à piedade, é um homem orgulhoso, um ignorante (1Tm 6,3-4), e acrescenta, depois de enumerar o que costuma acontecer: *Foge destas coisas.* E ainda, em outra parte: *Não desprezeis as profecias. Examinai tudo. Retende o que for bom. Guardai-vos de toda a espécie de mal* (1Ts 5,20-22). Por isto, se alguma ordem é segundo o mandamento do Senhor, ou visa-o, deve-se obedecer, mesmo sob ameaça de morte; se, porém, é contra o mandamento, ou o lesa, de modo nenhum deve-se obedecer, mesmo se um anjo do céu, ou algum dos apóstolos, ordenar, mesmo com promessa de vida ou ameaça de morte, pois diz o Apóstolo: *Mas ainda que alguém – nós ou um anjo baixado do céu – vos anunciasse um evangelho diferente do que vos temos anunciado, que ele seja rejeitado* (Gl 1,8).

Interrogação 304

Se os parentes dos irmãos quiserem dar algum presente à comunidade, deve ser aceito?

Resposta

O cuidado e o juízo desta questão cabem ao superior. Mas, na minha opinião, evitar-se-á o escândalo de muitos e será mais proveitoso para a edificação da fé se forem recusados tais presentes. Sua aceitação, primeiro, acarreta muitas vezes censuras à comunidade. Depois, fornece ocasião de orgulho ao parente dos que presentearam. Além disto, porque disse o Apóstolo dos que comiam e bebiam víveres particulares, na casa de Deus: *Quereis envergonhar aqueles que nada têm?* (1Cor 11,22). E muitas outras coisas semelhantes. Uma vez que daí sobrevêm tantas ocasiões de pecado, será preferível não receber tais presentes; mas o superior julgue de quem podem ser aceitos e como devem ser distribuídos.

Interrogação 305

Se convém receber algo das pessoas de fora, quer amigos, quer parentes.

Resposta

Esta pergunta tem alcance igual ao da interrogação: "Se dos parentes se deve receber alguma coisa".

Interrogação 306

Como se evita a divagação?

Resposta

Adquirindo o espírito daquele eleito de Deus, Davi, que disse: *Ponho sempre o Senhor diante dos olhos, pois que Ele está à minha direita, não vacilarei* (Sl 15,8); ou: *Meus olhos sempre fixos no Senhor, porque Ele livrará do laço os meus pés* (Sl 24,15), ou: *Como os olhos dos servos estão fixos nas mãos dos seus senhores, como os olhos das servas fixos nas mãos das suas senhoras, assim nossos olhos estão voltados para o Senhor, nosso Deus* (Sl 122,2). E, para que, a exemplo das coisas menores, cuidemos de maior diligência nas maiores, cada um considere como se comporta na presença dos outros, embora seus iguais; como procura manter-se correto, quer esteja de pé, andando, movimentando-se ou falando. Como nos esforçamos por observar a polidez naquilo que os homens veem, assim e com maior razão, se alguém tem a convicção de ser visto por Deus, que perscruta os corações e as entranhas (Sl 7,10), segundo está escrito, e também pelo Unigênito Filho de Deus, que cumpre sua promessa: *Porque onde dois ou três estão reunidos em meu nome, aí estou eu no meio deles* (Mt 18,20), e ainda pelo Espírito Santo que dirige os carismas, divide-os e torna-os eficazes, e igualmente pelos anjos da guarda de cada um, segundo o que disse o Senhor: *Guardai-vos de menosprezar um só destes pequeninos! Porque eu vos digo que seus anjos no céu contemplam sem cessar a face de meu Pai que está nos céus* (Mt 18,10), terá grande e múltipla solicitude pelo culto agradável a Deus. Assim firma-se a atenção mais intensa e perfeitamente. Ainda, se procurar cumprir a palavra: *Bendirei continuamente ao Senhor, seu louvor não deixará meus lábios* (Sl 33,2). E: *Meditarei a Lei do Senhor dia e noite* (Sl 1,2), de modo que o espírito, sempre entregue à meditação e contemplação contínuas das vontades e dos juízos de Deus, não encontre tempo para a divagação.

Interrogação 307

Se convém que haja revezamento para se iniciar a salmodia ou a oração.

Resposta

Entre os muitos que forem capazes, guarde-se nisto a boa ordem. Não se considere a questão sem importância ou indiferente; nem a escolha exclusiva de uma ou outra pessoa torne o superior suspeito de orgulho ou de desprezo dos demais.

Interrogação 308

Se convém que a comunidade retribua algum donativo, e se a retribuição deve ser proporcional ao presente.

Resposta

É questão muito humana. Se convém dar mostras de gratidão, julgue-o o ecônomo, assim como a respeito do recebimento dos dons e da retribuição ao doador.

Interrogação 309

Se acontecer a alguém o que é naturalmente habitual, deve aproximar-se da comunhão das coisas santas?

Resposta

O Apóstolo mostra que é superior à natureza e ao hábito quem foi sepultado no Batismo com Cristo. De um lado, no lugar em que trata do Batismo de água, prossegue, depois de intercalar algumas palavras: *Sabemos que o nosso velho homem foi crucificado com Ele, para que seja reduzido à impotência o corpo de pecado, e já não sejamos escravos do pecado* (Rm 6,6); de outro, ordena: *Mortificai, pois, os vossos membros no que têm de terreno: a devassidão, a impureza, as paixões, os maus desejos, a concupiscência que é uma idolatria. Destas coisas provém a ira de Deus sobre os descrentes* (Cl 3,5). De outra vez, expõe esta norma: *Os que são de Jesus Cristo crucificaram a carne, com as paixões e concupiscências* (Gl 5,24). Sei, porém, que pela graça de Cristo isto se realiza em homens e mulheres mediante genuína fé no Senhor. Aprendemos do Antigo Testamento em que terrível juízo incorre o impuro que se aproxima das coisas santas. Se aqui está alguém que é maior que o templo, ensinar-nos-á o Apóstolo de modo ainda mais terrível: *Aquele que o come e bebe indignamente sem distinguir o Corpo do Senhor, come e bebe a sua própria condenação* (1Cor 11,29).

Interrogação 310

Se convém celebrar a ceia do Senhor numa casa comum.

Resposta

Como a Escritura não permite levar aos lugares santos um vaso profano, assim também não é lícito celebrar as ações sagradas numa casa ordinária, porque o Antigo Testamento, evidentemente por ordem de Deus, jamais permitiu tal coisa. Diz o Senhor: *Aqui está quem é maior que o templo* (Mt 12,6), e o Apóstolo: *Porventura não tendes casas para comer e beber? Que vos direi? Devo louvar-vos? Não. Nisto não vos louvo, porque eu recebi do Se-*

nhor o que também vos ensinei (1Cor 11,22-23) etc. Daí aprendemos a não tomar na igreja uma refeição comum, comendo e bebendo, nem profanar a ceia do Senhor, celebrando-a numa casa comum, exceto se alguém por urgente necessidade escolher um lugar ou casa mais limpos, em tempo oportuno.

Interrogação 311

Devemos visitar os que nos convidarem?

Resposta

Visitar é agradável a Deus; mas o visitante há de ser ouvinte prudente e sábio nas respostas, conforme o dito: *Que as vossas conversas sejam sempre amáveis, temperadas com sal, para poder responder a cada um devidamente* (Cl 4,6). Fazer, porém, uma visita só por motivo de parentesco, ou amizade, é estranho a nossa profissão.

Interrogação 312

Se convém exortar à oração os visitantes leigos.

Resposta

Se são amigos de Deus, é bom. O Apóstolo lhes escreve: *Orai também por mim, para que me seja dado anunciar corajosamente, quando eu tiver de falar, o mistério de Deus* (Ef 6,19).

Interrogação 313

Se convém trabalhar quando há visitantes.

Resposta

Nenhuma das obrigações deve ser interrompida por causa daqueles que nos procuram por atenção amistosa, a não ser que se tenha de assumir uma particular obra espiritual, preferível a um trabalho corporal segundo o mandamento do Senhor, pois os santos apóstolos dizem nos Atos: *Não é justo que abandonemos a palavra de Deus para servir às mesas* (At 6,2).

*Índice analítico**

Da Regra Mais Extensa

* O algarismo antes da vírgula indica o número da questão e o após, o item respectivo. Pr. = Prólogo.

Das Regras Menos Extensas

*Índice bíblico**

* Os algarismos em itálico indicam as Regras Menos Extensas.

Atos dos Apóstolos

Romanos

Primeira aos Coríntios

Segunda aos Coríntios

Gálatas

Índice de regras

Regras mais extensas

Regras menos extensas

Interrogação 50, 168
Se alguém rejeita vestes mais preciosas, mas quer para si coisa vulgar, um manto ou um calçado que lhe fique bem, peca? Ou de que mal sofre?

Interrogação 51, 168
Que é raca (Mt 5,22)?

Interrogação 52, 168
O Apóstolo ora diz: Não sejamos ávidos de vanglória; ora: sem servilismo, como para vos fazerdes bem-vistos (Ef 6,6). Quem é ávido da vanglória e quem é que busca o beneplácito dos homens?

Interrogação 53, 169
Que é mancha da carne e nódoa do espírito e como delas nos manteremos puros ou que é a santidade e como a alcançaremos?

Interrogação 54, 169
Que é o egoísmo e como se conhecerá o egoísta?

Interrogação 55, 170
Qual a diferença entre amargura, furor, ira e exasperação?

Interrogação 56, 170
Tendo proferido o Senhor que: Todo o que se exalta será humilhado (Lc 18,14), e como preceituou o Apóstolo: Não te ensoberbeças (Rm 11,20), e em outro lugar: Arrogantes, soberbos, altivos (2Tm 3,2), e de novo: A caridade não se ensoberbece (1Cor 13,4), quem é que se ensoberbece, quem o arrogante, quem o orgulhoso, quem o presunçoso, quem o inchado?

Interrogação 57, 171
Se alguém tiver um vício incorrigível, depois de frequentemente repreendido, deve ser batido ou é preferível despedi-lo?

Interrogação 58, 172
Se é condenado apenas quem mentiu conscientemente ou se também aquele que, por ignorância, afirmou absolutamente alguma coisa contra a verdade.

Interrogação 59, 172
Se alguém planejar uma coisa e não a fizer, será condenado como mentiroso?

Interrogação 60, 172

Se alguém teve a ideia de fazer algo que desagradasse a Deus, e decidiu fazê-lo, será melhor desistir do mau propósito ou cometer pecado, por receio de se desmentir?

Interrogação 61, 173

Se alguém não pode trabalhar, nem quer aprender os salmos, que fazer dele?

Interrogação 62, 174

Que é preciso que alguém faça para ser condenado por ocultar o talento?

Interrogação 63, 174

Que é preciso que alguém faça para ser condenado como os murmuradores contra os últimos?

Interrogação 64, 174

Como Nosso Senhor Jesus Cristo disse: Mas, se alguém fizer cair em pecado um destes pequenos, melhor fora que lhe atassem ao pescoço a mó de um moinho e o lançassem no fundo do mar (Mt 18,6), que é escandalizar? E como nos acautelaremos a fim de não sofrermos esta horrível condenação?

Interrogação 65, 177

Como alguém injustamente detém a verdade?

Interrogação 66, 178

Que é emulação e que é rivalidade?

Interrogação 67, 178

Que é imundície e que é impureza?

Interrogação 68, 179

Que é próprio do furor ou da justa indignação? Como é que, frequentemente, começando pela indignação, encontramo-nos enfurecidos?

Interrogação 69, 179

Como agir com aquele que não come menos que os outros, nem consta estar inválido ou doente, mas se queixa de falta de forças para o trabalho?

Interrogação 70, 180

Como deve ser tratado o que faz mau uso das vestes e dos calçados; se for repreendido, suspeita-se haver em quem o repreende parcimônia ou murmuração. Que convém fazer-lhe, se, depois da segunda e terceira admoestação justa, continuar do mesmo modo?

Interrogação 71, 180

Há alguns que procuram mais o sabor dos alimentos do que a quantidade; outros, porém, mais a quantidade do que o sabor, a fim de se saciarem. Como proceder para com ambos?

Interrogação 72, 181

Se alguém, ao tomar a refeição em comunidade, se comportar sem polidez, comendo e bebendo vorazmente, deve ser repreendido?

Interrogação 73, 181

Como deve ser corrigido quem repreender um delinquente não pelo desejo de correção fraterna, mas com sentimento de vingança, se, muitas vezes admoestado, persistir no mesmo vício?

Interrogação 74, 181

Devem ser separados dos demais os que se apartam da comunidade e querem viver uma vida solitária, ou seguir, na companhia de poucos, o mesmo escopo de piedade? Desejamos saber o que ensina a Escritura.

Interrogação 75, 182

Se convém dizer que Satanás é a causa de todos os pecados, por pensamentos, palavras e obras.

Interrogação 76, 183

Se é lícito mentir por utilidade.

Interrogação 77, 183

Que é dolo, e que é malignidade?

Interrogação 78, 184

Quem é inventor de maldades?

Interrogação 79, 184

Como corrigir alguém que é com frequência surpreendido a tratar com dureza um irmão?

Interrogação 80, 185

Por que, de certo modo, faltam a nossa mente bons pensamentos e cuidados agradáveis a Deus, e como evitaremos isto?

Interrogação 81, 185

Se devem de igual modo ser repreendidos os piedosos e os indiferentes, quando ambos forem surpreendidos no mesmo pecado.

Interrogação 94, 192

Se alguém, tendo impostos a pagar, entrar na comunidade, e seus parentes forem importunados pelos cobradores, há motivo de dúvida ou de prejuízo para ele, ou para os que o receberam?

Interrogação 95, 193

Se convém aos recém-vindos aprender imediatamente as palavras das Escrituras.

Interrogação 96, 193

Se convém permitir a quem quiser aprender as letras ou entregar-se a leituras.

Interrogação 97, 193

Se alguém disser: Quero por pouco tempo aproveitar-me de vossa companhia, deve ser recebido?

Interrogação 98, 194

Que atitude deve manter o superior quando ordena ou dispõe?

Interrogação 99, 195

Com que disposição deve alguém repreender?

Interrogação 100, 195

Como despediremos os mendigos de fora? Dar-lhes-á, quem o quiser, pão ou qualquer outra coisa? Ou deve haver um designado para tal fim?

Interrogação 101, 196

Deverá o encarregado da dispensação das ofertas a Deus cumprir a palavra: Dá a todo o que te pedir e ao que te tomar o que é teu, não lho reclames (Lc 6,30)?

Interrogação 102, 197

Se convém, ou não, ser retido por exortações aquele que sai da comunidade dos irmãos por qualquer razão. Se é conveniente, sob que condições?

Interrogação 103, 197

Já aprendemos que devemos obedecer aos mais velhos até à morte. Acontece algumas vezes que o próprio velho erra. Deve ser admoestado? Como e por quem? Desejamos sabê-lo. Se não aceitar, o que se deve fazer?

Interrogação 104, 198

Como entregar os ofícios aos irmãos? Só a juízo do superior, ou com o voto dos irmãos? E o mesmo, quanto às irmãs.

Interrogação 105, 198

Se devem os recém-vindos para a comunidade aprender logo os ofícios.

Interrogação 106, 198

Que penas serão usadas na comunidade em vista da conversão dos pecadores?

Interrogação 107, 199

Se alguém disser que deseja viver na comunidade dos irmãos, mas, devido aos cuidados com os parentes carnais, ou por causa dos tributos, estiver muitas vezes impedido de se entregar de uma vez a esta vida, deve ser-lhe permitido o acesso junto dos irmãos?

Interrogação 108, 199

Se convém que o superior, na ausência da superiora, fale com uma irmã do que se refere à edificação da fé.

Interrogação 109, 199

Se convém que o superior fale com frequência com a superiora, principalmente se alguns dos irmãos se aborrecem com isto.

Interrogação 110, 200

Se deve estar presente a superiora quando uma irmã se confessa a um presbítero.

Interrogação 111, 200

Se o presbítero ordenar algo às irmãs, sem conhecimento da superiora, tem ela o direito de se indignar?

Interrogação 112, 200

Se é conveniente, quando alguém vem seguir uma vida dedicada a Deus, ser recebido pelo superior sem o conhecimento dos irmãos, ou deve isto ser-lhes comunicado primeiro?

Interrogação 113, 201

Se é possível àquele que tem a responsabilidade das almas observar a palavra: Se não vos transformardes e vos tornardes como criancinhas (Mt 18,3), visto ter relação com muitas e diferentes pessoas.

Interrogação 114, 201

Se é dever obedecer a todos os que dão ordens e a qualquer um deles, porque o Senhor ordenou: Se alguém vem obrigar-te a andar mil passos com ele, vai com ele dois mil (Mt 5,41) e o Apóstolo ensinou a nos sujeitarmos uns aos outros, no temor de Cristo (Ef 5,21).

Interrogação 115, 203

Como hão de obedecer uns aos outros?

Interrogação 116, 203

Até onde vai a obediência, segundo as normas para agradarmos a Deus?

Interrogação 117, 203

De que vício sofre quem não aceita receber ordens diárias para a realização de um mandamento, mas quer aprender um ofício? Deve ser tolerado?

Interrogação 118, 204

Qual será a recompensa de quem é zeloso em cumprir o mandamento, mas não faz aquilo que lhe é ordenado e sim o que quer?

Interrogação 119, 204

Se é lícito a alguém recusar o trabalho que lhe é confiado e procurar outro.

Interrogação 120, 205

Se convém sair para algum lugar, sem avisar ao superior.

Interrogação 121, 205

Se é lícito recusar os trabalhos mais pesados.

Interrogação 122, 206

Deve-se permitir a recusa da eulógia a alguém que disser: Se não receber a eulógia não como?

Interrogação 123, 207

Se alguém se entristece porque não lhe permitem fazer aquilo que não é capaz de fazer, isto deve ser tolerado?

Interrogação 124, 207

Se deve alguém que se encontrou com hereges ou gentios comer com eles ou saudá-los.

Interrogação 125, 208

Se alguém a quem foi confiado um trabalho e sem avisar fizer algo aquém da ordem ou além do prescrito, deve ser mantido no trabalho?

Interrogação 126, 208

Como não se deixar vencer pelo gosto de comer?

Interrogação 127, 208

Dizem alguns ser impossível ao homem não se irar.

Interrogação 128, 209

Se é lícito permitir a quem quiser fazer abstinência além de suas forças, de modo a ficar tolhido de praticar o mandamento que lhe é proposto.

Interrogação 129, 209

Se alguém jejua muito e por isso não pode tomar dos alimentos da mesa comum, o que será melhor? Jejuar com os irmãos e comer com eles, ou por causa do jejum imoderado ter necessidade de outros alimentos, na refeição?

Interrogação 130, 210

Como se deve jejuar, quando for preciso jejuar por motivo de piedade? Por obrigação? Ou de boa vontade?

Interrogação 131, 210

Faz bem quem não toma alimentos quando os irmãos comem, mas procura outros?

Interrogação 132, 211

Que pensar de quem diz: Isto me faz mal, e se contrista se não lhe derem outra coisa?

Interrogação 133, 211

Se alguém murmurar por causa da comida.

Interrogação 134, 211

Se alguém, irado, se recusar a tomar o necessário.

Interrogação 135, 212

Se convém, ao que faz um trabalho cansativo, procurar mais alguma coisa, além do que costuma receber.

Interrogação 136, 212

Se é de obrigação reunirem-se todos à hora do almoço; e como receberemos o que estiver ausente e chegar depois do almoço?

Interrogação 137, 213

Se é bom que alguém decida, por exemplo, por algum tempo, abster-se de alguma coisa na comida ou na bebida.

Interrogação 138, 213

Se na comunidade será lícito a alguém jejuar ou fazer vigílias mais do que os outros, a seu arbítrio.

Interrogação 139, 214

Se intensificamos o jejum, tornamo-nos mais fracos para o trabalho. Que é preferível? Dificultar o trabalho por causa do jejum ou negligenciar este último, por causa do trabalho?

Interrogação 140, 215
Se alguém não se abstiver dos alimentos que lhe fazem mal e, ingerindo-os fartamente, cair doente, deve ser tratado?

Interrogação 141, 216
Se convém nas oficinas encontrarem-se hóspedes, ou alguns de casa, que saiam de seu lugar.

Interrogação 142, 216
Se os artífices devem receber alguma encomenda, sem o conhecimento do responsável por estes trabalhos.

Interrogação 143, 217
De que modo devem os que trabalham cuidar dos instrumentos a seu cargo?

Interrogação 144, 217
Se alguém perder alguma coisa por descuido, ou abusar, desprezando-a.

Interrogação 145, 217
Se alguém, por própria conta, der ou receber uma coisa emprestada.

Interrogação 146, 217
Se por urgente necessidade o prepósito lhe pedir um instrumento, mas ele negar.

Interrogação 147, 218
Quem estiver ocupado no celeiro, na cozinha, ou em coisa semelhante, se não se apresentar no tempo da salmodia e da oração, sofrerá detrimento espiritual?

Interrogação 148, 218
Até onde vai a faculdade de administrar do responsável pelo celeiro?

Interrogação 149, 219
Qual a sentença do ecônomo que fizer algo por acepção de pessoas ou por contestação?

Interrogação 150, 219
Se por negligência não der a um irmão o necessário.

Interrogação 151, 220
Se é permitido no serviço falar em voz mais alta.

Interrogação 152, 220

Se alguém, chegado o seu turno de servir na cozinha, trabalhar acima de suas forças, de modo que por uns dias fique impossibilitado de trabalhar como de ordinário, convém impor-lhe este ofício?

Interrogação 153, 221

Como a encarregada das lãs guardá-las-á, e de que maneira atenderá às que trabalham?

Interrogação 154, 221

Se forem poucos os irmãos e servirem a muitas irmãs, de modo que precisem separar-se, distribuindo-se o trabalho, haverá perigo?

Interrogação 155, 222

Aprendemos que devemos servir aos doentes no hospital como a irmãos do Senhor; se tal não for aquele que é servido, como tratá-lo?

Interrogação 156, 222

Se o encarregado do celeiro ou de ofício semelhante deve ser mantido, ou será bom trocar.

Interrogação 157, 223

Com que atitude se deve servir a Deus; e o que é, em resumo, esta atitude?

Interrogação 158, 223

Com que atitude deve ser recebida uma punição?

Interrogação 159, 224

Que pensar de quem se aborrece com quem o repreende?

Interrogação 160, 224

Com que atitude devemos servir aos irmãos?

Interrogação 161, 224

Com que humildade se receberá um serviço da parte de um irmão?

Interrogação 162, 225

Como há de ser a caridade para com os outros?

Interrogação 163, 225

De que modo exercerá alguém a caridade para com o próximo?

Interrogação 164, 226

Que quer dizer: Não julgueis e não sereis julgados (Lc 6,37)?

Interrogação 177, 235
Como devem os fortes carregar as enfermidades dos fracos (Rm 15,1)?

Interrogação 178, 235
Que significa: Ajudai-vos uns aos outros a levar os vossos fardos (Gl 6,2)? Qual a lei que cumprimos ao fazer isto?

Interrogação 179, 236
Como poderá alguém sem a caridade ter tal fé que transporte montanhas, ou dar todos os seus bens aos pobres, ou entregar seu próprio corpo para ser queimado?

Interrogação 180, 237
Com que atitude e atenção devemos ouvir a leitura, durante a refeição?

Interrogação 181, 237
Se houver duas comunidades de irmãos vizinhas, uma que luta com a pobreza e a outra que dificilmente dá, como deve a pobre portar-se para com a que não dá?

Interrogação 182, 238
Quais frutos comprovam a compaixão de quem repreende o irmão que peca?

Interrogação 183, 238
Se houver entre alguns dos que vivem em comunidade um desentendimento, será certo concordar com eles por causa da caridade?

Interrogação 184, 239
Como poderá alguém, quando exorta ou censura, não apenas se esforçar por se exprimir sabiamente, mas também conservar a devida atitude para com Deus e para com aqueles aos quais fala?

Interrogação 185, 239
Se alguém, vendo que sua palavra tocou os ouvintes, se alegrar, como poderá saber se é por boa disposição ou viciosa afeição para consigo mesmo que se alegra?

Interrogação 186, 240
Uma vez que fomos instruídos a ter tal amor a ponto de dar a vida pelos amigos, queremos saber para que amigos devemos querer isto.

Interrogação 227, 261

Se deve alguém declarar aos outros o que pensa, ou guardar para si a convicção de aprazer a Deus nisto, se a tiver.

Interrogação 228, 262

Se em tudo se deve fazer a vontade dos que se escandalizam, ou se há alguma coisa que não deve ser simulada, mesmo se alguns se escandalizarem.

Interrogação 229, 262

Se é dever, vencendo o pudor, confessar a todos ou só a alguns as ações proibidas praticadas. E a quais?

Interrogação 230, 263

Que significa culto e culto racional?

Interrogação 231, 263

Se um irmão, ou até por vezes um sacerdote, me prejudica e age como meu inimigo, é-me lícito observar também para com ele os mandamentos acerca dos inimigos?

Interrogação 232, 264

Se alguém, injuriado por outro, a ninguém o referir, por paciência e mansidão, e parecer deixar para o juízo de Deus, age conforme o que Deus quer?

Interrogação 233, 265

Se faltar a alguém uma só das boas ações, acaso, por isto, não se salvará?

Interrogação 234, 265

Como alguém anunciará a morte do Senhor?

Interrogação 235, 266

Se é útil aprender bem muitas coisas das Escrituras.

Interrogação 236, 267

Como devem aqueles que forem julgados aptos a aprender os quatro Evangelhos, receber esta graça?

Interrogação 237, 267

Qual é a alma que se orientará segundo a vontade de Deus?

Interrogação 238, 268

Se é possível, de modo ininterrupto, salmodiar, ler, ou aplicar-se às palavras de Deus, sem intervalo de tempo, em absoluto, porque a alguns sobrevém uma sórdida necessidade corporal.

Interrogação 249, 273
Que é honesto e que é justo?

Interrogação 250, 274
Como alguém dá o que é santo aos cães ou lança as pérolas aos porcos? Ou como acontece que se evita o seguinte: Para que não suceda que as calquem com os seus pés e, voltando-se contra vós, vos despedacem (Mt 7,6)?

Interrogação 251, 274
Por que o Senhor uma vez proíbe levar bolsa e alforje no caminho; outra, porém, diz: Mas agora, quem tem bolsa, tome-a, aquele que tem uma mochila, tome-a igualmente e aquele que não tiver uma espada, venda sua capa para comprar uma (Lc 10,4; 22,36)?

Interrogação 252, 275
Qual o pão cotidiano que aprendemos a pedir cada dia?

Interrogação 253, 275
Que é o talento e como o multiplicaremos?

Interrogação 254, 276
Qual é a mesa onde se deve, como diz o Senhor, depositar o dinheiro?

Interrogação 255, 276
Para onde recebeu ordem de ir aquele ao qual se disse: Toma o que é teu e vai-te (Mt 20,14)?

Interrogação 256, 277
Qual é a recompensa que eles recebem de igual modo que os últimos?

Interrogação 257, 277
Quais as palhas queimadas em fogo inextinguível?

Interrogação 258, 278
Quem é o condenado pelo Apóstolo, como afetando humildade e culto etc. (Cl 2,18)?

Interrogação 259, 278
Quem é fervoroso de espírito (Rm 12,11)?

Interrogação 260, 278
O Apóstolo às vezes diz: Não sejais imprudentes (Ef 5,17); outras: Não sejais sábios aos vossos próprios olhos (Rm 12,16). É possível a quem não é imprudente não ser sábio aos próprios olhos?

Interrogação 261, 279

Tendo prometido o Senhor que: Tudo o que pedirdes com fé na oração, vós o alcançareis (Mt 21,22) e ainda: Se dois de vós se reunirem sobre a terra para pedir, seja o que for, consegui-lo-ão (Mt 18,19), por que alguns que suplicavam, até mesmo os santos, não receberam? Assim o Apóstolo: Três vezes roguei ao Senhor que o apartasse de mim (2Cor 12,8), e não recebeu o que pedia; e também o Profeta Jeremias e até o próprio Moisés.

Interrogação 262, 281

Uma vez que a Escritura coloca a pobreza e a indigência entre as coisas louváveis, por exemplo, quando diz: Bem-aventurados os que têm um coração de pobre (Mt 5,3), e também: O pobre e o desvalido louvarão o teu nome (Sl 9,19; 73,21), qual a diferença entre pobreza e indigência e como é verdadeira a afirmação de Davi: Quanto a mim, sou mendigo e pobre (Sl 39,18)?

Interrogação 263, 282

Que quer ensinar o Senhor, por meio de exemplos, àqueles aos quais acrescentou: Assim, pois, qualquer um de vós que não renuncia a tudo o que possui, não pode ser meu discípulo (Lc 14,33)? Se quem quer edificar uma torre ou guerrear a outro rei deve-se preparar ou para a construção, ou para a guerra, e se não for capaz, convém-lhe, de início, não lançar os alicerces, ou deve pedir a paz, então, quem quer ser discípulo do Senhor deve renunciar? E se vir que para si é difícil, ser-lhe-á lícito não começar a ser discípulo do Senhor?

Interrogação 264, 283

Tendo dito o Apóstolo: Sejais sinceros (Fl 1,10), e ainda: Mas com sinceridade (2Cor 2,17), que é ser sincero?

Interrogação 265, 283

Se somente aos sacerdotes foi dito: Se estás por fazer a tua oferta diante do altar e te lembrares que teu irmão tem alguma coisa contra ti, deixa lá a tua oferta diante do altar e vai primeiro reconciliar-te com teu irmão; só então vem fazer a tua oferta (Mt 5,23-24), ou a todos? E como cada um de nós faz a sua oferta diante do altar?

Interrogação 266, 284

Que é o sal que o Senhor mandou ter, dizendo: Tende sal em vós (Mc 9,50)? E o Apóstolo diz: Que as vossas conversas sejam sempre amáveis, temperadas com sal (Cl 4,6).

Interrogação 267, 285

Se um receber muitos açoites, e outro poucos, como diziam alguns que as penas são sem fim (Lc 12,47)?

Interrogação 268, 286

Em que sentido alguns são denominados filhos da incredulidade e filhos da ira (Ef 5,6; 2,3)?

Interrogação 269, 287

Está escrito: Fazendo a vontade da carne e da concupiscência (Ef 2,3). Acaso são diferentes as vontades da carne e as da concupiscência? E quais são?

Interrogação 270, 288

Que significa: Vivemos em completa penúria, mas não desesperamos (2Cor 4,8)?

Interrogação 271, 288

O Senhor disse: Dai antes em esmola o conteúdo e todas as coisas vos serão limpas (Lc 11,41). Acaso será alguém purificado de todos os pecados que cometeu, por meio da esmola?

Interrogação 272, 289

Uma vez que preceituou o Senhor não andarmos inquietos pelo dia de amanhã, como entenderemos bem este preceito? Vemos que temos muito empenho em obter o necessário, a ponto de armazenarmos o bastante para muito tempo.

Interrogação 273, 290

Em que consiste a blasfêmia contra o Espírito Santo?

Interrogação 274, 290

Como se fará alguém estulto neste século?

Interrogação 275, 291

Se Satanás pode impedir o propósito de um santo, porque está escrito: Já por duas vezes quisemos ir ter convosco, ao menos, eu, Paulo. Satanás, porém, nos impediu (1Ts 2,18).

Interrogação 276, 292

Que quer dizer a palavra do Apóstolo: Para que saibais aquilatar qual é a vontade de Deus, o que é bom, o que lhe agrada e o que é perfeito (Rm 12,2)?

Interrogação 277, 294

Qual o cubículo onde o Senhor mandou entrar o que vai orar?

Interrogação 278, 295
Como pode o espírito de alguém orar, seu entendimento, porém, ficar sem fruto?

Interrogação 279, 296
Que significa: Cantai salmos sabiamente (Sl 46,8)?

Interrogação 280, 296
Que quer dizer: puro de coração?

Interrogação 281, 296
Deve-se obrigar aquele que não quer salmodiar?

Interrogação 282, 297
Quais são os que dizem: Comemos e bebemos contigo, e ouvem a resposta: Não sei donde sois (Lc 13,26-27)?

Interrogação 283, 298
Se quem faz a vontade de outrem, lhe é solidário.

Interrogação 284, 298
Se uma comunidade se empobrecer devido a uma adversidade ou doença, pode receber de outrem o necessário, sem hesitação? E se convém, de quem o aceitará?

Interrogação 285, 299
Se deve uma comunidade, ao negociar com outra, inquirir solicitamente qual o preço bem justo do objeto.

Interrogação 286, 299
Se adoecer um membro da comunidade, deve ser transportado ao hospital?

Interrogação 287, 299
Quais os dignos frutos de penitência?

Interrogação 288, 300
Quem deseja confessar os pecados, deve confessá-los a todos? A qualquer pessoa? Ou a quem?

Interrogação 289, 300
Quem se arrepender de um pecado, mas recair, o que fará?

Interrogação 290, 301
Como alguém trabalhará sempre e muito na obra do Senhor?

Interrogação 291, 301
Que significa a cana rachada, ou a torcida que fumega? E como alguém não quebrará aquela e não apagará esta?

EDITORA VOZES LTDA.
Rua Frei Luís, 100 – Centro – Cep 25689-900 – Petrópolis, RJ
Tel.: (24) 2233-9000 – E-mail: vendas@vozes.com.br